移民の一万年史

人口移動・遥かなる民族の旅

ギ・リシャール——監修
藤野邦夫——訳

AILLEURS, L'HERBE EST PLUS VERTE

新評論

Guy RICHARD
AILLEURS, L'HERBE EST PLUS VERTE
HISTOIRE DES MIGRATIONS DANS LE MONDE

*この共著書はギ・リシャール（Guy Richard）が構想し、指導したものである。

アニエス・ギ（Agnès Guy）が最終的に全体の調和を整えることに協力した。

*本書は社会活動基金（FAS）の支援を得て成立したものである。

はじめに

最古の時代から見られた移住は、地球上の人口構成にたいして、もっとも重要な役割をはたしてきた。古代文明以降の歴史時代でも、移住という動向は、多くのばあい非常に重要な要素であり、大規模な文明圏と広大な帝国の出現とともに、世界の征服を確実にした。ヘブライ人〔セム語族の一派。狭義ではイスラエル人をさす〕のエジプト脱出とアッシリア〔チグリス川とユーフラテス川上流の台地名。現在のイラク〕での幽閉、アカイア人〔ギリシア民族の古称〕とドーリア人〔古代ギリシア人のうちで最後にギリシアにきた種族〕のギリシアへの流入、海洋民族のエジプト流入、フェニキア人〔古代セム語族系の通商航海民族〕とカルタゴ〔フェニキア人が前九世紀末にアフリカ北岸に建設した都市〕の住民のスペインにまでおよぶ移住は、もちろんローマの征服とともに文字化された痕跡をのこしている。しかし、それとはべつにケルト人〔古代の西ヨーロッパを支配したインド - ヨーロッパ語系の民族〕や、ゲルマン民族〔スカンジナビア半島とバルト海沿岸を原住地とするインド - ヨーロッパ語系の民族〕や、スラブ族〔ロシア・ポーランドとバルカン半島に居住するインド - ヨーロッパ語族に属する民族〕の移住のような大規模な移住が、旧大陸のほかの土地で発生した。

フェニキア人がつくった海外支店や、地中海沿岸にあったイオニア〔古代ギリシア時代の小アジア西海岸地方〕とカルタゴのギリシア人の都市は通商用の基地だったが、それらはまたシチリアと、プロヴァンスと、スペインの領土征服の出発点ともなった。もっとも先進的な民族が強行した植民地化という新しい現象が出現したのである。この伝統はヨーロッパでは、アフリカ（ザンジバル）や、ゴアとマカオのようなインド洋にあったポルトガル人の海外支店とともに、華々しく継承されるだろう。一六世紀にはオランダ人が、モロッコとインドネシア（バタビア〔ジャカルタの旧称〕）でこの伝統をひきついだ。イギリス人はインドからニュージーランドとオーストラリアにかけて、すでに引かれた路線を急ぎ足で追いかけ、一方、フランス人はニューカレドニアとポリネシアに手をつけた。最初「流刑囚《るけいしゅう》」の掃きだめだったオーストラリアは、先住民の消滅後、はやばやとニューカレドニアのような移住の地になった。ニューカレドニアでは、一九世紀まで戦ったニュージーランドの先住民マオリ人のように、カナク人［メラネシア系の先住民］が一九八八年まで、アイデンティティをまもるために戦いつづけた。

以上のようにまとめると、クリストファー・コロンブス［一四五一～一五〇六、イタリアの航海者］が西インド諸島に上陸し、中国に着いたと考えた一四九二年という日時が無視されていると思われるかもしれない。スペイン人、イギリス人、オランダ人、フランス人、ポルトガル人は、新大陸に貧しい農民や、仕事のない職人や、金鉱の探索者や、コンキスタドール［一六世紀にメキシコ、ペルーを征服したスペイン人の呼称］や、あらゆる種類の冒険家たちを送りだした。冒険家たちはまた、征服者に土地と女性を奪われた先住民を、キリスト教に改宗させる使命をおびた宣教師をつれていた。北アメリカのネイティブアメリカンは、じっさいには一八九〇年に消滅した。現在、南アメリカにいるインディオは、大地主と、修道会の総会長と、世界銀行のトロフィーのもとで細々と暮らしつづけている。

白人は一九世紀の「白人の人口爆発」のせいで、一九一四年に、地球上の総人口の五分の一から三分の一に移行した。この人口革命の結果、ヨーロッパ人はアメリカ、オーストラリア、ニュージーランドに大規模な人間集団を送りだすことになった。同時におきた技術革新と財政改革のおかげで、ヨーロッパは地球上に本物のクモの巣をはりめぐらすことができたのである。

一五～一八世紀の航海技術の改革のおかげで、カラベル船［一五～一六世紀に使われた小型と中型の快速帆船］や、ガリオン船［一六～一八世紀のスペインの軍艦］や、三本マストの帆船や、クリッパー［大型の快速帆船］を使用できるようになったヨーロッパの船員たちは、すでに北アメリカからオセアニアにかけて、全世界を手のうちにおさめていた。何百万人という移民が、旧大陸をはなれてアメリカに出発した。こうした移民は、蒸気船と大型客船の制覇とともに新しい土地を獲得し、その船倉には極貧者と冒険家が収容された。この人たちは初期の旅行者の物語と、新世界に定着した船舶会社や、銀行や、定期刊行物や、社会などがおこなったパブリシティにのせられた人たちだった。こうした現象がみられたのは、もちろん、それ以前からのことだった。なぜならドイツと、ポーランドと、ロシアの貴族たちが、戦争のために荒廃した土地や、開拓しにくい土地に身を呈して働きにいく人たちに、税務上と財政上の優遇措置をあたえたからである。アメリカのプランテーションの経営者と、繊維産業や冶金《やきん》産業のオーナーたちは、とうぜんのように、最終的に事業免許を取得した方法だけを押し通した。

一八六九年以降、アメリカの大陸横断鉄道が、西部を征服した移民と家族をのせたワゴンのはてしない列にとってかわった。しかし、このワゴンはグレート・トレック〔一八三六〜四五に、イギリス人の支配からのがれるために南アフリカのオランダ移民の子孫であるボーア人がおこなったケープ植民地からの移動〕のときに、ボーア人〔現在のアフリカーナー。アフリカーンス語を話すオランダ系白人〕の移動の道具となった。アフリカのイギリス植民地を結ぶというセシル・ローズ〔一八五三〜一九〇二、イギリスの植民地政治家〕の夢だったケープタウンとカイロ間の鉄道は、何千人という建設用のクーリー〔インド・中国などの日雇い人夫。苦力〕を移住させた大英帝国の努力にもかかわらず、ついに実現しなかった。それにたいしてアメリカの会社のほうは、アメリカ大陸横断鉄道の建設のために、何千人という中国のクーリーを導入した。一九〇三〜四年に完成したシベリア横断鉄道は、おなじようにシベリアの入植のための道具になった。

資本主義の勝利と、ヨーロッパ人がいった土地の大部分の征服と、広大な植民帝国の形成によって、労働はそのほかのものとおなじく、ひとつの商品となった。土地のない農民と失業した労働者たちは、フロンティアの反対側で身売りをする習慣を身につけた。アフリカ人と、アジア人と、南アメリカ人のほうは海をこえ、発展した諸国に労働力を提供せざるをえなかった。

じっさいには、こうした移民の必然的帰結は、早々と奴隷制度となってあらわれた。奴隷制度は最古の文明以来、エジプト人、ギリシア人、ローマ人が実践し、そのあとアラブ人、ポルトガル人、スペイン人と、北大西洋の強国がそれぞれに当世風に改正した制度であり、こうした国々の船主は、アフリカ人の奴隷売買で資産の基礎をきずいた。二〇〇〇万人から二億人に達したと推定される奴隷売買は、アフリカ大陸の人口減と貧困化にこのうえもなく貢献した。

ヨーロッパからアメリカとオーストラリアに、二世紀以内（一八一五～一九四〇）に移った七〇〇〇万人という移動は最大級の現象であり、この巨大な動向は、年代的・地理的に大きな段階に区分される。その第一期は一八一五～二〇年ごろにはじまり、一八四六年まで持続した。この時期の移民はおもに農民で、ときにはイギリス人かスコットランド人の職人がまぎれこんだ。一八四六～八〇年の第二期は、なによりも移動実数の多さを特徴とし、年間に約一〇万人から三〇万人か、さらには五〇万人が移動した。それまで、つねにイギリス人とスコットランド人が多数派だったが、一八四六～四七年の不作と、一八四八年の飢饉に追いたてられたアイルランド人が、一八四六年に主位の座を占めた。この期間にはまた、大勢のドイツ人とスカンジナビア人が移住した。一八八〇～一九一四年の第三期には、移民の数は年平均で一〇〇万人に達し、そのあとなんどもこの数値を超過した（一九一〇年には二〇〇万人）。移民の地理的な起源は変わっても、気軽に移住しつづけたのはアングロサクソン人［ドイツ西北部とデンマーク地方を原住地とするゲルマン人の一派で、アングル族とサクソン族が混交し形成された］だった。しかしかれらは、やがて東欧と南欧（ウクライナ人、ポーランド人、チェコ人、ロシアとオーストリア・ハンガリーのユダヤ人、イタリア人）起源の波に圧倒されるようになり、その波に日本人と中国人がくわわった。そして、かれらの大多数は資格をもたない労働者だった。一九一九～四〇年の第四期は、強制移民の増大という新しい特色をもっている。強制移民とは国民的・政治的・宗教的少数派（トルコのアルメニア人、白系ロシア人〔一九一七年のロシア革命後、ソヴィエト政権に反対して国外に亡命したロシア人〕、ドイツのユダヤ人）にたいする権力側の迫害の結果だった。

しかしながら、こうした人口の変動を、第二次世界大戦がひきおこした三〇〇〇万人のヨーロッパ人の移住や強制移送による変動と、おなじように考えることはできない。一九八九年一一月九日のベルリンの壁の崩壊に象徴される共産主義の倒壊は、文字どおり東ヨーロッパの人口移動の水門を開いた。それまでは、全体主義政体の禁止条項のために動けなかったこの地域の人間集団は、流通と交易の自由の恩恵と、消費社会のよろこびを享受する夢を、ついに実現することができた。

移民は二〇世紀のはじめまでは、新しい国々に向けた旧大陸の住民たちのラッシュを意味する典型的にヨーロッパ的な概念だった。この「移民」という表現が、このような概念に支えられているようにみえても、この時点で、以下のような急激な変化がおきていたことが確認される。つまり、第一次大戦のおりの人口需要と、そのあと、とくにフランスでみられた工業の発展のための人口需要が、いちはやくアフリカとマグレブ〔モロッコ、アルジェリア、チュニジアの総称〕だけでなく、ヨーロッパの地中海諸国とポーランドの労働力を誘いこんだことである。工業化したドイツもまた、第二次大戦以後に移民の地となり、ポーランド人とともにトルコ人やマグレブ人をひきつけた。イギリスは、とくに旧帝国時代の領土の住民を受けいれた。

以上のような人口の流入に直面した欧州連合は、共通の政策をもっていない。たとえばドイツは「ざるのような政策」から、じつにきびしい統制政策に移行したが、この統制政策はフランス政府のいくつかのプロジェクトにくらべれば、ときに寛大にみえることがある。一九八九年以降の西欧世界は、しだいに旧ソヴィエト圏の諸国の要求と対決するようになっている。

文献のなかには複雑な移民問題を、数年まえから西欧の工業諸国が経験した問題に限定するものがあるようだが、ひとつの現象のもつ地理的な規模を主張するのが適切であり、この現象の起源は全人類の起源とおなじである。

われわれはそれぞれに、ヨーロッパの現象について明白な主張をするだろうし、ヨーロッパ大陸は大昔から、旧世界の全人口が集まり、戦いあい、混ざりあってきた半島にほかならない。しかし、ヨーロッパは多くのばあいに受けいれ側だったとしても、一五世紀からは移民の波の出発地点となってきたのである。そして移民たちは、新世界と、アフリカや、アジアや、オセアニアに住みつき、それらの土地を植民地化した。

たしかにアメリカには、前二〇〇〇～前一三〇〇年に、中国北部からきた入植者が住みついたので、クリストファー・コロンブスがアメリカを発見したのではない、と書くのは月並みになっている。

オセアニアのほうは、オーストラリアとタスマニアが近づきやすかったおかげで、先住民たちがはやくから入植することができた。しかし、メラネシア人とポリネシア人が素朴な双胴船（カタマラン）を使って太平洋に勢力を広げるには、七世紀あたりまで待たなければならなかった。

本書は適確な実例にもとづいて、ヨーロッパが初期の時代から経験したすべての移民の原因と、条件と、帰結を確定しようとする。その手はじめとして、古代文明以降のヨーロッパの人口移動の原因にとりくむことにしたい。

こうした原因は多様で、なによりもおぞましいが、主要な原因は飢饉と食料不足であり、そこに家畜の新しい放牧地の探索と、新しい耕作地の探索のようなべつの魅力がくわわった。

一九八〇年以降、西欧の工業社会を襲った文化と経済情勢の危機や、一九八九年以後の共産圏の解体と崩壊につ

図1　侵略史としてのヨーロッパ移民史

◆地理的に見る

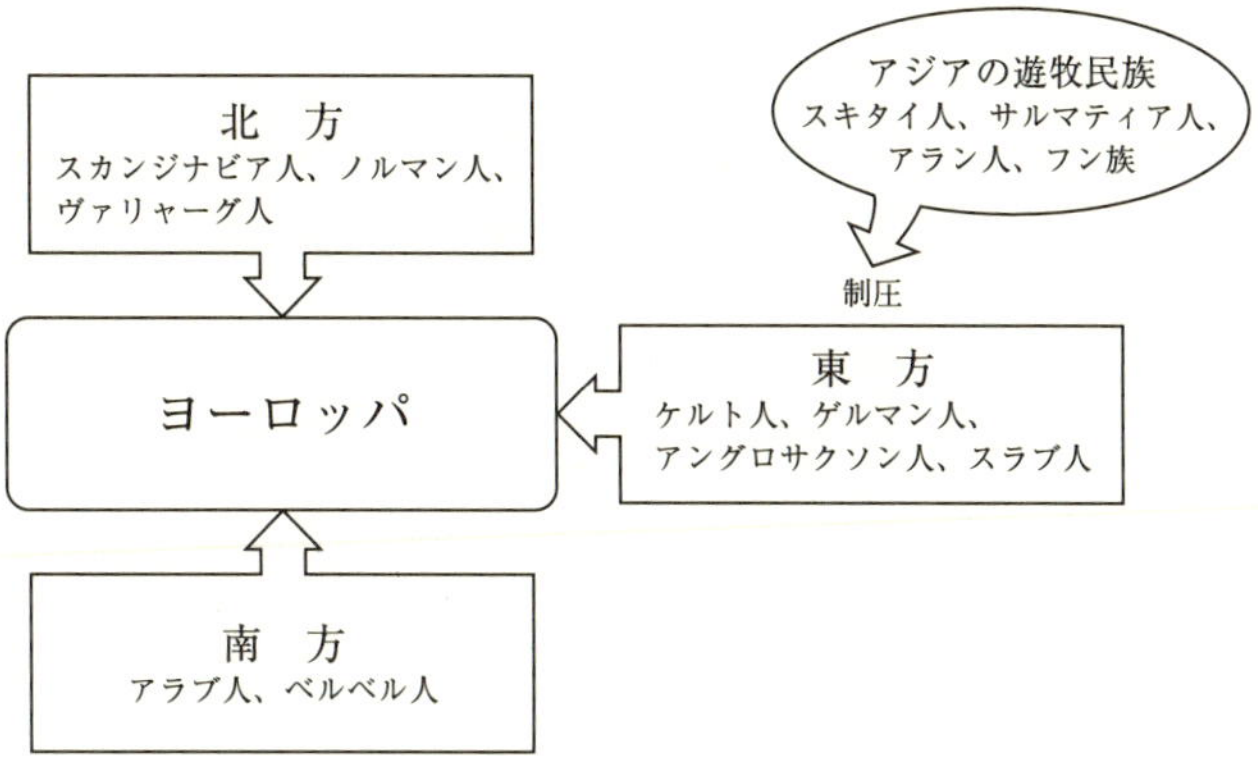

◆時系列で見る

インド-ヨーロッパ語族の侵略の波	第一波	ケルト人、古代イタリア人、ギリシア人	前2500年〜4Ｃ
	第二波	ゲルマン人［ゲルマン民族の大移動］	3〜6Ｃ
	第三波	スラブ人	7〜8Ｃ

れ、雇用と、収入と、住居を提供してくれる受けいれ地を求める東ヨーロッパの人たちが、しだいに数多くなっている。ユーゴスラヴィアとアルジェリアの動乱に神経を使って、新しいすべての保護を漸進的にうち切った欧州共同体は、もはや第三世界の不運な人たちの受けいれ地ではなくなっている。一方、アメリカはラテンアメリカのチカーノ〔本来はメキシコ系のアメリカ人〕に門戸を閉ざし、日本は非合法な移民と戦っている。

　はるか以前からヨーロッパの移民史は、東方（ケルト人、ゲルマン人、アングロサクソン人、スラブ人）と、北方（スカンジナビア人、ノルマン人〔スカンジナビア半島とデンマークを原住地とするゲルマン人の一派〕、ヴァリャーグ人〔九世紀にバルト海沿岸から侵入し、ロシアに王朝をたてたノルマン人〕）と、最後に南方からきた侵入者たち（アラブ人、ベルベル人〔北アフリカ山地のコーカソイドの人種〕）による侵略史として描かれてきた。こうした移民の流入のほぼ全体が、インド‐ヨーロッパ語系の民族の所業であり、第一の波を構成したのはケルト人と、古代イタリア人と、ギリシア人だった。また第二の波はゲルマン人が構成し、第三の波はスラブ人が構成したが、これらの波は、一般にアジアの遊牧民族（イラン系の祖先をもつスキタイ人［カルパチア山脈とドン川の中間に住んだ遊牧民族］とサルマティア人［前六～前四世紀にカフカスとヴォルガ川の流域に住んだ遊牧民族］）や、五世紀のアラン人［北カフカスと小アジアを原住地とするイラン系の遊牧民族］）に制圧されつづけた。

この時代に、スラブ人とゴート族［南ロシアのドナウ川一帯を原住地とするゲルマン人の一派］を手ばやく征服して組みこんだトルコ系とモンゴル系のフン族［中央アジアに住んだ遊牧騎馬民族］は、べつのゴート族とゲルマン人の小部族群を襲撃して大混乱におとしいれたので、小部族の人たちは四〇六年に東ローマの要塞線をこえてライン川を通過した。かれらを追跡したアッティラ［四〇六頃～五三、フン族の王］のフン族は、四五一年にローマ人、フランク族［ゲルマン人の一部族］、アラン人、ブルグンド族［ゲルマン人の一部族］、西ゴート族の混成軍の反撃にあったカタラウヌムの戦いで、ようやく追撃を中断した。

統一ヨーロッパの奮起のおかげで、西洋は文化的・経済的後退からのがれることができたが、この後退は農業人口を田園の放浪生活にみちびいたようである。それでも、いくつかの警戒態勢をとることができた。まず、八二七年にカロリング王家［メロヴィング家にかわって、七五一年からフランク王国を支配した王家］が、アヴァール帝国［中央アジアのモンゴル系遊牧民族だったアヴァール族が、ドナウ川流域を中心に築いた広大な帝国］を粉砕した。しかし、一一世紀にはマジャール人［ウラル語族に属し、ウラル山脈西南方を原住地とする現在のハンガリーの基幹民族］が中欧と東欧を荒廃させ、そのあとハンガリー人という名まえでパンノニア［ヨーロッパ中央部の古代ローマ領。現在のハンガリーと旧ユーゴスラヴィア］に定住した。そして、イシュトヴァーン一世［九六六頃～一〇三八、ハンガリー王］の治世下におこなわれたキリスト教への改宗の結果、かれらはオスマン・トルコ族［トルコ族の一分枝。カスピ海東方で半遊牧生活をしていたが、チンギス・ハーンに追われて西に移動した］に対面する西側の防波堤になった。オスマン・トルコ族は東ローマ帝国の崩壊（一四五三年のコンスタンティノープル占領）のあと、南欧と西欧の全域と、ギリシアと、ルーマニアと、バルカン半島を侵略した。一六八三年には、ウィーンまでが包囲された。ウィーンを救ったのは、ポーランド国王ヤン三世ソビェスキ［一六二四～九六］の騎馬隊だった。

移民の原因を数えあげれば際限がないが、じっさいには二～三の要因に集約される。第一のおぞましいといわれた原因は、好戦的な侵略からのがれ、異国人の侵略がひきおこすあらゆる恐怖からのがれようとした個々の人たちの不安だった。つまり大量虐殺、監禁、人種的・宗教的迫害、奴隷化、動物なみの地位に追いやられる極端な服従状態などがかきたてた恐怖心のことである。それほど恐怖を感じないか、より以上の抵抗力をもつ小部族の逃亡者の一団のなかには、凋落《ちょうらく》する文明に直面して、強力な征服者に変貌したものたちがいた。それはたとえば、フン族に追われたゲルマン系の未開人のことであり、かれらは五世紀に、解体のさなかにあったローマ帝国にたいして略奪をほしいままにした。

第二の肌寒い思いをする原因は、もちろん飢えだった。この永続的で普遍的な原因は、歴史的・経済的な条件と関係をもっていない。五世紀のゲルマンの逃亡者から、中世の北フランスにおきたジャクリーの乱の反乱農民や、一九世紀のアイルランドの貧困者にいたるまで、どれにもつねに飢えがかかわっており、この問題はアフリカや南アメリカという第三世界の栄養失調者にたどりつく。もっとも先進的な移民は、わずかばかりの商行為を試みたが、べつの移民は売るべき労働力しかもっていなかった。

最後にわれわれは、明白に魅力ある原因にたどりつく。それはクリストファー・コロンブスのように、アメリカ大陸で神秘的な黄金郷（エルドラド）の発見を信じた、金にたいするスペイン人たちの渇望だった。より通俗的な例は、ほぼおなじ時期のアメリカ西部で、農民にたいする無料で無限の土地を夢みたアングロサクソン人たちだった。ところが一九世紀には、ゴールドラッシュがカリフォルニアや、オーストラリアや、南アフリカに広がった。移民と植民地化は、じっさいにはたちまち同義語となり、それにたいしてオセアニアと、ハワイと、フィジーは、アメリカの大製糖会社のたんなるプランテーションになったのである。

［ギ・リシャール］

移民の一万年史／目次

はじめに　1

第I部　地球規模の移民　21

第1章　古代文明……一〜三 ジャン・ラベス　四〜六 ギ・リシャール　23
一　古代オリエントとイスラエルの移民……24
オリエントへの移民と約束の追求　25
二　ヘブライ人と約束の地……27
歴史の視点　28／聖書の視点　29
三　強制された移住——前五八七年におきたイスラエル人のバビロニア幽閉……29
政治情勢　29／流刑　30／バビロン捕囚とその結果　31
四　ケルト人……32
五　ギリシア人……34
六　ローマ帝国……36
第2章　ゲルマン民族の大移動……ギ・リシャール　39
一　西欧での未開人の定着……40
二　スカンジナビア人の侵略……44
三　スラブ族……46
第3章　ヨーロッパをめぐる喧騒……ギ・リシャール　53

一　アメリカの発見……54
二　アフリカ奴隷の売買……56
三　迫害……58
四　ユダヤ人の彷徨……61
五　トルコ人とモンゴル人の侵入……64

第4章　白人の人口爆発……ギ・リシャール　69
一　大西洋を横断した移民……70
二　エカテリーナ二世とロシアの領土拡張……73
三　西欧の移民……75
四　地中海と東欧の移住……77

第5章　現代世界……ギ・リシャール　81
一　植民地主義と帝国主義……82
二　両大戦時の移住の帰結……86
三　イスラエルとパレスチナ……90

第Ⅱ部　移民の個別史　95

第6章　アフリカの移住……ソフィー・ル・カレネック　97
一　民族の配置……99

二　バントゥー諸族の大移住……101
三　定期的な内陸の移動……103
四　外部世界の寄与……107
五　インドネシア人の英雄的な行為……109
六　イスラムとアラブの大変動……111
七　最初のアフリカ奴隷の売買……114
八　ヨーロッパ人の到来と三角貿易……118
九　一九世紀のアフリカの再生……124
一〇　植民地の移住……126
　南アフリカ　126／アフリカの残りの部分　128
一一　現代のアフリカ人の大移住……130
第7章　スペイン領土内の移住……マルティヌ・フーク　133
一　古代文明期……136
二　西ゴート族……139
三　アラブ人……141
四　レコンキスタの結末……143
五　ムーア人問題……149

六　そのほかの移住にかかわる現象……152
七　内戦……157
第8章　ラテンアメリカ……ベルナール・フーク　161
一　先史時代の新来者……163
二　コロンブス以前の移住……168
三　インド諸島という呼称……173
四　新しい空間の征服……175
五　「キャリヤー」の人たち……181
六　奴隷売買をした人たち……184
七　新しい植民地社会の農村と都市……189
八　アメリカを入手する……194
九　汎アメリカの移住……201
第9章　アメリカの移民……ジャン＝ピエール・フィシュ　205
一　歴史的展望……207
古い時代の移民　207／新しい移民　212／アジア系の波　214／現代　217
二　特殊性……221
移住　221／地理的分布　222／職業的分布　224
「誘引力と反発力」という要因　225／非合法な移住　227

三　移民と世論……230
移住の効果　230／移民の支持者たち　232／生得論　233／圧力団体　236／反移民法　239
四　同化か多元的体制か……245
理論と実際　246

第10章　インドの移住……ジャック・ヌポト　253
一　アーリア人……257
二　インド - ヨーロッパ語族の移住の三段階……259
北欧のステップを横切ったマドレーヌ人の継承者たち　260
東欧の森林の「インド - ヨーロッパ語族」　261
ユーラシアのステップの騎手クルガン人　262
三　インド - アーリア人……263
カザフスタンのステップから南の山岳障壁まで　264
北インドの占拠　265／インドという統一的組織　266
四　インド人の海上の移住……267
東南アジアへの最初の侵入　267／インドのイスラム化から英領インドへ　270
五　近代と現代の状況……272

第11章　中国の移住……マリ＝シビル・ド・ヴィエンヌ　281

一　中国的空間の設定と移住の下準備……283
中国の人口拡散の始まり　283
最初の帝国の統一とステップの圧力の高まり――漢（前二二一～二二〇）から隋（五八一）へ　285
帝国の再構成と経済的展開への準備（五八一～九六〇）　287
二　交易ルート沿いの移住……288
予備的段階　288／清と政治色をもった移民の出現　290
三　中国人のディアスポラ……293
移民の流れの地理的な分散――一八四〇～一九〇〇年　294
二〇世紀の中国人移民と脱植民地化　298

第12章　オセアニアの移住……ギ・リシャール　307
一　インドネシアの植民……310
二　ヨーロッパ人の到来……312

関連年表　330
訳者あとがき　331
参考文献一覧　339／図表一覧　340
人名・民族名索引　349／事項・地名索引　356

凡例

1　本書は Guy Richard (sous la direction de), *AILLEURS, L'HERBE EST PLUS VERTE : Histoire des migrations dans le monde*, Panoramiques-Corlet, 1996 の全訳である。

2　原書にはないが、邦訳で以下の補足をおこなった。

・「第Ⅰ部・地球規模の移民」(第1章〜5章）と「第Ⅱ部・移民の個別史」(第6章〜12章）のⅡ部構成とした。

・各部および各章の扉の要約、人口移動を表す図表、年表、索引を付した。図表は原則として民族を軸に作成し、移動の時期・移住地・規模などが本文で明確に示されていない場合は、表の該当個所を空欄としてある。なお索引には、本文の訳注を適宜付し、本文を読むさいの事典としても役立つようにした。

移民の一万年史

——人口移動・遙かなる民族の旅

INDORVM
Floridam provinciam inhabitantium eicones,
primum ibidem ad vivum expressæ
à IACOBO LE MOYNE cui cogno:
men DE MORGVES:
addita ad singulas brevi earum declaratione.
Nunc verò recens à THEODORO DE BRY
Leodiense in æs incisæ,
& evulgatæ.
FRANCOFORTI AD MOENVM,
Typis Ioannis Wecheli, Sumtibus vero Theodori
de Bry ANNO M D XCI.

第Ⅰ部
地球規模の移民

第Ⅰ部では、古代文明の人口移動、ゲルマン民族の大移動、ヨーロッパをめぐる移民の動向、一九世紀の白人の人口爆発、現代世界の人口移動など、いわば地球規模の人口移動を概説する。また中東やアジアの動きも、必要に応じて言及される。（部扉図版：フランドル生まれでドイツで活躍した銅版画家、テオドール・ド・ブライによる新世界を描いた版画。Théodore de Bry, *Grands Voyages : Americae secunda pars. Navigatio in Brasiliam Americae.* Francfort, 1592）

第1章 古代文明

✤この章では、前七〇〇〇年ごろまでに成立した古代オリエントから、五世紀後半の西ローマ帝国の崩壊までの古代文明圏を中心とする移住の歴史が概観される。これらの移住のメインストリームとなったのは、南のほうからきたセム語族と、北のほうからきたインド‐ヨーロッパ語族だった。ここではさまざまな民族の浮沈と同時に、現在の西欧世界と中東の基本を構成した動向をおおまかに把握することができる。

一　古代オリエントとイスラエルの移民

古代オリエントの民族の歴史と文明は、ギリシアとエジプトからイランにかけて広がる比較的限定された領域で発達した。この空間は起伏にとんでいて山が多く、気候は乾燥しているか乾燥しすぎていた。水が少ないうえに、肥沃な土地はあまり多くなかったので、どちらももっとも希少なものにほかならなかった。こうした事情が説明するのは、渇きと不毛性以外のものがある「約束の地」［神がヘブライ人に約束したカナンの地］を渇望する人々のあいだに、きびしい競合関係がおきたことである。ところが、水と肥沃な土地を提供したふたつの地域が、そのような「約束の地」とみなされることができた。それは肥沃な三日月地帯と、海に恵まれた地方のことだった。

肥沃な三日月地帯とは、ナイル川流域からペルシア湾にかけて、円弧状（三日月形）に広がる広大な沖積《ちゅうせき》平野［河川の堆積作用でできた平野］のことだった。東側にメソポタミアをふくむこのすぐれて肥沃な空間は、チグリス川とユーフラテス川に灌漑《かんがい》されていたので肥沃だった。

また海に恵まれた地方とは、東地中海の島々と沿岸地帯のことだった。つまり、クレタ島とギリシアと、主としてフェニキアをふくむ小アジアの西側のことであり、フェニキアは地中海のすべての停泊地で、数多くの船舶による交易の遠征にのりだした。前八一四年のカルタゴの植民市の創設は、この拡張運動の絶頂期だった。

オリエントへの移民と約束の追求

この東側の土地は、明確な民族からなるほぼ連続的な移民の流れの劇場となり、それらの民族は異なるふたつの集団に区分された。つまりセム系諸族と、インド‐ヨーロッパ語族であり、セム系諸族は南のほうからきた人たちで、インド‐ヨーロッパ語族は北のほうからきた人たちだった。ところが、すでに歴史時代から、そのほかの民族がこの地方に住んでいたのである。だからそこには、三つの民族集団が住んだことになる。

この土着の民族とは、ナイル川流域やデルタ地帯と、肥沃な三日月地帯の西端にいたエジプト人と、クレタ島の住民と、肥沃な三日月地帯の東端にいたメソポタミア南部のシュメール人〔世界最古の文明を形成し、のちにセム人に吸収された民族〕のことである。クレタ島の住民たちとシュメール人は、ほぼ完全に消滅したが、これら三つの民族が、非常に大きな独自性をもつ文明を発達させていたことは注目に値する。なかでもエジプト文明は、強力な歴史的証拠を提供した。

前四〇〇〇年末以降、アラビアとシリアの草原からきたと考えられるセム系諸族が、ゆるやかに北方に向けて前進し、しだいに肥沃な三日月地帯に侵入した。かれらを結びつけていたのは、明白な言語上の類似性であり、この人たちは聖書の伝承から、ノアの息子のセムの子孫だといわれてきた。たしかに、それぞれの研究者の解釈によれば、とくべつに選ばれて、神の選択か危険性をともなう選択の対象になったのは、とくにセム系諸族の一員のヘブライ民族という一族だった。この一族は部族の一集団であるイスラエル人を、神のことばを拝受して、新しい宗教を創始するとくべつの運命に結びつけた。このために一連の移住と苦難の体験が生じ、こうした体験は、かれらが約束の地カナン〔パレスチナの古地名〕地方に定着するまでの固有の歴史を構成することになった。

図2　古代オリエントへの移民と民族の形成

民　族	出発地	移住先	移住先
セム系諸族 前4000年末以降	南（アラビアと シリアの草原）	肥沃な三日月地帯 （メソポタミア、エジプト、イスラエル、アッシリア 先住民：エジプト人、シュメール人） ヘブライ民族—イスラエル人 アッシリア人 バビロニア人	海に恵まれた地方 （東地中海の島々と沿岸地帯 クレタ島、ギリシア、フェニキア 先住民：クレタ島住民） フェニキア人
インド-ヨーロッパ語族 前2000年初以降	北（ルーマニアと 南ロシアの平原）	イラン高原 メディア人、ペルシア人	アナトリア ヒッタイト民族

一方のインド-ヨーロッパ語系の種族は、ヨーロッパ史に深い痕跡をのこすよう運命づけられていた。前二〇〇〇年ごろのはじめに、ルーマニアと南ロシアの平原からきたかれらは、ふたつの移住の流れにわかれ、そのひとつは西欧世界に分散した。もうひとつは明らかにより遅れて南下し、カフカス山脈の一帯を横断してイラン高原に到達し、そこでメディア〔前六七五年ごろに建国された古代オリエントの一国〕人とペルシア人になった。それほどの勢力をもたなかった第三の流れは、南西方向に斜行して黒海沿岸を迂回したようであり、かれらはアナトリア（小アジアのこと）に歩をすすめて、そこでヒッタイト民族〔古代オリエントで活躍した民族〕を形成した。かれらもまた、じつに強烈な独自性をもっていたが、あいにくと消滅する運命にあった。

こうしてみると、古代オリエントに「移住した」民族は、インド-ヨーロッパ語系の諸族と、セム系諸族という起源にしたがって分散したことになる。インド-ヨーロッパ語系の諸族とは、アナトリアのヒッタイト人と、イラン高原のメディア人やペルシア人のことであり、セム系諸族とは、東地中海沿岸のヘブライ人やフェニキア人と、メソポタミアのアッシリア人やバビロニア〔チグリス・ユーフラテス両川の中流域にあった古代帝国〕人のことである。

フェニキア人の海運の発展と植民地化

勤勉で活動的な民族だったフェニキア人は、そのうえ航海者で商人だった。かれらの船舶は地中海を縦横に航海し、数多くの未知の海岸を探検したが、それは貿易の販路をみつけるためか、たんなる好奇心からの行為だった。しかしフェニキア人は、とくに前一二世紀と前八世紀のあいだに、数多くの植民地を設立した。フェニキア人の植民地化は、のちにギリシア人たちが使用した方法とちがって、宗教的・政治的な意味をもたなかった。かれらの植民地は、最終的な入植と領土の拡張のための方策にすぎず、その領土は最初は一時的な寄港地か海外支店だった。フェニキア人の主要都市だったシドン〔現在のレバノン南西部の港市サイダ〕とティルス〔現在はレバノン南西部の小さな港町〕の住民たちは、数多くの重要な植民地を創設した。ティルスの人たちは西地中海に、現在のスペインのカディスの前身となったガデスの基礎をきずき、とくに前八一四年には、チュニジアの海岸にカルタゴを設立した。カルタゴは一帝国の首都となり、ローマのライバルとなる運命にあった。

二　ヘブライ人と約束の地

本書の主題である移住の動機となったのは、一般に経済的・社会的秩序という原因と同時に、民族的な誇りと征服欲だった。巨大なセム系諸族の支流であるヘブライ民族の彷徨《ほうこう》は、このような移民とちがって、神の命令によって動機づけられ、準備されたといわれている。ヘブライ人の神ヤハウェ（この名称は「わたしは存在する」を意味し、それ以外の意味はない）は、かれらのために用意された約束の地を手にいれる——または回復する——ために、なんどもかれらに歩きはじめることを要請した。こうした移民とその原因についての詳細な物語は、ヘブライ人と、のちにキリスト教徒の聖なる書物となった聖書によって提供される。聖書の情報は、このうえもなく貴重な歴史的記録だが、満足できるような決定的な説明に欠けている。この問題では、史的視点と聖書の視点を連続的に示すのが、もっとも賢明である。

歴史の視点

前一九世紀ごろ、放浪していたセム系諸族は、ウル［ユーフラテス川のデルタ地方にあったバビロニア王国の古都市名］地方や、メソポタミア南部や、カルデア［バビロニアの南部地方］に、比較的長くか一時的に定住した。かれらはさらに北西方に向けて移住し、メソポタミアのシリア地方にあったハランで、たぶん、より肥沃な土地と豊かな牧草地をみつけたのだろう。あるいはこの移住には、バビロニア王ハンムラビ［在位前一七九二〜前一七五〇、バビロニア第一王朝の第六代の王］の煩雑で、わずらわしい国家体制と、宗教的独裁体制からのがれる目的があったのかもしれない。このあと、ハランをはなれたいくつかの部族が、こんどは南西方向に向けて歩き、カナンと呼ばれる地方に侵入して、ヘブライ人という総称で呼ばれるようになった（語源の'ibni《イブニ》は「メソポタミアのユーフラテス川の対岸からきた人たち」という意味だと推定されている）。このあと前一七〇〇年ごろに、イスラエル人と呼ばれたいくつかの集団が、ナイル川の豊かな三角州を征服して定住したヒクソス［古代オリエントの遊牧民族］につづいてエジプトに侵入した。しかし、ヒクソスに追い払われたヘブライ人は、指導者モーセの指揮のもとに、シナイ半島の北部を横断し、カナンの地にもどろうとした。ヘブライ人は四〇年という長い歩みのあと、カナンの地がみえる地点に到達した。かれらは留守のあいだに住みついていた民族を、もういちど苦労して征服しなければならなかった。

聖書の視点

聖書によれば、おそらく豊富なヒツジの群れの所有者だったテラハの息子アブラハムが神の命令を受け、カルデア地方のウルをはなれて、運命づけられたカナンの地にたどりついたとされている。神はまたアブラハムに、空の星の数ほど大勢の子孫をもち、大国の指導者と信者の保護者になるだろうと予告した。アブラハムは神の命令にしたがい、提案された契約を受けいれて、命令を細密に実行した。そして最後に、カナンの地に定住したというのである。はるかのちのエジプトでは、ヘブライ人のモーセが、燃える茂みの姿をとって神が語りかけた啓示を受けとった。それはモーセに、エジプト人の迫害の対象となっているヘブライ人の先頭にたち、かれらをエジプトから脱出させて、約束の地のカナンにみちびくよう命ずる啓示だった［出エジプト記］。この命令は忠実に実行され、イスラエル人たちは約束の地にふたたび定住することになった。かれらは王国を設立し、そこではるかむかしから予測されていたとおり、キリスト教の創始者である神の子イエス・キリストが誕生した。以上がこれらすべての出来事と、一連の移住についての宗教上の解釈である。

三　強制された移住――前五八七年におきたイスラエル人のバビロニア幽閉

政治情勢

想像力を強く刺激してきた有名な事件がはじまったのは、前五八七年のことであり、聖書の伝承はこの事件に、神のみせしめの罰としての意義をあたえている。

図3　ヘブライ人の移住

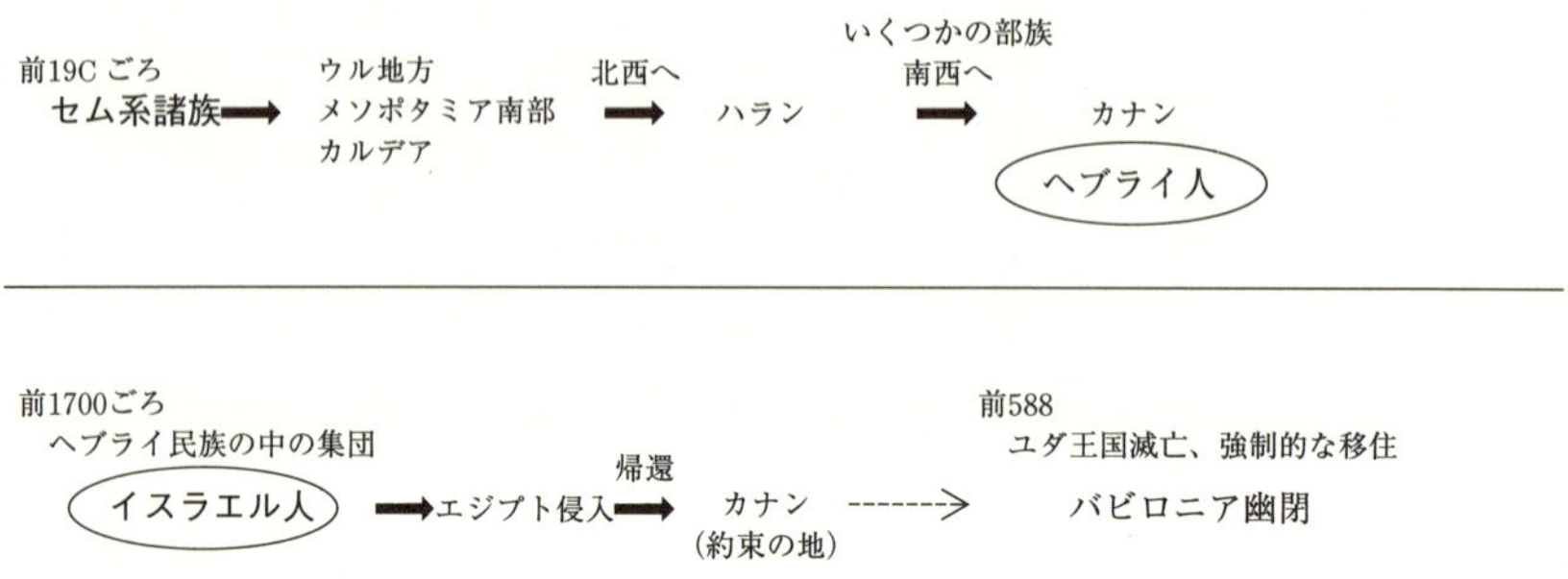

前六〇四年以降のバビロニアには、ネブカドネザル二世［在位前六〇五～前五六二］が君臨していた。かれは残忍な人物で、征服欲にかられていたので、歴代の王が脆弱《ぜいじゃく》だった当時のユダ王国［前九二六頃～前五八六。ヘブライ王国の分裂を契機に、その南半分に建国された］は重大な危機におちいった。ネブカドネザル二世は前五九七年に、配下のゼデキヤをユダ王国の王に任命した。ところがゼデキヤは、バビロニア王朝に敵対する小国家群の陰謀に巻きこまれたのである。ネブカドネザルは前五八八年にエルサレムを包囲し、きびしい攻囲ののちに、この町を攻略した。ネブカドネザルは逃げようとしたゼデキヤをとらえたうえ、ヘブライ人たちをバビロニアに幽閉するよう命令した。

流刑

エルサレムの住人は、だれひとり出発しなかった。王の命令で、もっとも貧しいものが町にのこり、のこりの人たちを、征服者の承認をえたゲダリヤという総督がとりしきることになった。総督は誠実に、占領軍の要求から行政区域の住民をまもろうとしたが、一徹な愛国者だったと思われる狂信者イシュマエルに暗殺された。予言者エレミアもこの町にのこって、バビロニアの行政官にたいする服従を説き、その姿勢のおかげでバビロニア王の優遇をえた。かれは敗北の直後に捕虜になって当惑したが、征服者の王のとくべつの命令で釈放されたのである。しかしかれは、エジプトを手にいれようとした反逆的な逃亡者にかかわったことがわざわいして命を失った。

いわゆる捕囚については、詳細なことはわずかしかわかっていない。バビロンとアッシリアの全土にのこるレリーフに、判断を一任しなければならない。これらの生き生きとした碑文の絵から、兵士のみはりやすいようにしばられ、鎖につながれた老若男女の悲しく痛ましい集団が想像できる。兵士たちは粗暴で無慈悲だったと推測されるし、殴打と笞《むち》が使われたのだろう。それでもレリーフのなかには、それほど悲痛でない実態を示すものがある。たとえば荷車の腰かけや袋にすわって、ふだんどおりに家畜をつついている両親と子どもたちだと思われる家族がみられるが、かれらは草原や砂漠の長旅に世襲的に慣れた人たちの平静さをみせている。いずれにしても、砂漠を横切るこの道のりを考えれば、旅程はきわめて遠かったにちがいない。肥沃な三日月地帯のカーブにそって迂回しなければならなかったわけだから、距離はほぼ二倍になったはずである。だから、それは二か月近くの旅になったものと思われる。

バビロン捕囚とその結末

この事件の結末をみると、バビロニア人と、その仮定された残酷さについては判断を修正したくなる。旅のおわりを迎え、多少なりと手荒に強制的な居住地に送りこまれたヘブライ人たちは、耐えがたい運命にみまわれたようには思えないのである。たしかにかれらは、ネブカドネザルが計画した大事業の作業のために、重要な夫役《ふえき》に従事した。しかし、かれらの条件は短時日のうちに改善された。巧妙に組織されたかれらは、手仕事や、交易や、銀行業務などにつき、最終的に繁栄した。多くのイスラエル人は、キュロス二世［前六〇〇頃～前五二九、ペルシアのカイメネス王朝の王で新バビロニアを破った］のおかげで帰途につく時点までバビロンにとどまり、新しい生活に順応して子どもを生んでいた。くわえて聖書が、予言者エレミアと、エゼキエルと、ダニエルのことばをつうじて、つねに主張するのは、無数の背徳を考えれば、この幽閉がイスラエルにとって少なくとも当然の懲罰だったということと、すべての点でネブカドネザルとバビロニア人が、この神の懲罰の憎むべき道具だったということである。

［ジャン・ラベス］

ケルト人と、ギリシア人と、イタリオット［南部イタリアにあった古代ギリシアの植民地の住民］が移動しはじめたのは、前二〇〇〇年のことだった。かれらは旧大陸に向かうインド‐ヨーロッパ語系の最初の植民の波となった。

［ジャン・ラベス］

四　ケルト人

ケルト人はドイツ南部の発生地から、ハルシュタット文化（前一〇〇〇～前七〇〇年）［オーストリアのハルシュタット湖畔の遺跡に代表される先史時代の鉄器文化のひとつ］と呼ばれる鉄器文明を西欧におし広げ、前八世紀から前五世紀にかけて、イギリスに最初の侵入者たちの波を送りこんだ。かれらは同時にガリア［現在のフランス、ベルギー、北イタリアをふくむ古代ローマ時代の地域名］とスペインに大挙しておし寄せ、そこで先住民たちと融合した。ケルト人が琥珀《こはく》と錫《すず》を供給した地中海世界は、お返しにかれらに貨幣の使用と、古代ギリシアの美術と、アルファベットを教えこんだ。そのあと、ゲルマン民族の圧力を受けたケルト人は、ラ‐テーヌ文化（前五〇〇年）［ハルシュタット文化につづくヨーロッパの初期鉄器時代の文化］をもって、急襲攻撃と征服者の波となって突進した。ローマは前三九〇年にケルトの部族に服従し、デルフォイ［アポロンの神殿があった古代ギリシアの都市］は前二七九年に破壊された。このほか海峡を渡った部族のなかには、小アジア（ここでガラチア［小アジアの中心部の地名］人の始祖となった）や南ロシアに定住したものたちもいた。かれらはいたるところで、征服された民族（イベリア人［前五世紀頃にスペイン南東部にいた民族］、イリュリア［バルカン半島の北西部にあった古王国］人、スキタイ人、トラキア［バルカン半島の東南地域］人、ギリシア人）と混交した。

ローマ人からみてケルト人は、はじめから脅威のまとだった。その脅威に直面したローマは、前三世紀末以降、ガリア＝キザルピナ［イタリアのロンバルディア地方とピエモンテ地方］からケルト人を追い払い、前一二五年には、プロヴァンスとナルボンヌ［フランスのラングドック地方にあるオード県の都市］からも追放した。前五八年から前五一年にかけて、ユリウス・カエサル［前一〇一頃～前四四、ローマの政治家、軍人］はガリア全土を征服し、この征服から輝かしいガロ＝ロマン文明［前五〇～五世紀］が誕生した。この文明は、ケルト人の驚くべき適応能力と吸収能力を証明する。

五世紀の民族の混合状態は、以上のようなありさまだった。フン族に追われたゲルマン民族の野蛮な侵入がはじまったのは、そのころのことだった。ローマ領だったガリアは、かれらのために本物のるつぼと変わり、そこで五世紀から八世紀にかけて混交しあったのは、ガロ＝ロマン人、ゴート族、ブルグンド族、アラマン人［ゲルマン民族の一派。ライン川・ドナウ川の上流域が原住地］、アラン人と、とくにフランク族だった。フランク族はクローヴィス［四六五頃～五一一、初代フランク国王、フランスのメロヴィング朝の祖］のもとでキリスト教に改宗し、七三二年には、カール・マルテル［六六八頃～七四一、フランク王国の宮宰］とともにアラブ人の侵入を粉砕した。そして八〇〇年に、カール一世［七四二～八一四、フランク国王、西ローマ皇帝。シャルルマーニュのこと］とともに、西ローマ帝国を復興した。

フランク族は古い国家としてのフランスを生みだしたのである。

図4　古代ヨーロッパの移住

民　族	発　生　地	時　期	移　住　先	混交した先住民
ケルト人	ドイツ南部	前８～前５C 前390年	イギリス、ガリア、スペイン ・ローマ征服 ・小アジア、南ロシア	イベリア人、イリュリア人、スキタイ人、トラキア人、ギリシア人
ギリシア人	北方 （インド-ヨーロッパ語族）	前2500年 前1800～前1600年 前15C 前７C	トロイア侵略 テッサリア、クレタ島 アカイア人 ・クレタ島破壊 ・ドーリア人に追われトロイアへ ・地中海全域	
ローマ人	イタリア半島 先住民 リグリア人、シチリア人、ラテン人、ウンブリ族、ヴォルスキ族、サムニウム人、イリュリアからの諸民族、エトルリア人	前90年ユリア法～ →ローマ人、ラテン人、地方人、外国人をローマ市民として同一視 ＝ ローマ帝国による諸民族の同一化	・382～395 西ゴート族 →モエシア ・443～ ブルグンド族 →ガリア ・358 フランク族 →フランス北部、ベルギー ・ガロ-ロマン人 →居住地の外 （ガロ-ロマン人とゲルマンの連合軍）	ガロ-ロマン人とゲルマン民族の融合 諸部族による戦争、征服、大量虐殺、全人口の移動、民族全体の奴隷化

五　ギリシア人

前三〇〇〇年から前二五〇〇年ごろに、原住地の不明な人たちが、キクラデス諸島［エーゲ海にあるギリシア領の島々］からクレタ島にかけて定住しはじめた。それはインド-ヨーロッパ語系の民族に先行した地中海系の人たち（ことによるとエトルリア人［古代イタリアのもっとも有力な人種］や、リグリア人や、バスク人や、イベリア人は遠い縁戚関係にあったのかもしれない）か、前四〇〇〇年と前三〇〇〇年に、北方からきた侵略者たちのことである。前二五〇〇年ごろ、インド-ヨーロッパ語系の最初の侵入者が、ダーダネルス海峡［マルマラ海とエーゲ海を結んでトルコを横切る海峡］に出現し、現在のヒサルリク［ダーダネルス海峡の入り口の近く］のあたりにあったトロイア［陸と海の交易の交差点としてさかえた、エーゲ文明のなかでも独特の位置をしめたトロイア文明の中心地］の初期の町を破壊した。この波はさらに前一八〇〇年から前一六〇〇年ごろにかけて、テッサリア［ギリシアのピオニス川流域の平野部〕からクレタ島あたりのエーゲ海に氾濫した。その最初の波はアカイア人の波であり、かれらは家畜化したウマと、青銅の冶金技術をもっていた。ミケーネ文明〔前一六〇〇～前一一〇〇年ごろにさかえた、青銅器を特徴とする後期エーゲ文明〕の創始者になったアカイア人は、クレタ島の住民が制覇していた海上生活をまるきり知らなかったが、クレタ島の住民の航海技術を学び、前一五世紀にはクレタ島を破壊した。巨大な要塞をつくったことで知られるこの好戦的な民族は、そのあと、ミケーネ文明を消滅させたドーリア人の波にはじきだされ、破壊されたトロイアに追いやられた。各民族の新しい分布図が、戦争と略奪行為をともなって、恐怖に満ちた無秩序な雰囲気のなかでできあがった。

　ギリシアという世界は共通の言語と宗教をもち、デルフォイや、オリンピア〔ギリシア南部のエリス地方にあったゼウス神の聖所〕や、デロス島〔キクラデス諸島の小島〕などに、全ギリシア競技会や共通の秘儀をもっていたくせに、敵対する数多くの都市国家に分裂し、数世紀のあいだ（前一一〇〇～前八〇〇）、闇のなかに沈んでいた。海上の覇権はフェニキア人の手に移り、かれらのアルファベットはギリシア人にモデルとして使われた。このフェニキアも、前七世紀にアッシリア人に屈服して衰退したので、イオニアのギリシア人に全地中海に移住するチャンスがやってきた。無数の植民地と海外支店が、黒海沿岸からジブラルタル海峡にかけて広がった。ギリシアの植民地は、本国とおなじ宗教と聖火を維持し、本国に貢ぎものをおさめて、本国が戦争に巻きこまれたおりには援軍を派遣した。先住民と完全にへだたっていたギリシアの入植者は、かれらと商取引をし、友好的な関係をきずこうとした。もとよりギリシアの都市国家は、いつも戦争状態にあった。この慢性的な戦争状態を、前四世紀におわらせたのは、マケドニア〔バルカン半島中央部の地方〕のフィリッポス二世〔前三八二～前三三六〕だった。ギリシアはもはや、かれの息子のアレクサンドロス〔前三五六～前三二三、マケドニアの王〕がきずいた帝国の一地方にすぎなくなった。そして、こんどはローマが、前二八年にこの帝国をたんなる一地方にした。

六　ローマ帝国

イタリアには新石器時代から、アペニノ山脈〔イタリア半島を縦走する山脈〕にいたリグリア人や、シチリア島のシチリア人のような、アーリア人〔広くインド‐ヨーロッパ語族をさすが、正しくはインド‐イラン語派に属する言語を用いる人たちの総称〕に先だつ人たちが住んでいた。そのイタリアは、前二〇〇〇年のはじめから、インド‐ヨーロッパ語系の民族の定期的な波に侵略されつづけ、侵略者たちは青銅器文明と鉄器文明を連続的にもちこんだ。イタリオット（ラテン人〔インド‐ヨーロッパ語族系のイタリア人に属するファリスキ語族の一族〕や、ウンブリ族〔イタリアのウンブリア地方にいた人種〕や、ヴォルスキ族〔イタリア南部のウンブリ族系の種族〕や、サムニウム人〔アペニノ山脈の中南部に居住した種族〕など）は、イタリア半島の中部と南部に住んでいたが、そこにはアドリア海沿岸のイリュリアからきた、べつの諸民族も住んでいた。

ローマが創設されたときから、イタリアの歴史はローマの歴史と混同されてきた。古代イタリアのもっとも有力な人種だったエトルリア人が、南イタリアとシチリア島のギリシアの植民地とおなじく、征服されて服従した。前二世紀以降、ローマ大帝国の征服によって、ローマ文明は完全に変質した。輸入食料品の価格のために破滅した小規模な農民が町々に集結し、パンと気晴らしをみつけだした。それにたいして、田園地帯は広い私有農地に占領され、それらをたがやしたのは地中海の全域からきた奴隷たちだった。

たしかにこの半島の歴史は、長いあいだローマの歴史と混同されてきた。

前九〇年にユリア法で、ローマ人や、市民権をもっていなかった居住外国人をふくむ、すべてのイタリア人に市民権があたえられた。このユリア法に、前八九年のポッパエア法とパピリア法が後続した。二一二年には、カラカラ〔一八八～二一七、ローマ皇帝。カラカラはかれが愛用したガリア地方の長上着の名に由来する〕が帝国を統一する目的で、すべての自由民にローマの市民権をあたえ、法律によってローマ人と、ラテン人と、地方人を同一視した。しかし原則として、国境周辺に住んでいたバルバロイ［異民族にたいしてギリシア人が用いた呼称。古代ローマ人もとくにゲルマン民族にたいして、この呼称を使用した］と、農村人口という最大部分は除外された。じっさいにはバルバロイにも、スティリコ［三五九～四〇八、ローマの軍人］のようにローマ帝国の先頭にたって名をあげた人たちがいた。スティリコはテオドシウス一世［三四六～九五、ローマ皇帝］の死後、若年のホノリウス［三八四～四二三、ローマ帝国最初の皇帝］の後見人となって、西ローマ帝国を統治した人物だった。のちにかれは「ローマ人」のアエティウス［三九〇頃～四五四、ローマ帝国の将軍］がフン族の人質になったあと、帝国の先頭にたって輝かしい経歴をのこしている。かれはガロ‐ロマン人と、フランク族と、ブルグンド族と、西ゴート族の同盟軍の結成に成功し、四五一年にラクス・マウリアクス［シャンパーニュ地方のトロアの西方周辺か、シャロン近辺と推定される］で、アッティラ［四〇六頃～四五三、フン族王の］の軍隊を粉砕した。二～三世紀以降のローマ人は、自国の軍隊に習慣的にゲルマン系のバルバロイをやとうようになった。かれらのなかには、ローマ帝国の全住民から認められ、連合軍としての地位を受けいれて、この国で、ほぼ自給自足の経済体制で暮らすことを許された人たちもいた。

最初の連合軍はテオドシウス一世の手で、まず三八二年から三九五年にかけて、モエシア［ドナウ川の南にあった古国］に居住させられた西ゴート族だった。かれらは四〇一年から、ペロポネソス［ギリシア南部の半島］とイタリアを放浪した。四一〇年にホノリウスは、かれらをスペインにさし向け、スペインに侵入していたスエーヴィー人［中部ヨーロッパの広域に居住したゲルマン民族］と、アラマン人と、ヴァンダル族［スカンジナビア半島南部などを原住地とするゲルマン民族の混成部族］を撃退した。ブルグンド族のほうは四四三年から、ローヌ地方のガリアに幽閉された。三五八年には、皇帝ユリアヌス［三三二～六三、ローマ皇帝］がフランク族にも、ムーズ川［フランス東部から北海に注ぐ］とエスコー川［フランス北部から北海に注ぐ］のあいだの地域と、そのあとベルギーで同盟軍の地位をあたえた。ガロ‐ロマン人の共同体もまた、民族全体の居住地の外に土地を指定され、すぐに移動できるような従属的な農民階級に制定されて変貌した。地方によっては、こうした「ゲルマン人の国境警備兵」が、全人口の一二～二一％にも達したところがあった。このような階級ができたことで、ガロ-ロマン人と未開人の融合が大きく促進された。三世紀から五世紀までの西欧は、あいつぐクーデターと暗殺と、ローマ帝国の入り口でひしめきあう部族間の侵入や戦争の劇場になった。ローマ帝国はもはやひとつの虚構にすぎず、未開人の徴集兵の頭目たちのおかげで維持されているにすぎなかった。四七六年に、皇帝のゲルマン傭兵《ようへい》隊長のひとりであるオドアケル［四三三〜九三］が、最後の皇帝ロムルス・アウグストゥルス［四六一〜?］を廃位させ、このみせかけの帝国にけりをつけた。

七五三年に生まれた年代記作者ヴァロンによれば、オドアケルが東ローマ帝国に皇帝の印章を返送したとき、ローマは一二世紀以上にわたる世界的な帝国に終止符をうったのである。その一二世紀間は、たえまのない戦争と征服の歴史を特徴とし、大量虐殺、全人口の移動、民族全体の奴隷化のような事件が連続した。民族のなかには、消滅したものもあり、そうした民族の名称は、ラテン語の年代記にしるされているにすぎない。筆者は一九九二年に、アルマン・コラン社から出版した『非人間的な歴史』で、こうした一連の殺戮《さつりく》と監禁の簡潔な概要を提示した（とくに四一八ページ）。それらは自発的な移住とおなじ重要性をもっている。

［ギ・リシャール］

第2章 ゲルマン民族の大移動

この章では、五世紀から一四世紀ごろまでの中世のヨーロッパを舞台とした大規模な移動が説明される。その中心となったのはゲルマン民族であり、のちに、その一派のスラブ族とノルマン人だった。そして、最後に一二世紀から、モンゴル人の大勢力が巨大な影響力を行使した。かれらは相互間の攻防をくりかえし、その動向が以後のヨーロッパを形成する大きな枠組を決定した。

一　西欧での未開人の定着

「ゲルマン民族の大移動」(三〜六世紀) とは、ヨーロッパの西端と南端にたいする、インド - ヨーロッパ語族の第二波の襲来のことである。この波はゲルマン民族の主要な動向をあらわしており、かれらの胎動がみられたのは、フン族が東欧にいたゴート族を粉砕してローマ帝国に追いやった、三七〇年ごろのことだった。このような未開人の侵入は、すでに一六六年からはじまっていたが、そのあと、ゲルマン系のさまざまな民族が先導した侵略がガリアやスペインと、ローマ帝国の東側で、二四二年と、二五三年と、二七六年にくりかえされた。四〇六年におきたゲルマン民族のライン川の渡河と、それにつづく襲撃が、あれほど人々に衝撃をあたえたのは、侵略者が大集団だったからである。この侵略者たちは、あらゆる時代のすべての兵士たちとおなじく、最終的には征服した地方に住みついた。現実には、さまざまな民族の混成群だったこの未開人の集団は、アッティラのフン族というアジアの遊牧民族に追われた逃亡者にすぎなかった。じっさいにはゲルマン民族のガリア定住は、主としてゆるやかな浸透活動の結果だった。この侵入者の数は、西ローマ帝国の総人口の五％に相当したにすぎなかったが、住民たちの組織と、法典と、精神を決定的に改変した。こうした人たちは、本物の浸透現象によって融合したのである。

新来者たちは表向きは独自の法典をまもりつづけたし、そうした法典は「法的人格」という同一の原理にしたがうローマ法とはべつのものだった。サリカ法典〔ゲルマン系の部族の法典のひとつ〕や、ブルグンド法典〔六世紀に編纂されたブルグンド族の法典〕や、西ゴート法典〔六五四年ごろに西ゴート王レッケスビントが編纂した法典〕と、ローマ法が適用された結果、法的なねじれがおこり、このねじれ現象はガリアでは九世紀までつづき、イタリアでは一二世紀まで尾をひいた。しかし、ローマ法による三七〇年のローマ人と未開人の結婚の形式的な禁止令は、五六六年ごろに西ゴート族の手で廃棄され、フランク族のガリアでさえ、まったく適用されなくなった。定住した移民たちは「客の歓待」制度のおかげで、数多くの大地主の土地や、奴隷や、森林や、果樹園の一部を手にいれることができた。新来者たちに支給された土地は、じっさいには、たいてい勢いの盛んな耕作地になった。

地名もまた、ゲルマン系の民族の定住の指標となった。ゲルマン語のひびきをもつ地名の密度は、地域によって極端にまちまちである。その一方で、さまざまな話し手のあいだの言語的な境界域は、たえず移動しつづけた。くわえて、ゲルマン語化された地方の内部に、明白なロマンス諸語〔インド‐ヨーロッパ語族の一分派であるイタロ‐ケルト語派の系統。イタリア半島中部ラティウム地方の言語だったラテン語を起源として分化した〕の飛び地が存続したが、これは町々と司教区が生きのびたおかげだった。しかし司教区の重要性は、あまり強調されなくなった。なぜなら、クローヴィス以後のガリアはカトリックになったからであり、カール一世のはげしい攻撃をうけた西ゴート族のスペインとロンバルディア〔イタリア北部の地方〕は、急速にアリウス派〔三位一体説を排してイエスの人間性を強調するキリスト教の異端派のひとつ。ゲルマン民族のあいだに広がった〕を見捨てて改宗した。カール一世はゲルマニア〔ヨーロッパ中央部にあったゲルマン民族の居住地域〕でも、信じられないほどの粗暴さと残酷さをもって、サクソン族〔ゲルマン民族の一派〕の異端信仰を根絶した。

それにつづくインド‐ヨーロッパ語族の第三の波は、スラブ族の波だった。スラブ族はギリシア人や、ケルト人や、ゲルマン民族と混交すると同時に、イラン系の小部族（スキタイ人、サルマティア人）とも混交した。かれらはまた、フン族や、マジャール人や、モンゴル人種〔アジアと、アメリカの両大陸と東南アジアの島々に広く分布する黄色人種〕のほかに、よく知られていない東方のいくつかの小部族や、アジア系の小部族とも混交した。

大半のゲルマン民族がライン川を渡ったのにたいして、のこりのゲルマン民族は、はるかむかしのケルト人とおなじく、イギリスの征服に出発した。そしてジュート族〔五世紀ごろ、ユトランド半島からイングランド東南部のケント州に移住したゲルマン民族の一部族〕と、アングル族〔ユトランド半島のシュレスヴィヒあたりで、ジュート族とサクソン族にはさまれて住んでいたゲルマン民族の一派〕と、サクソン族がイギリスに定住し、広大な七王国を創設した。

この七王国の創設は、先住民のブリトン人〔イギリス本国のブリテン島の先住民で、ケルト人の一派〕との手かげんのないはげしい戦いの結果であり、ブリトン人はしだいに西のほう（コーンウォール〔イングランド南西部の州〕とウェールズ）に追いやられた。それにたいしてブリトン人のなかには、大陸側のアルモリカ〔フランス北西部地方の古名。ほぼブルターニュ地方にあたる〕に移住するほうを選ぶ人たちもいた。

これらの未開人たちはいずれにしても、古くから住んでいた人たちのなかに住みついたわけである。どっちみち大集団だったかれらの存在と影響力は、地名からも証明される。地名はゲルマン系のさまざまな民族や、アラン人のようなほかの民族の定住の重要な証拠となっている。

こうした地名の接尾辞と接頭辞は、「人種のるつぼ」だった中世初期の西欧の強力な民族集団の混交と、ゲルマン系の征服者に共通した社会構造の新しさと古さを証明する。接尾辞とは、–court（農村の開拓）、–ein, ain（住居）、–bais（小川）、–thum, –sand, –ac, –ay と、さらには–ville, –far, –fer, –faire, –fere などのことであり、接頭辞とは、plou–, tre– などのことである。

封建制度の結びつきをあらわす新しい脈絡のなかで封建体制が生まれ、こうした結びつきは領主を宗主にしたがわせ、農奴を主人にしたがわせた。

図５　西欧での未開人の侵入・定着

	民　族	時　期	移　動・侵　入　先	他民族との混交・軋轢
ゲルマン民族	ゲルマン民族の大移動（大半のゲルマン民族）	406	ライン川渡河→ヨーロッパ西・南端（ガリアほか）への襲撃（大集団）	フン族からの追撃
	のこりのゲルマン民族（ジュート族、アングル族、サクソン族）	５Ｃ	イギリスに定住、７王国の創設	先住民ブリトン人は西のほうに追いやられたり、アルモリカに移住
ゲルマン民族　スカンジナビア人	ノルマン人(デーン人)	793〜	イギリスを攻撃	
	ノルマン人(ヴァイキング)	９Ｃ初	フランク王国沿岸などでの略奪	
	ノルマン人(ヴァイキング)	836	ロンドンでの略奪	
	ノルマン人(ヴァイキング)	911	ノルマンディー公国創設	
	スカンジナビア人	10C	再び大挙襲来→クヌード大王、イギリス、デンマーク、ノルウェーに広がる海洋帝国建設	
	ノルマン人		ガリア、スペイン、ポルトガル征服	
	ノルマン人	11C初	イタリア（ロベール・ギスカールなど）	アラブ人追放、ビザンティウムの住民と交戦
	ノルマン人	1066	ノルマンディー公ギョーム、イギリス上陸	サクソン人打倒
	ヴァリャーグ人（ノルマン人の一派）	９〜12Cのあいだ	ロシアの国家をつくりなおし（ノヴゴロド公国）、ノヴゴロド、キエフに定住	結婚によるスラブ族との融合
	スカンジナビア人（と刀剣騎士団）	1240	ノヴゴロド公国侵略	
スラブ族	スラブ族	５〜６Ｃ	バルカン半島全域（ゴート族、フン族の支配から逃れようとする）	ビザンツ帝国と争い
	東方のスラブ族	７〜８Ｃ	ヴォルガ川とドン川の地方	ハザル族と衝突
	東スラブ族	７Ｃ	ドリナ川、ヴォルホフ川、ヴォルガ川上流域（約600の部族に分散）	キムメリオス人、スキタイ人、サルマティア人、ゴート族、フン族、アヴァール族、ハザル族、ブルガリア人などの遊牧民族の脅威
	東方のスラブ族	850〜860ごろ	ロシアの国家建設	
	南欧のスラブ族		ドナウ川からアドリア海とエーゲ海にかけて分散	
	部族の集合体（ポラニエ、ポモジェ、マゾフシェなど）	９〜14C	ボヘミアとバルト海のあいだにポーランド建設（ピアスト王朝）	神聖ローマ帝国（ドイツ）の圧力で隷属状態に
		10C初	モラヴィア王国のハプスブルク王国への統合により、スラブ族のドイツ化はじまる	
	ロシア人（＝ヴァリャーグ人とスラブ族）	882〜	・ビザンツ帝国への遠征 ・バルカン半島	・ペチェネグ人撃退 ・ブルガリア人の王朝とハザル帝国を打倒
モンゴル人	モンゴル人	1223〜	ロシア襲撃・占拠	ロシア民族、モンゴル人との混血を受けいれず
	モンゴル人	1241	ポーランド急襲	

農奴という身分は封建体制とともに、中世末までヨーロッパ全土に広がっていたにちがいない。農奴制はたぶん、フランスと、ドイツと、スコットランドで、より重い意味をもっていたのだろう。それに反して、デンマークの農奴制は六九九年から廃止されたが、イタリアでは一五世紀まで存続し、プロシア［旧ドイツ帝国の主要な一王国］では、さらにのちまで存続した（一八一一）。フランス革命［一七八九〜九九］は、君主政体が漸進的に消滅させた制度を一掃したが、ハプスブルク帝国の農民は一八四八年の革命を待ち、ロシアの農民は一八六一年のアレクサンドル二世［一八一八〜八一、ロシアのロマノフ朝の皇帝］の勅令を待たなければならなかった。

二　スカンジナビア人の侵略

ゲルマン民族の大侵略の最後の波は、ヴァイキング［八〜一一世紀にヨーロッパで活動したゲルマン民族の一派。ノルマン人、デーン人の異名］と自称した「ノルマン人」の侵入だったとみることができる。この波は持続性をもついくつもの国家の構成に結びつき、ノルマンディー、イギリス、シチリア島、南イタリア、ロシア（ここではヴァリャーグ人と呼ばれた）という輝かしい文明の中心となった。

たしかに九世紀のノルマン人は、すでに数千年の歴史をもつ文明の継承者であり、独創的な伝統と、宗教と、偉人たちをもっていた。ノルマン人はたぶん気象条件の悪化と、苛酷な土地不足に結びつく人口圧の圧迫を受けたのだろう。かれらはまた、異論のないすぐれた航海技術をもっていたので、大西洋を横断するような長い船旅に向かったり、いたるところで川をさかのぼったりすることができた。ノルマン人がイギリスに攻撃をしかけたのは、七九三年からのことであり、かれらは遠征をくりかえして、とくに八三六年のロンドンの略奪行為に痕跡をとどめた。ヴァイキングがフランク王国の沿岸と、ヴァイキング船（海賊船とも呼ばれた）がのぼっていけるすべての都市と修道院を荒らしまわったのは、カール一世の治世の末期のことだった。そこで九一一年に、サン・クレール・シュール・エプト条約が調印された。カール二世［八二三～七七、西フランク王］はこの条約にしたがって、かれらにセーヌ川の下流地帯をあたえたので、ここがノルマンディー公国の出発点となった。イギリスではアングロサクソンの王国が、デーン人［ノルマン人のうちイングランドを襲った一派］にたいする八七八年のアルフレッド大王［八四八頃～九九、サクソン系のイングランド王］の勝利で、どうにかこうにか救われたにすぎない。しかし一〇世紀になると、またもやスカンジナビア人が大挙して襲来するようになった。そしてそのあと、デンマークのクヌード大王［九九五～一〇三五］が、イギリスと、デンマークと、ノルウェーに広がる海洋帝国を建設した。

　ガリアのノルマン人は連続的な急襲で、この地方と、スペインやポルトガルを服従させた人たちであり、ノルマン人の侵略に追いたてられたそれぞれの土地の住民は、領主のまわりに集結した。つまりこうした侵略は、西欧の封建体制の発展の主要な要因のひとつとなったのである。セーヌ川の下流地帯のノルマン人は、いちはやくキリスト教に改宗し、フランス語とフランス文明をとりいれたが、冒険と征服にたいする好みを失わなかった。一〇六六年に、イギリスに上陸したノルマンディー公ギヨーム［一〇二七～八七、征服王といわれたイングランド王ウィリアム一世のこと］は、サクソン人を打倒して、無一物になった敗者たちに耐えがたい服従を強制した。

　一一世紀のはじめからはまた、べつのノルマン人の戦士たちが、資産を求めてイタリアにいきはじめた。一〇四七年にイタリアにいったロベール・ギスカール［一〇一五頃～八五］は、たちまちカラブリア［南イタリア］と、ついでシチリア島を征服した。ノルマン人はアラブ人を追い払い、ビザンティウム［ビザンツ帝国の首都。コンスタンティノープルやイスタンブールの旧名］の住民たちとも交戦したが、最終的にはローマ教皇の支配下に落ちついた。そして、ロジェール二世［一〇九三～一一五四、シチリア王でロベール・ギスカールの甥］の娘と、ホーエンシュタウフェン家〔一一三八〜一二五四、中世ドイツの王家〕の継承者との結婚後は、ドイツ皇帝の傘下におさまった。

三　スラブ族

スラブ族の初期の部族が、ヴィスワ川〔カルパチア山脈からバルト海に流れるポーランドの川〕とドニエプル川〔ロシアのヴァルダイ丘陵からベラルーシとウクライナをへて黒海に注ぐ川〕のあいだのカルパチア山脈の北東地帯でたちあがったのは、前一〇〇〇年代半ばのことだった。スラブ族は西方ではゲルマン民族や、ケルト人や、イリュリア人に接し、北方ではバルト人に、北東方面ではフィン－ウゴル諸語〔フィンランド語やハンガリー語などをふくんでウラル語族を構成する〕民族に、東方ではインド－イラン語〔インド語派とイラン語派からなるインド－ヨーロッパ語族のひとつ〕を母語とする人たち（スキタイ人）に接していたので、移住にさいしては、これら多様な民族の影響を受けざるをえなかった。ごく初源的な文化しかもたずに、いずれも小クランにわかれていたスラブ族は、独力で国家という段階に達することができなかった。かれらはそのため五世紀のゴート族や、六世紀のフン族のような異民族に支配されたのである。

スラブ族ははやい時期からフン族に追いつめられたらしく、バルカン半島の全域に進入して、それ以降はビザンツ帝国〔今日のトルコ、ギリシア、アルバニア、ブルガリア、ユーゴに広がるキリスト教の帝国。東ローマ帝国のこと〕の永続的な脅威となった。かれらの先端部は、キール〔ドイツ北部のシュレスウィヒ・ホルシュタイン州の州都〕とエルベ川〔チェコとスロバキアからドイツをへて北海に注ぐ川〕の下流から、イタリアのトリエステを結ぶ線にまで到達した。しかしかれらは、ゲルマン民族のように大陸の大帝国をつくることができなかったので、近隣からの攻撃にたいする抵抗力が弱かった。六六〇年ごろ、フィン－ウゴル諸語民族であるブルガリア人が、ドナウ川上流のスラブ人を服従させたが、数のうえで劣っていたので短期間にスラブ化し、母語を放棄した。こうしてできたブルガリア人の国家は、ビザンツ帝国にとって最後まで恐るべき脅威となった。

七～八世紀に、ヴォルガ川とドン川の地方に達した東方のスラブ族は、ハザル族〔六～九世紀を中心に南ロシアの草原地帯で活動したアルタイ語系の遊牧民〕の支配圏と衝突し、そのあと八五〇～八六〇年ごろに、ロシアの国家を建設した。この国家を、もういちどつくりなおしたのは、異国の冒険者であるヴァリャーグ人であり、かれらはノヴゴロド〔ロシア共和国北西部の都市〕と、ついでキエフに定住した。西方では一〇世紀のはじめに、スラブ族のモラヴィア王国がハンガリー人に倒され、そのあとは近隣のボヘミアとおなじく、ハプスブルク王国に統合された。ふたつの国家は、そのあと二〇世紀のはじめまで、徹底したドイツ化にしたがわされた。

ドイツ精神とスラブ精神が、教会と異教徒の対立と重なって接触した結果、一二二六年にポーランド公と、モラヴィアのキリスト教徒であるコンラートが「古プロシア人」（バルト人）をキリスト教に改宗させようという筋ちがいな考えにたどりつき、ドイツ騎士団〔一二世紀に設立された修道会。中世ドイツ東方の一大勢力になった〕に助けを求めた。古プロシア人の消滅は、キリスト教とセットになっていたわけであり、異教徒としてのバルト人とスラブ族は、ともに一二三〇年と一二八三年に消滅した。ドイツ人は要塞のある広大な地域を占領し、この地方に再入植するためにおなじドイツ人の入植者に協力を求めた。かれらの領土の拡張は、スラブ世界の新しく重大な後退のしるしだった。

スラブ族がドイツ精神にくわえた最初の歯どめとなったのは、一四一〇年にタンネンベルク〔プロイセンの村。現在はポーランド北部の村〕で、ポーランド人がドイツ人をうちまかしたことだった。ポーランドは一八世紀末まで、ドイツに対抗するスラブ精神の主要な防塞となった。

スラブ族が西側への進出に遅れをとったことは、かれらの歴史をつうじて不利な条件となりつづけた。スラブ族はほかのインド－ヨーロッパ語族とおなじく、はっきりした起源をもたずに、原始的な文化水準にとどまったまま、ずっと農業生活を捨てなかった。狩猟と漁労で暮らしていたスラブ族が、支配民族の影響をうけて国家らしい段階に達することができたのは、六世紀になってからのことにすぎない。

南欧にいたスラブ族が、ドナウ川からアドリア海とエーゲ海にかけて分散したのにたいして、ボヘミアとバルト海のあいだで、部族の集合体（ポラニエ、ポモジェ、マゾフシェなど）でできたポーランドという国家が建設された。このピアスト王朝〔九〜一四世紀に成立した、農民出身のピアストを伝説上の創始者とするポーランド最初の王朝〕の創設者だったミエシュコ一世〔九二二頃〜九九二〕は、人民の民族的な団結力を強化しようと考えた。神聖ローマ帝国の初代皇帝オットー一世〔九一二〜九七三〕から、服従と従属関係を認めるよう強制されたとき、ミエシュコが理解したのは、キリスト教文明を支持することでしか、国家をドイツの植民地化から救う方法がないということだった。そこでかれは、九六六年にキリスト教に改宗した。しかしミエシュコの死後、ポーランドにたいする教会の支持はあったが反乱がおこり、無政府状態が定着した。再来した異教徒と戦うために、一二二六年に判断を誤って呼んだといわれるドイツ騎士団と、プロシア人のたえまのない侵入のせいで、ポーランド人は完全な隷属状態におちいった。さらに一二四一年に、モンゴル人種がこの地方を急襲して荒廃させた。

そうこうするうちに、ポーランド王はシレジアとポモジェを失い、それらの地域は神聖ローマ帝国に統合された。その一方でマゾフシェが、ボヘミア王の所領となった。ところが一三三一年に、カジミェシュ一世〔一〇一五〜五八、ポーランド王〕がドイツ騎士団を敗ったために、国家権力が強化された。

一五世紀になると、ヤギェウォ朝（一三八六〜一五七二）のポーランドが、西方ではドイツをやぶり、東方ではロシア正教の王族やタタール族〔中央アジアからシベリアにかけて住んだ蒙古系、トルコ系などの人種の総称〕をやぶったうえに、南東方のオスマン・トルコ族を一蹴したおかげで、栄光の時代を迎えることになった。しかし、広大な領土をもつこの国家は、度重なる戦争で荒廃し、すべての改革を拒否する貴族階級（「ニヒル・ノビ」の特権）と議会のために、まひ状態におちいった。そして、ついに一六五四年に、ロシアと、スウェーデンと、ブランデンブルク侯国〔ドイツのエルベ川とオーデル川のあいだの侯国〕が結びついた同盟軍の攻撃にあって崩壊した。それに先だつ一六五二年に、ポーランドは「リベルム・ベト〔自由な拒否権〕」を実行するという自殺的行為を可決していた。君主国家としてのこの国は、一八世紀の衰退と、あいつぐ三分割のために、一九一九年まで姿を消すことになった。未来のポーランドの国の東側にいた東スラブ族は、七世紀にべつべつの部族にわかれ、ドリナ川〔アルバニアとモンテネグロのあいだを流れてアドリア海に注ぐ〕と、ヴォルホフ川〔サンクト・ペテルブルグの周辺を流れてラドガ湖に注ぐ〕と、ヴォルガ川の上流域の地方で、約六〇〇の部族に分散した。平穏な農業従事者だったかれらは、この時代から、それ以前にこの地域に住んでいた後進的なフィン人〔ヴォルガ中流地方を原住地とし、フィン-ウゴル語族のフィン系の言語を使用する民族の総称〕の小部族より、すすんだ文明をもっていた。しかし、小さなクランに分裂していたため、本物の国家を建設することができなかったかれらは、キムメリオス人〔クリミアを原住地として前七世紀に小アジアに侵入した遊牧民〕、スキタイ人、サルマティア人、ゴート族、フン族、アヴァール族、ハザル族や、カマ川〔ウラル山脈にはじまってヴォルガ川に合流する〕のブルガリア人のような遊牧民族の大帝国にたいする防衛を確立することができなかった。

スラブ族はスカンジナビアの冒険者たちに、交易と戦士の供給の面で役だち、そのおかげで領域内の湖と川をつうじて、バルト海とビザンツ帝国のあいだの商業上の結びつきを確保した。九世紀と一二世紀のあいだに、スカンジナビア半島からきたヴァリャーグ人が、ノヴゴロド地方で勢力を確立し、そのとき初代の君主になったのは、キエフに住んでいたリューリク〔?〜八七九〕だった。ヴァリャーグ人は闘争精神をもたないスラブ族にかわって軍事的遠征を指導し、スラブ族の小クランの混然とした集団から、少しずつひとつの国家を誕生させた。

スカンジナビアの指導者たちと戦争仲間は、もともと強力な少数派を形成していたにすぎない。しかしギリシア人の時代に、バルト海のルートをたえず歩きまわっていたヴァリャーグ人は、さまざまなスラブ族の部族と親しい間柄にあった。かれらは一般に、租税を現物で（たとえば毛皮で）徴収するだけですませていた。スラブ族とスカンジナビア人の融合は、結婚によって、はやくからはじまっていたように思われる。八八二年以後、「ロシア人」(これ以後、ロシア人ということばはヴァリャーグ人とスラブ族をまとめてさすことになる)は、ビザンツ帝国にたいして八度におよぶ遠征をおこない、ペチェネグ人［トルコ系の民族］を撃退した。そして、バルカン半島に勢力を広げ、ブルガリア人の王朝とハザル帝国を打倒した。

そのころ、改宗を決意したリューリクの子孫のオリガ［八九〇〜九六九］は、ビザンティウムで正式にキリスト教の王女として認められた。異教徒の抵抗があったが、ウラジーミル一世［九五五〜一〇一五、キエフとロシアの大公］は、九八八年に東ローマ帝国皇帝バシリウス二世［九五七〜一〇二五］の妹と結婚し、キエフで洗礼をうけた。こうしてキエフ・ルーシ［八八二〜一一六九、キエフを首都として東スラブ族を中心にしたロシアの封建国家］にギリシア正教が普及しはじめた。ロシア正教会はほぼ二世紀にわたって、コンスタンティノープルの総大主教に結びついた。一二二三年に、モンゴル人がはじめてロシアを襲撃し、カルカ川で勝利をおさめた。チンギス・ハーン［一一六二〜一二二七、モンゴル帝国の始祖］の孫バトゥ・ハーンは、一二三六年にリアザン公国を破壊し、モスクワを焼き払って(一二三七)、スズダリ公国［ウラジーミルを首都として一一世紀に独立したロシアの封建国家］とノヴゴロドの領土を荒廃させたあと、キエフを占領した(一二四〇)。かれらの破壊活動はすさまじく、被害にあった地域は完全に廃墟になった。しかし、ロシア人の抵抗がはげしかったので、モンゴル軍はヨーロッパ征服をはばまれ、バトゥ・ハーンのハンガリーとポーランドの襲撃は短期間しかつづかなかった。

それに反して、南ロシアと西ロシアの全域にいた人たちは、アジアに関心をもたざるをえなかった。そこでは黄金の軍団というモンゴル人の国家が形成され、その中心部はヴォルガ川の下流域にあった。破壊されたロシアの諸公国は、租税を払うことによってのみ生きのびることができたが、こうした租税の徴収制度のせいで、より劣悪な収奪がおきた。結局、領主たちをのこしておくほうが、租税の徴収のためにより好都合なことに気づいたモンゴル人は、隷属するかれらの手をつうじて、人民に課税させる策をとった。

ロシア民族は精神的な優越感をもっていたので、モンゴル人との混血をまったく受けいれなかった。ロシア人はまたチンギス・ハーンの支配下でも、政治的指導者と、社会組織と、行政機関を持続した。一四世紀のはじめに、黄金の軍団がイスラムに改宗したときでさえ、ロシア正教はいちども迫害をうけなかった。しかしロシアは、本質的性格を失わなかったが、東洋化したために遅れをとり、さらにモンゴル人が入念にたくらんだ細分化のために、いっそうドイツの関心をかきたてることになった。一二四〇年には、刀剣騎士団［一三世紀のはじめにラトヴィアの司教アルベルトによりリガに創設された］とスカンジナビア人が、ノヴゴロド公国を侵略しようとした。ノヴゴロドの王アレクサンドル・ネフスキーは、ネヴァ川でスウェーデン軍をやぶり、その二年後に、ペイプス湖畔でドイツ騎士団を粉砕した。

［ギ・リシャール］

第3章 ヨーロッパをめぐる喧騒

✤一五世紀から一八世紀のヨーロッパは、さまざまな集団の移住と闘争の舞台だった。大きな移住現象の第一は、アフリカから強制的に連行された奴隷たちだった。第二は、宗教的迫害を理由とするヨーロッパ人たちの移住だった。第三は、ディアスポラ以後のユダヤ人たちの彷徨だった。そして一一世紀以後、トルコ人が勢力を拡大し、そのあとのモンゴル人の侵入が各地に深い痕跡をのこした。

一　アメリカの発見

クリストファー・コロンブスがアメリカを「発見」したのは、一四九二年一〇月一二日のことだった。しかし、かれが第一発見者でなかったとわざわざいうのは、いまではありふれたことになっている。それはノルウェー人と競合して、八七四年以降にアイスランドに達したヴァイキングが、九八二年ごろにグリーンランドに到達し、ついで一一世紀のはじめにアメリカ大陸と、神秘的なヴィンランド〔ニューファンドランドかニューイングランドあたりだと推測される北アメリカの海岸〕に到達していたからだというだけではない。じっさいにアメリカには、中国の北東部から三波にわけてやってきたアジア人が住んでいたからである。第一波がきたのは前一万三〇〇〇年ごろのことであり、第二波は前七〇〇〇年ごろにやってきて、第三波は前二〇〇〇年ごろに到着した。

バハマに上陸したコロンブスは、同行した乗組員とおなじく黄金のことを考えたが、先住民と接したときに、愛想がよくて純朴なこのネイティブアメリカンを奴隷にすることと、かれらと商取引するという、もうひとつべつの富の源泉の確保を考えた。

一四九二年のアメリカ発見以後、スペイン人と、ポルトガル人と、オランダ人をはじめとするヨーロッパ人は、大西洋を横断するという強力で連続的な移住を開始した。かれらをつき動かしたのは、冒険にたいする好みや、豊かになりたいという希望や、貧困からの脱出や、信仰を捨てたくないという意志のような、じつに多様で複雑な動機だった。

一六世紀から一九世紀のはじめまでに、二〇〇万～三〇〇万人のスペイン人が、南アメリカとアンティル諸島に定住し、一〇〇万人のポルトガル人がブラジルに定住した。二万人未満のフランス人が移住したカナダには、イギリス人が一七世紀に二五万人到着し、一八世紀には一五〇万人も上陸した。おなじ時期に、二〇万人のドイツ人が未来のアメリカ合衆国の領土に移り、のちにスウェーデン人とオランダ人がドイツ人に合流した。そのほか、一九世紀のはじめの売買で導入された、八〇〇万人のアフリカ人の存在をしるさなければならない。もちろん、こうした数字は専門家の数多くの論議のまとになっている。かれらのなかには、この数字が二〇〇〇万人と二億人のあいだに達し、アフリカ大陸の人口減と貧困化に、このうえもなく貢献したと考える人たちもいる。

図6　アメリカ大陸への移住

民　族	時　期	出発地
アジア人の第１波	前13000年頃	中国北東部
アジア人の第２波	前　7000年頃	〃
アジア人の第３波	前　2000年頃	〃
ヴァイキング	11Cはじめ	アイスランド
コロンブスのアメリカ「発見」	1492年	ヨーロッパ

コンキスタドールは新世界に中世の十字軍と、スペインのレコンキスタ［スペインのキリスト教徒がイスラム教徒にたいしておこなった失地回復運動］の慣習をもちこんだ。初期の遠征は商業的なものであり、資金や船や大砲をもっていくものや、剣をもちこむものなどがいた。リーダーはそれぞれに顧客をつれて到着し、顧客は死ぬまでリーダーに忠実にしたがった。征服者たちはすでに居住していたインディオの徴税権と賦役権とともに、「エンコミエンダ［スペイン王室が征服者たちに一定数のインディオを割りあて、教化を義務づけるかわりにあたえた一種の特権］」という形式の報酬を要求した。

たしかに一五五〇年ごろには、一万七〇〇〇人から一万八〇〇〇人のスペイン人が到着

図７　アメリカ発見以後のヨーロッパ人の移住（16～19世紀）

民　族	移 住 先	規　模（人）
スペイン人	南アメリカとアンティル諸島	200万～300万
ポルトガル人	ブラジル	100万
フランス人	カナダ	2万未満
イギリス人	カナダ	175万
ドイツ人	北アメリカ	20万
スウェーデン人、オランダ人	〃	?
アフリカ人（奴隷売買）	アメリカ大陸など	800万

したにすぎないし、そのうちの三〇〇〇人は放浪者だった。スペイン人は主として貴金属のことを考えたが、有望な砂鉱がたちまち底をつくと、一五四五年にポトシ〔ボリビア南部の都市〕の鉱山に向かい、そのあとの一五六七年には、インデとサンタ・バルバラ〔いずれもメキシコの地名〕などにもいった。これらの地はペルーと、ボリビアと、メキシコのインディオの本物の絶滅キャンプとなり、それぞれの銀鉱で総計三〇〇万人が死亡した。

スペイン人はまた、ラテンアメリカを一連の大農場にかえ、そこで何百万人という貧農を強制的に働かせた。強いられたキリスト教への改宗や、迫害や、旧世界からきた人間との接触でおきた微生物とウイルスの衝撃などが重なって、人口は破局的に減少した。先住民の総人口は、白人がくるまえは八〇〇〇万人だったが、入植の世紀のあとは一〇〇〇万人に落ちこんだ。この土地の気候条件に耐えられないと考えるか、カサス神父〔一四八四～一五六六、スペインの聖職者、歴史家〕にならって良識に目ざめるかした白人たちは、奴隷船団がアフリカ大陸でさらってきて、島々やアメリカ大陸に連行した人たちを導入しようと決断した。ただちに取引がはじまり、一六世紀にはすでに一〇〇万人のアフリカ人が、スペイン、ポルトガル、イギリス、フランスなどの船長の手ではこびこまれていた。

二　アフリカ奴隷の売買

古代エジプトのファラオの時代から、アフリカの重要で否定できない要素だった奴隷制度と奴隷売買は、アメリカの発見とともに、地球規模の広がりをもつ災厄になった。アフリカ奴隷の売買は古代文明の時代からはじまり、二〇世紀までいちども中断することがなかった。古代世界のアフリカ奴隷は好奇心の対象でしかなかったが、六世紀以後のアラブ人の進展とともに、ペルシア湾とインド洋の沿岸地帯で奴隷市場が確立された。中世初期には、インドネシアとベンガルにさえ、アフリカ奴隷がいたようである。しかし、奴隷売買をほんとうに発展させたのはポルトガル人であり、かれらはアフリカ奴隷を、一五〇二年からヒスパニオラ〔西インド諸島の島で、ハイチとドミニカ共和国にわかれている〕に導入した。スペイン人は遅れをとることなく、アメリカの発見以後、鉱山とプランテーションで使うために、何百万人というアフリカ人を略奪してアメリカへ送りこんだ。一七世紀には、二五〇万人以上の譲渡がおこなわれたらしいが、一八世紀には中継地点を経由する三角貿易が入念に組織されたため、とくにナント〔フランスのブルターニュ地方の都市〕で大きな利益があがるようになった。ナントの高級住宅街が豪華なのは、アフリカ奴隷の売買のおかげである。ブリストルとリヴァプール〔いずれもイングランドの港湾都市〕の家の構えもまた、ナントや、ルアーブルや、サンマロ〔いずれもブルターニュの港湾都市〕にひけをとることはなかった。

一六五〇年ごろまでに、毎年、八〇〇〇人のアフリカ人が強制移送された。つづく二五年間には、毎年、一万四五〇〇人が輸送され、最後の二五年間には、毎年、二万四〇〇〇人が出国させられた。だから、最後の二五年間で六〇万人が強制移送されたことになり、この世紀だけで、一三〇万人以上が出国したことになる。一八世紀になると、六〇〇万人以上のアフリカ人が大西洋を横断したようであり、死亡率を一五％とみれば七〇〇万人のアフリカ人が故国をはなれ、新世界に渡ったと推測される。一七世紀以後の三世紀間に、ブラジルに導入されたかれらの数は、三五〇万人と五〇〇万人のあいだだとみられ、このような変動幅がでるのは、奴隷売買の禁止と、奴隷制度の廃止以後もくりかえされた算定の困難な不正取引を考慮にいれた結果である。イギリス政府が奴隷制度を廃止した

図８　アフリカ人奴隷のアメリカ大陸への強制移送（17〜19世紀）

時　期	規　模
17世紀	130万人以上
18世紀	700万人
奴隷制度廃止後 1811〜1870年	200万人？

のは、一八〇七年のことだった。一八四八年三月四日には（ヴィクトール・シュルシェル〔一八〇四〜九三、フランスの政治家〕の発議で）フランスがそれにつづき、さらにオランダ（一八六三）と、ポルトガル（一八七八）が後続して、そのあと、すべての植民地をもつ国家が奴隷制度を廃止した。アメリカ合衆国で奴隷制度が廃止されたのは、リンカーン〔一八〇九〜六五、一六代大統領〕の大統領就任〔一八六一〕と南北戦争〔一八六一〜六五〕のあとのことだった。アルゼンチンは一八一三年に、コロンビアは一八二一年に、メキシコは一八二九年にこの制度を廃止した。ブラジルで一八八七年に決定された奴隷解放によって、アメリカ大陸の奴隷制度は消滅した。

こうして奴隷制度は一九世紀初頭から半ばにかけて廃止され、奴隷売買は禁止された。それでも、現実には不正取引をくいとめることができず、一八一一年から一八七〇年にかけて、約二〇〇万人のアフリカ人が、アンティル諸島とブラジルに送られた。しかし、この二〇〇万人という数字については、いまのところ根拠のない仮定であることを明らかにしておきたい。

三　迫害

宗教上の問題は、たびたび大量虐殺の原因となったが、あらゆる種類の狂信的行為もまた、いくつかの最大の移住の原因となった。一六世紀のヨーロッパでは、カトリックとプロテスタントが信仰の名のもとに殺しあい、傷つけあい、苦しめあい、むぞうさに冒瀆《ぼうとく》しあっていた。こうした状態は、フランスではナントの勅令〔一五九八に国王アンリ四世が国内のプロテスタントに信仰の自由を認めた勅令〕までつづき、中欧ではウェストファリア条約〔一六四八の三〇年戦争の終結条約〕まで持続した。このような殺戮《さつりく》と、荒廃と、破壊行為のために、集団移動や、逃亡や、移住や、国外追放が慣例となった。東ローマ帝国では、このために失われた人口はポメラニア［バルト海沿岸の州。現在はドイツとポーランドに分割］で三分の二に達し、メクレンブルク［バルト海に接したドイツ北東部の地方］では八〇％に、パラティネート［神聖ローマ帝国のライン川ぞいの公国］では七〇％に、ザクセン［ドイツ南東部の地方］では八〇％にもなった。だから平和になってからは、人口増をはかる必要があったのである。男性も女性も子どもも徒歩や馬車や荷車で出発し、荒れはてた村や町にいって、どうにかして住みついた。なかには荒廃した地方の見捨てられた土地の開拓に手をつけた人たちもいた。それは領主や、王族や、行政機関があたえた物質的な利益にひかれていった人たちだった。

　こうした移住は、山岳地帯や不毛な地帯から平地をめざした、古典的な「人間の季節ごとの放牧地の移動」に似かよっていた。移民たちは行き先で、収穫人、墓掘り人夫、開拓者、港湾労働者、石炭業者、行商人、石工《いしく》、建築石材業者などとして働いた。このような移民は一時的だったが人数が多く、一八世紀のフランスでは一〇万人以上にもなった。フランスの最終的な移民の大部分は国際的な移民であり、イギリスの移民と比較することはできない。大きな比率をしめたユグノー［一六〜一七世紀のカトリック派がカルヴァン派のプロテスタントをいやしめて呼んだ名称］の集団移動は、ほかの王国のあらゆる脱出をしのいで多かった。

　つまり、ナントの勅令の廃止［ルイ一四世が一六八五年一〇月一八日に廃止した］によっておきたフランスのプロテスタントの移住は、近世の王国でみられたもっとも大規模な移動だったのである。じっさいには、宗教戦争と最初の迫害が生じた一五二二年から、宗教上の理由によるフランス人の集団亡命がはじまった。カルヴァン派の集団移住は一五三四年にはじまり、初期の大がかりな集団移住は、一五四五年におきたプロヴァンスのヴァルドー派［ヴァルドーにはじまるキリスト教の異端］の移住だった。とくにサン・バルテルミーの虐殺［一五七二年八月二四日のサン・バルテルミーの祭日におきたプロテスタントの虐殺事件］のような暴力事件が突発するたびに、移住の動きは加速された。「宗教的亡命」は、ヨーロッパのすべての国々（イギリス、オランダ、プロシア、ザクセン、そ

図9　フランスのプロテスタントの宗教的亡命

時期	移住先	規模（人）
1522〜1685	国外	数千
1685〜1689	〃	20万〜30万
1685〜1715	ガレー船	3000
17世紀	カナダ	27000
〃	アンティル諸島	20万未満

のほかのドイツ諸国、スイス）のプロテスタントにみられた現象だった。フランスでは何千人というユグノーが、一五二二年から一六八五年に故国をはなれたが、ナントの勅令の廃止で集団移住はさらに加速し、一六八五年から一六八九年にかけては、二〇万〜三〇万人の人たちがフランスを脱出した。「宗教的亡命」のための離国は、南フランスではプロテスタント人口の一六％を占め、セヴェンヌ地方［フランス南部の山脈地帯］では五％だったが、北フランスでは四〇％にも達した。有力者や、企業家や、職人が資産や財産や技術をもって離国したので、町のなかには活動力を失うところもあった。それにたいして、南フランスの頑固な信者たちは、監視人に追跡されて、ガレー船［一八世紀まで使われた、帆と奴隷や囚人がこぐ櫂で走る軍船と商船］に送りこまれた（一六八五〜一七一五年で三〇〇〇人）。山岳地帯に閉じこもった抵抗者や、一五〇〇人か二〇〇〇人の「カミザール」［ナントの勅令の廃止後に暴動をおこしたセヴェンヌ地方のカルヴァン派］と呼ばれた抵抗者たちは、二万五〇〇〇人の軍隊をくいとめた。

亡命者のなかには、南アフリカへいって落ちついた人たちもいた。

カナダやアンティル諸島で、イギリス人に対面したフランスの移民は、極度に勢いが弱かった。カナダでは、一七世紀のフランス移民の総数は約二万七〇〇〇人であり、うち一万三〇〇〇人が兵士だった。一六六三年と一六七三年のあいだに、サルペトリエール［パリの硝石工場跡にたてられた大学病院センター］から「国王の娘たち」が派遣されたが、男性的な気分の高まりはみられず、カナダにフランス人がいるという実体は生まれなかった。アンティル諸島では、フランス移民の人数は二〇万人に達したことがなかったが、より情熱的で、人の数も多かった。移民の中心部分は「志願者」で、かれらはわずかな賞与金とひきかえに、サント・ドミンゴ［現ドミニカ共和国の首都。一四九六年に建設］、マルティニック島、グアドループ島

〔いずれも小アンティル諸島の島〕などと同時に、インド洋のマスカリン諸島〔マダガスカルに近い島々〕などに定住することを受けいれた。それにたいして、サント・ドミンゴの奴隷売買は、一六八七年には三五〇〇〇人をこえ、フランス革命の直前には、四三万六〇〇〇人になった。奴隷の年齢構成はまた、白人のそれとおなじく変形したが、一九世紀はじめに現地で生まれた奴隷人口のおかげで、ふたたびバランスをとることができた。

四　ユダヤ人の彷徨

タキトゥス〔五五頃〜一二〇頃、古代ローマの歴史家〕によれば、エルサレムの破壊と六〇万人のユダヤ人の大虐殺のあと、七〇年ごろからディアスポラ〔パレスティナ以外の地に離散したユダヤ人をさす〕がはじまった。ユダヤ人たちは地中海周辺のいたるところと、東方ではメソポタミアや、ハザル族のユダヤ王国（七五〇〜一〇一六）があったヴォルガ川下流域や、エチオピアに分散した。スペインにイスラムがきたことは、はじめはイスラエル人の共同体にとって新しい繁栄のしるしだった。しかし、一〇四六年からはじまった狂信的なアル・ムワヒド〔モロッコのイスラムの改革者イブン・トゥーマルトを信ずる人たち〕のスペイン征服で、この黄金の時代が終結した。一方、十字軍の躍進は全キリスト教徒に聖戦のムードを広げ、ユダヤ人は最初の犠牲者になった。一〇九六年の第一次十字軍以後、高揚した群衆はドイツで五万人のユダヤ人を虐殺した。ヨーロッパの全キリスト教国のユダヤ人共同体は、強制退去の嵐のなかで、祭儀の禁止と財産没収に連続的にみまわれ、不安な雰囲気のなかで定住せざるをえなかった。フランス、イギリス、スペイン、ポルトガルとドイツの大半の国家が、ユダヤ人をユダヤ人街に閉じこめた。一四九〇年に、カトリックの両王〔フェルナンド王とイサベル女王のこと〕がスペインからユダヤ人を退去させたが、一四九六年にはポルトガルでも、おなじことがおこなわれた。

図10　ユダヤ人のディアスポラ

時　期	離　散　先	
70年頃～	地中海周辺、メソポタミア、ヴォルガ川下流域、エチオピア	
1096以後 （第一次十字軍）	ドイツで５万人のユダヤ人虐殺 ⬇ フランス、イギリス、スペイン、ポルトガル、ドイツのユダヤ人街	
1490、1496 （カトリック両王の排斥）	スペイン、ポルトガルからの強制退去➡オスマン帝国、ルーマニア ⬇	
16世紀初頭 （宗教改革）	オランダ	比較的自由な地位
1551～1555 （反宗教改革）	オスマン帝国、ポーランド	
1648 （1768にべつの虐殺）	コサック、スウェーデンとロシアの兵士による ポーランド、リトアニアのユダヤ人虐殺 ⬇ 西欧に帰還（とくにオランダ、ドイツ）	
17～18C	フランス、ドイツ、イギリス、イタリアの一部地域（有産階級となったユダヤ人も存在）	

こうしたキリスト教徒の姿勢が軟化したのは、聖書への回帰を説く宗教改革［一六世紀初頭におきた反カトリックの宗教運動］の時代のことだった。とくにプロテスタントのオランダは、スペインにたいする敵対意識から、イベリア半島からきた数多くの亡命者を受けいれて、オランダ人とほぼ同等の権利をあたえた。しかし、教皇の硬直した姿勢を特徴とする反宗教改革の時代になると、パウルス四世［一四七六～一五五九］は中世の反ユダヤ法をふたたび強化し（一五五五）、ローマでも、ユダヤ人街という制度をきびしく適用した。これに反して、オスマン帝国［一三世紀末から一九二二年までつづいた、アジア、アフリカ、ヨーロッパにまたがるトルコ系スンニ派の大帝国］のユダヤ人は大きな自由を享受し、たびたび、とくに外交的役割をもつ重要な行政的地位についた。一方、ポーランドは一五五一年以降に、ユダヤ人のもうひとつべつの大避難所となり、そこではイスラエル人は広く行政的な自治権を手にいれた。この平穏な状態は、一六四八年に、ポーランド人に反抗したコサック［一五世紀後半から一六世紀前半に、ロシアやポーランドの辺境に逃亡した農民や下層市民が形成した騎兵の自治体］がポーランド南部に侵入し、組織的なユダヤ人の虐殺をはじめたときに、突然、中断された。ほどなくスウェーデンとロシアの兵士が、ポーランドの西部とリトアニアを荒廃させ、何千人というユダヤ人を虐殺した。べつの大量虐殺が、一七六八年に連続しておきた。そのとき

から東欧のユダヤ人は西欧にもどり、とくにオランダとドイツで小国の王族に奉仕する銀行家の地位を占めた。「宮廷につかえたユダヤ人」のなかには有名人たちがおり、とくに一七三三年から三八年に、強力なヴュルテンベルク〔ドイツ南西部の地方〕公の閣僚となったシュース・オッペンハイマー〔一六九八頃～一七三八、ドイツのユダヤ人財政家〕が知られている。最後に汚職で絞首刑になったかれは、ユダヤ人シュースという有名な神話を生みだした。フランスのユダヤ人はアンシャン・レジーム〔ふつうはフランス革命で打破された政治的・社会的諸制度のこと〕の末期まで、社会から締めだされた状態にあった。ただしメスと、トゥールと、ヴェルダン〔いずれもロレーヌ地方の都市〕という三つの司教区と、アルザスやボルドー地方とバイヨンヌ地方は例外であり、最後のふたつの地区では、スペインからの亡命者の子孫たちがかなり自由に暮らしていた。そればかりか、なかには貴族の土地や、ブドウ園や、城館を入手したり、伯爵として暮らしていた有名なグラデイス家のような名家の称号を手にいれたりしたものもいた。べつの興味深いケースは、イベリア半島から亡命したマンデス・フランス家の先祖が、すでにフランソワ一世〔一四九四～一五四七、フランス国王〕治下のフランスに定住し、なかでもマルドシェ・マンデス・フランスが、ルアーブルの有産階級になっていたことである。フランクフルトと、イギリスと、パリと、ナポリの銀行家だったロスチャイルド家のほうは、一八一五年から一七年に爵位を獲得した。

そのほか、スペインの両王による排斥のあと、大勢のスペイン生まれのユダヤ人が、オスマン帝国と、とくにルーマニアに移住し、これらの地にユダヤ系のスペイン語をもちこんだ。

啓蒙の時代〔一八世紀〕がくると、ユダヤ人の状況は改善されはじめた。プロシアのフリードリッヒ二世〔一七一二～八六〕は、ユダヤ人の利益をはかった措置を講じ、オーストリアのヨゼフ二世〔一七四二～九〇〕は、一七八二年の信教の自由の勅令によって、かれらのすべての経済活動と、学校と、大学を解放した。アメリカは一七七六年からさらに前進して、ユダヤ人に完全な政治的平等をあたえ、フランスでは一七九一年九月二七日に、ミラボー〔一七四九～九一、フランスの革命家〕とグレゴアール司教［一七五〇～一八三一、フランスのカトリック神学者］の介入で完全な平等が認められた。

五　トルコ人とモンゴル人の侵入

初期のトルコ人は、中央アジアの遊牧民だった。かれらはウラル‐アルタイ語［ハンガリー、フィンランド、ヨーロッパ、ロシア、中央アジア、シベリア、モンゴルにおよぶ一大語族。ウラル以西の森林河川地方を原住地とするウラル語族と、トルコ、モンゴル、ツングースの三語族の総称であるアルタイ語族に大別される］を使っていたことからみて、フン族、アヴァール族、匈奴《きょうど》［蒙古高原の遊牧騎馬民族］、鮮卑《せんぴ》［古代蒙古の遊牧民］のような混血民族集団の一部をなしており、言語的なかかわりが唯一の類縁関係だった。かれらは四世紀に一時的な諸王国を建設し、中国人と永続的な闘争状態にあった。五世紀のはじめに、鮮卑拓跋《たくばつ》族［シラ‐ムレン川流域に定住していた鮮卑族の一部族］がこれらの諸王国を打倒し、中国北部を略奪して、そのあと中国化した。かれらは北魏《ほくぎ》［三八六～五三四、拓跋族のたてた北朝のひとつ］という名称のもとに君臨し、仏教に改宗した。さらに中央アジアの支配者だったアヴァール族と交戦した拓跋族は、これを粉砕して、モンゴルと西トルキスタンをふくむ広大な帝国を樹立したが、この帝国はいちはやく分裂して細分化した。また七五一年ごろ、ペルシア人と接触したトルコ人はイスラムに改宗した。

六世紀から七世紀にかけて、トルコ人の小部族（ハザル族やペチェネグ人など）がヨーロッパに侵入し、キエフ・ルーシ、ビザンツ帝国、西トルキスタン、メソポタミア、小アジアをおびやかした。一一世紀のはじめに、イスラム世界の無政府状態と敵対関係につけこんで、セルジュク・トルコ王朝［中央アジアの遊牧トルコ民族の一派であるセルジュク族がたてた王朝］が出現した。かれらはマンツィケルトで東ローマ帝国をうちまかし（一〇七一）、アナトリアとエジプトを併合した。しかし、一二四三年に侵入したモンゴル人が、整然と組織化された、文化的にも盛期にあったこの束の間の帝国を一掃した。セルジュク・トルコはトルコ人の小公国に細分化され、そのひとつであるオスマン・トルコ公国が、やがて

郵便はがき

料金受取人払

新宿北局承認

6064

差出有効期限
平成15年12月
19日まで

有効期限が
切れましたら
切手をはって
お出し下さい

169-8790

165

東京都新宿区
西早稲田三─一六─二八

株式会社
新評論

読者アンケート係行

読者アンケートハガキ

お名前	SBC会員番号 L 番	年齢
ご住所 (〒) TEL		
ご職業（または学校・学年、できるだけくわしくお書き下さい） E-mail		
所属グループ・団体名 連絡先		
本書をお買い求めの書店名 市区郡町 書店	■新刊案内のご希望 □ある □ない ■図書目録のご希望 □ある □ない	

このたびは新評論の出版物をお買上げ頂き、ありがとうございました。今後の編集の参考にするために、以下の設問にお答えいただければ幸いです。ご協力を宜しくお願い致します。

本のタイトル

● この本を何でお知りになりましたか

1.新聞の広告で・新聞名（　　　　　　）2.雑誌の広告で・雑誌名（　　　　　　）3.書店で実物を見て
4.人（　　　　　　）にすすめられて　5.雑誌、新聞の紹介記事で（その雑誌、新聞名　　　　　　）　6.単行本の折込みチラシ（近刊案内『新評論』で）7.その他（　　　　　　）

● お買い求めの動機をお聞かせ下さい

1.著者に関心がある　2.作品のジャンルに興味がある　3.装丁が良かったので　4.タイトルが良かったので　5.その他（　　　　　　）

● この本をお読みになったご意見・ご感想、小社の出版物に対するご意見があればお聞かせ下さい（小社、PR誌「新評論」に掲載させて頂く場合もございます。予めご了承下さい）

● 書店にはひと月にどのくらい行かれますか

（　　　）回くらい　　書店名（　　　　　　）

● 購入申込書（小社刊行物のご注文にご利用下さい。その際書店名を必ずご記入下さい）

書名	冊	書名	冊

● ご指定の書店名

書店名　　都道府県　　市区郡町

より優れた手法で、セルジュク・トルコの試みを再現することになる。

オスマン・トルコは、ヨーロッパの中心部までトルコ人の勢力を拡張し、バルカン半島とハンガリーを服従させた。また、ウィーンとさえ戦ったが、中央アジアとロシアにいた数多くのトルコ人が、一二二一年から二四年に、チンギス・ハーンのひきいるモンゴル軍団の支配下と、さらに一三七〇年から一四〇六年に、ティムール〔一三三六〜一四〇五、ティムール朝の創始者〕のモンゴル軍団の支配下に移行した。

オスマン・トルコは、権力の妨害を憂慮したシャルル五世〔一三三八〜八〇、フランス国王〕や、ハプスブルク家とスペイン王から、たびたび追従《ついしょう》を受けるようになり、一六世紀には、ヨーロッパと地中海の第一等の権力国家にのしあがった。オスマン・トルコの行政機関のもっとも注目すべき性格は、征服した国々にたいして自由を認めたことにある。かれらは大半の民族の固有の言語や、宗教や、伝統には手をつけず、租税を徴収するだけで満ちたりていた。しかしトルコは、異なる民族や、言語や、宗教の集合体であり、小クランの戦士たちの成果にすぎなかった。その結果、生まれたのは一国家でなく、一行政機関だった。国民は完全に行政府から遠ざかっており、人民から完全に分離したスルタン〔オスマン・トルコの皇帝〕は、王宮とハレムに閉じこもって暮らしながら、行政責任を大臣の手にゆだねていた。そして大臣たちは、腐敗と、怠惰と、専横を常態化させた。恐るべき事態のきっかけになったのは、近衛兵の軍隊が世襲の階級になったことだった。クーデターの準備をととのえたかれらは、金持ちになることしか考えず、暗殺が王位継承のありきたりなルールになった。地方では、各地に危険な火ダネがのこり、パシャ〔オスマン・トルコ帝国の軍司令官、将官、地方長官の称号〕は、事実上独立した状態にあった。

じっさいには、コンスタンティノープルにあったトルコの宮廷は、長いあいだ、西欧のすべての追放された人たちの避難所だった。そうした人たちのなかには、スペインとポルトガルのユダヤ人や、モザラブ〔イスラム支配下のスペインでキリスト教をまもっ

図11　トルコ人とモンゴル人のヨーロッパ侵入

時期	トルコ人	侵入・征服地	モンゴル人
6～7世紀	ハザル族、ペチェネグ人→	キエフ・ルーシ、ビザンツ帝国、西トルキスタン、メソポタミア、小アジア	
11世紀（1071）	セルジュク・トルコ王朝→	アナトリア、エジプト併合（東ローマ帝国打倒）	
1221～24	中央アジアとロシアの多くのトルコ人	------→支配下に移行	チンギス・ハーンひきいるモンゴル軍団
1236～1240		ロシア征服	←バトゥ・ハーンの「黄金の軍団」
1243	セルジェク・トルコを細分化 ⇩ オスマン・トルコ公国	←――――― →バルカン半島、ハンガリー征服	モンゴル人
1370～1406	中央アジアとロシアの多くのトルコ人	------→支配下に移行	ティムールひきいるモンゴル軍団
15世紀		アストラハン、カザン、クリミアなどのハーンが誕生	←「黄金の軍団」細分化
16世紀	オスマン・トルコ	→ヨーロッパ、地中海に君臨（ユダヤ人など宗教的迫害をうけた人たちの避難所に）	

た人たち］や、ハンガリーのプロテスタントのような、あらゆる種類の脱走者や冒険者たちがいた。しかし、勝利をえたトルコ軍のまえから逃走した、バルカン半島のキリスト教徒を忘れることはできない。また、一八〇九年に、あるパシャがおかした残虐行為も忘れるべきではないだろう。かれはセルビア人の兵士の九五二個の頭骨でピラミッドをつくり、一四〇二年にティムールがバグダッドでつくった、より頭骨の数の多い、より大きなピラミッドを思いださせたからである。

　チンギス・ハーンの死後、孫のひとりであるバトゥ・ハーンが、一二三六年にロシアの征服を計画し、ヴォルガ川流域のブルガリア人の王国と、リアザン公国をあいついで破壊した。かれはモスクワを焼き払い、ロシア全土を荒廃させて、一二四〇年にキエフを占領した。南ロシアと東ロシアの全域は、アジアに関心を向けざるをえなくなり、それにたいして西ロシアでは、ロシアとリトアニアをふくんだ繁栄の中心地が誕生した。バトゥ・ハーンはこの黄金の軍団の創始者であり、王国はイスラム化しはじめた。しかし、モンゴル人のハーン［モンゴル帝国の支配者］たちは、ロシアの領主たちを手つかずでのこすほうを選び、かれらを臣下にして、毎年の租税を徴収させた。モンゴル人は宗教的迫害には、いちどたりと手を貸さなかった。やがて、ロシアの領主たちの争いに巻きこまれたモンゴル人は、クリコヴォの戦い（一三八〇）で、モスクワの大公ドミトリー・ドンスコイ〔一三五〇～八九〕に敗北したが、その二年後に、モスクワを襲撃した。黄金の軍団に決定的な一撃をあたえたのは、一三九五年のティムールの侵略だった。一五世紀になると黄金の軍団は細分化され、アストラハン〔ロシアのヴォルガ河口の都市〕のハーン〔ハーンが統治する領土〕や、カザン〔ヴォルガ川にのぞむタタール自治共和国の首都〕のハーンや、クリミア〔黒海とアゾフ海のあいだの半島〕のハーンのような、さまざまのハーンが誕生した。クリミアのハーンは一七八三年に、女帝エカテリーナ〔一七二九～九六〕のロシアの攻撃にあって敗北した。

〔ギ・リシャール〕

第4章 白人の人口爆発

一九世紀のヨーロッパは、人口移動の発生源だった。第一期の人口移動の原因となったのは、フランス革命とヨーロッパの戦争だった。第二期は人口爆発と食料危機が移民の引き金を引き、イギリス人、スコットランド人、アイルランド人が移民の主力だった。第三期になると、これに東欧、南欧、日本、中国の出身者がくわわった。さらに第四期は、国際政治の動向による強制移民の増大を特徴とした。

一　大西洋を横断した移民

一八一五年から一九四〇年にかけて、約七〇〇〇万人の人間が大陸から大陸へと移動した。そのうちの九〇％までがヨーロッパ大陸の出身者であり、その総数は一九〇〇年代のヨーロッパの総人口の一五％に相当した。ピエール・レオンが『世界経済社会史』（アルマン・コラン社、一九七八年、第四巻）で推定しているように、つづく一八四〇年から一九一四年にかけて、約一億人のヨーロッパ人がべつの大陸に移動しており、このために言語と、人種と、宗教と、社会構造にはげしい融合作用がおきたにちがいない。一八一五年から移動した七〇〇〇万人のうち、三分の一が故国に帰ったと考えても、四五〇〇万人以上が移民としてのこった計算になる。以上のような動向は四段階にわかれ、それぞれの段階は移住者の人数と、出身地と、特有の性格によって異なっていた。

その第一期は、フランス革命以後、二二年もつづいたヨーロッパの戦争がおわった、一八一五年ごろから一八四六年までを区切りとする。それまで、一八世紀の移民の弱い流れは、アフリカ人の売買をべつとして、革命と戦争のため、ほぼ完全に中断されていた。第一期の移民は、イベリア半島をのぞく大西洋ヨーロッパの出身者で占められたが、なかでもイギリス人とスコットランド人が多く、わずかにスカンジナビア半島とフランスの出身者たちが

図12　大西洋を横断した移民（19〜20世紀間に7000万人）

時　期	民　族	移 住 先	規　模（人）
第一期 （1815〜1846）	イギリス人、スコットランド人（多） スカンジナビア人、フランス人（少）	北アメリカ、オーストラリア、アルジェリア、ニュージーランド	3万〜10万／年
第二期 （1846〜1880）	アイルランド人（1848年：200万人） イギリス人、スコットランド人（多） ドイツ人、スカンジナビア人	アメリカなど	1846〜47年：40〜50万 1848年〜　：30万／年
第三期 （1880〜1914）	アングロサクソン人（過半数） 東・南欧の波（ウクライナ人、ポーランド人、チェコ人、ロシア系ユダヤ人、オーストリア・ハンガリー系ユダヤ人、イタリア人など） 日本人、中国人	アメリカなど	80万〜100万／年 （1910年：200万）
第四期 （1919〜1940） …強制移民の増加	①迫害→アルメニア人、トルコ人、ドイツ系ユダヤ人 ②平和条約→トルコ人、ギリシア人、ブルガリア人、ルーマニア人、ポーランド人、ドイツ人など ③20C〜移民抑制→フランスが唯一の移民発生地に	・アメリカ、オーストラリア、ブラジル（1930年代〜中断） ・フランス（第二次大戦後、とくに1973〜80年のオイル・ショック後）＝移民の逆転現象	300万人の②の人たちが路頭に迷う

いた。初期のころの移民は、もっぱら農民と職人だった。その実数を予測することは困難だし、統計もないが、この時期がおわるまでに、毎年、三万人から一〇万人に達する人たちが移動したようである。かれらがめざしたのは、おもに北アメリカ大陸と、気候の温暖なヨーロッパの植民地（オーストラリア、アルジェリア、ニュージーランド）だった。このような動向が、いちはやくみられたのは、とくに産業革命がおきたイギリスでのことだった。イギリスでは、エンクロージャー［一五〜一九世紀に地主が開放地や共有地をかこいこんで私有地化した動き］のためにおきた人口流出が、海上貿易と、陰鬱な地方（マンチェスター、バーミンガム）にみられた工場の発展によって加速され、悲惨な境遇におちいった人たちが港や工業都市におし寄せた。

　ついで、一八四六年から一八八〇年を区切りとする第二期は、なによりも移動人口の多さを特徴とした。一八四六年と四七年のあいだに、四〇〜五〇万人が移動し、つづく一八四八年からは、年に三〇万人が移動した。一八四八年は大飢饉の年だったので、それをきっかけに二〇〇万人のアイルランド人がアメリカに移住した。つまり一八四六年以後、アイルランド人が移民数のトップを占めるようになったのである。もちろん、イギリス人とスコットランド人は、あいもかわらず移民の代表でありつづけ、そのあとにドイツ人とスカンジナビア半島の人たちがつづいた。職業別では、やはり農民が多数派だったが、職人の比率が目にみえて増大した。

一八八〇年と一九一四年のあいだの第三期には、移動人口の急激な上昇ぶりがみられ、移民の数は年平均で八〇万人になった。それはなんども一〇〇万人の大台を突破し、一九一〇年には二〇〇万という記録を樹立した。ヨーロッパはいぜんとして、一三〇万人という移住者を送りだし、移民の大きな発生源となりつづけた。そのなかでは、アングロサクソン人が過半数をしめたが、かれらは東欧と南欧の出身者の波におされはじめていた。それはウクライナ人、ポーランド人、チェコ人、ロシア系ユダヤ人、オーストリア・ハンガリー系ユダヤ人、イタリア人などのことであり、そこにさらに、大陸横断鉄道の建設のために合衆国に雇われた日本人と中国人がくわわった。かれらの大半は資産のない無資格の労働者で、低賃金と低い生活水準に慣れた人たちだった。

一九一九年から一九四〇年にいたる第四期は、自由移民にくらべて強制移民が増加するという、まったく新しい特色をもっていた。それは国民的・政治的・宗教的少数派（アルメニア人、トルコ人、ドイツ系ユダヤ人）にたいして行政府がおこなった迫害と、平和条約（ヌイイ講和条約、セーヴル講和条約、ローザンヌ講和条約）の結果であり、これらの条約は三〇〇万人の人たち（トルコ人、ギリシア人、ブルガリア人、ルーマニア人、ポーランド人、ドイツ人など）を路頭に迷わせた。

受けいれ国の多くは、二〇世紀のはじめに、移住にたいする選択的な抑制策を実行せざるをえなかった。それはとくにアメリカと、オーストラリアと、ブラジルでみられた現象であり、そのあと一九三〇年代に、移民の受けいれはほぼ完全に中断された。ヨーロッパではフランスが、ほとんど唯一の移民の発生地となりつづけたが、この伝統の流れに移民の流入という逆転現象があらわれはじめた。そして第二次大戦後と、とくに一九七三年から一九八〇年におきた二度の「オイル・ショック」のあと、ヨーロッパ諸国の大半がフランスの逆転現象を確認した。

二　エカテリーナ二世とロシアの領土拡張

アジアにたいするロシアの活動は、植民地化よりも領土拡張という現象としてあらわれた。この国の侵入がはじまったのは、西欧が新大陸を発見した時代からのことであり、ロシア人は一四八三年にオビ川の川岸にたどりつき、一六二九年にはレナ川のほとりに到達した。

まず最初に、受刑者の流刑地だったシベリアに、コサックが定住するようになった。一七〇九年の西シベリアにいたロシア人は二三万人だったが、一七九五年には五七万五〇〇〇人になった。シベリア全体で一五〇万人もいた自由移民と流刑囚は、一八六〇年に三〇〇万人にふくれあがった。ロシア人はそのあいだに（一八〇二～一八四七）、コーカサス地方とトルキスタンを征服した。しかし、組織力のない飢えた入植者たちは、一八九六年からシベリア鉄道がとおるようになった道すじで何千人と死亡した。一八六一年から一九一四年にかけて、シベリアは四二〇万人の入植者を吸収した。エカテリーナ二世の治世下で、ウクライナの黒土地帯［ドニエプル川をはさんでウクライナの中央部に広がる肥沃な森林ステップ地方］からはじまったロシアの領土拡張運動は、戦争や、疫病や、プガチョフの反乱［一七七三～七五のプガチョフを指導者としたロシアの農民反乱］とは無関係に進行した。（一八六一年に農奴を解放した）アレクサンドル二世と、ストルイピン［一八六二～一九一一、ロシアの政治家］やヴィッテ伯［一八四九～一九一五、ロシアの政治家］の手で実現した経済改革は、一八九六年以降にロシア領アジアに流入した七〇〇万人の入植者たちの成果だった。

ロシアの植民地化は、入植地域の拡張や、征服した領土の都市化とともに進行した。中央ロシアに限定されていたころのロシア帝国は、一七二一年に約一二五〇万人の人口をもっていたが、一七九六年には植民地化の結果として、三六〇〇万人の人口をもつようになった。モスクワの人口は、一七三一年の一三万八〇〇〇人から、一八〇〇年ごろには四〇万人になり、またサンクトペテルブルグでは、一九世紀はじめに六万八〇〇〇人だった人口が、一九世紀末に二〇万人に到達した。おなじ時期に、ウクライナの黒土地帯の人口は一二三％増大し、東部と南部の人口は一二七％まで膨脹し、二倍以上になった。都市はそれぞれに繁栄をきわめ、三万人の人口をもつアストラハンは主要都市となり、オレンブルグ［ロシア共和国西部でウラル川にのぞむ都市］は戦略性と経済性をかねそなえた極端な位置を占めるようになった。エカテリンブルグ［ウラル山脈東麓の工業都市スヴェルドロフスクの旧称］や、ウファ［バシキール共和国の首都］や、トボリスク［イルトゥイン川とトボル川の合流点にある初期シベリア植民の中心地］などの都市が並ぶシベリアでは、人口は一七九六年にすでに三〇〇万人に達していた。ロシア政府は移民を活用しようとする意志をもっていたので、ドイツ人の移住を奨励した。ドイツの移民は一七七五年に二万三〇〇〇人に達し、一八〇六年には四万人になった。

一九世紀にはいると、工業化と鉄道建設と都市化が、同時に進行しはじめた。一八五〇年には、人口五万人の都市は七つにすぎなかったが、一九世紀末になると、一四の都市が一〇万人以上の人口をもつようになった。モスクワは一九一四年に一五〇万人の人口を収容し、サンクトペテルブルグは一九〇万人の住民を擁していた。

当局は最初、貴族の土地所有者が農業労働者に不自由しないように、都市部への人口の集中化にブレーキをかけようとした。しかし一九世紀になってから、方向転換がみられるようになった。それはシベリア鉄道の西側の区画が開通したあと、シベリア南西部の草原とトルキスタンの土地開発を、農地問題の解決策として活用しようとする転換だった。こうして移民の数は、一八五五年に一万二〇〇〇人をこえ、一八九〇年に四万七〇〇〇人に達したあと、一八九六年には二〇万二〇〇〇人になった。シベリアの移民は格安の土地の配布と、乗車券の値さげと、一八九九年のカスピ海につうじる鉄道の開通と、一九〇四年のシベリア鉄道の完成などのおかげで、一九〇八年に七六万人をこえることになった。

三　西欧の移民

イギリス諸島は一八二五年から一九四〇年のあいだに、二一〇〇万人という過去最大の移民を送りだした。アメリカに向かった移民が多く、その流れが途切れることがなかったのは、一八八〇年まで衰えをみせなかったはげしい人口増加と、ある種の冒険精神に結びついた地理的位置や商船団の重要性と、いうまでもなくイギリスとアメリカのあいだに共通したことばがあったせいにちがいない。イギリスの移民数は、一八五〇年までヨーロッパの移民の八〇％を占め、つぎの一八八〇年までは五〇％を占めていたが、そのあと一〇～三〇％程度になった。まず、一八二〇年から三〇年までの一一年間に、イギリス諸島から二七〇万人がアメリカに移住した。初期のイギリスの移民の中心になったのは、農民や、日雇農業労働者や、小作農と、牧畜から農耕への転換政策とエンクロージャーによって追いだされた小地主たちだった。この農業関係者の集団移住に、ごくはやい時期から「工場制度」に対抗しきれない旧来の職人や製糸工と、とくに織工がくわわった。こうした「家内工業制度」の担い手だった熟練工は、危機がくるたびに失業に追いこまれるような、さほど技術力のない工場労働者にとってかわられた（一八七三年から一八九六年にかけて大不況がヨーロッパを襲ったとき、失業した工場労働者はとくに多かった）。

ナショナリズムの活動家だったアイルランドの移民は、警察に追いつめられたか、たんにイギリスの地主の任命

図13　西欧の移民（19～20世紀）

国・地域	時　期	移　民　先	規模(人)
イギリス諸島（アイルランドほか）	1825～1940	アメリカ（その他カナダ、オーストラリア、南アフリカ）	2100万
ドイツ	1820～1930	アメリカ、カナダ、チリ、ブラジル、ウルグアイ	650万
スカンジナビア	1850～1930	おもにアメリカ	250万
フランス	1801～1939	ラテンアメリカ（ベネズエラ、メキシコ、ブラジル、アルゼンチン）モロッコ、アルジェリア	190万

権にへきえきしたか、あるいは地元の地主に追いだされたかした人たちだった。かれらはジャガイモの病虫害と、農産物の不作がつづいた一八四六～四七年から急激に膨脹し、大規模な集団になった。アイルランドで五〇万人の死者をだした一八四八年の飢饉では、二〇〇万人のアイルランド人がアメリカに移住した。イギリス全体の移民の五〇%がアメリカに移ったが、イギリス政府と、さまざまな私的団体が努力を重ね、のこりの二一%の移民をカナダに、一五%をオーストラリアに、五%を南アフリカに送りだすことに成功した。そして、ごくわずかな数の移住者が、大英帝国の熱帯地方の領土か、英語圏でない諸外国に移住した。

　数のうえで多かったドイツの移民（一八二〇～一九三〇年で六五〇万人）は、イギリスの移民とちがって極端な変動ぶりをみせた。一八四六年まで少なかった移動人口は、そのあとピークをすぎると（一八五三年には一六万二〇〇〇人が移住した）、ときに極度に微少になり、とくにドイツの産業的発展が記録的な水準に達したヴィルヘルム二世［一八五九～一九四一］の時代に減少した。しかし、一八八〇年代におきた農業危機や農産物価格の下落と、一八三〇年代や、一八四八年から五〇年にみられた革命的なさわぎと、一九二〇年代に生じた貨幣危機と財政危機のおりには、移動人口が急増した（一八八一年には二二万一〇〇〇人が移動し、一九二一～三〇年には五五万人が移住した）。一八九〇年以降のほぼ全期間をつうじて、生産会社や商社の中心人物からなる実業家たちが、アメリカに経済活動の基盤を設置すると同時に、ドイツの入植者をとくにアメリカ、カナダ、チリ、ブラジル、ウルグアイに定住させようと努力した。

オランダと、ベルギーと、スイスの移民はとるにたりない数だったが、スカンジナビア半島出身の移民は一七世紀にふたたび増大し、右の三国とは反対に、多くの人たちが移住しつづけた。一八五〇年から一九三〇年にかけて移住した二五〇万人の人たちは、船員、農民、森林労働者、一般工員などだったが、そのうちの九五％がアメリカに定着した。

フランスのばあいは独特だった。この国は一八〇一年から一九三九年の一〇〇年以上にわたって、主として貧困な地方の出身者だった一九〇万人の移民を送りだしたにすぎなかった。しかし、こうした人たちは貧困からのがれるために移住したわけでなく、ラテンアメリカ（ベネズエラ、メキシコ、ブラジル、アルゼンチン）とモロッコのよりよい生活条件にひかれて出国した人たちだった。これらの国々には、仕事の面で職業選択の自由があったからであり、また、フィロキセラ［ブドウの根を荒らして枯らしたアブラムシ科の昆虫の幼虫］騒動以後は、アルジェリアのブドウ栽培がかれらをひきつけた。

四　地中海と東欧の移住

イタリアの移民は、一八八〇年以前にはわずかな数しかみられず、地方都市の出身者だった移民たちが、フランスのような近隣諸国に移る程度だった。ところが、一八七〇年のイタリア統一以後になると、脱工業化して広大な私有農地が増えたイタリア南部から、何百万人という貧困者が移民市場に参加した。一八八〇年からは、一二万人の移住者がアメリカと、アルゼンチンと、ブラジルに向かい、その数は一八九〇年に二一万七〇〇〇人になった。それが一九〇〇年には三五万三〇〇〇人に達し、さらに一九一〇年に六五万一〇〇〇人にふえたあと、一九一三年

図14　地中海と東欧の移住

民　族	時　期	移 住 先	規 模
イタリア人 （統一以後の貧困者の移民）	1880〜	アメリカ、アルゼンチン、ブラジル	120,000
	1890	〃	217,000
	1900	〃	353,000
	1910	〃	651,000
	1913	〃	873,000
	1922、ファッシズム政権による移民の禁止		
	1921〜30	？	2,500,000
チェコ人、スロベニア人、クロアチア人、ボスニア人、ポーランド人、イタリア人、ハンガリー人、ルーマニア人、オーストリア人、スウェーデン人、ティロルの住民など	1875〜1914	アメリカ	？
ポーランド人	1919〜39	アメリカ、ヨーロッパ（主としてフランス）	1,000,000
ロシア人	1861〜1914	シベリア	4,200,000
	1917〜	国外	2,000,000 （白系ロシア人）
	1890年代〜1940年代	ロシア領アジア	7,000,000

になると、八七万三〇〇〇人に膨張した。しかし、ファッシズム政権は一九二二年に、ほとんど移民を禁止し、既存のイタリアの植民地（リビアとソマリア）か、これからつくろうとする植民地（エチオピアとアルバニア）への方向転換を主張した。それでも一九二一年から三〇年のあいだに、二五〇万人の移民がイタリアから出国した。

オーストリア・ハンガリーの移民は、チェコ人、スロベニア人、クロアチア人、ボスニア人、ポーランド人、イタリア人、ハンガリー人、ルーマニア人、オーストリア人、スウェーデン人と、ティロルの住民などを寄せ集めた雑多な要素からなりたっていた。一八七五年から一九一四年にかけて、一般的には貧農だが「政治的な理由」をもつ人たちが、アメリカに向けて乗船した。一九一九年から三九年のあいだに、ポーランドの大規模な移民が、世界大戦以前にみられたロシア人の移民のあとにつづいた。そして、総数で一〇〇万人というポーランド人が、アメリカとヨーロッパ（主としてフランス）に分散した。すでにみたように、ロシアは一八六一年から一九一四年にかけて、移民のふたつの流れを送りだした。ひとつは未知の土地に向かった四二〇万人の流れのことであり、一九一七年以後になると、そこに二〇〇万人の政治的亡命者（白系ロシア人）がくわわった。もうひとつは、一八九〇年代から一九四〇年代のあいだに、ロシア領のアジアに向かった七〇〇万人の移住者の流れのことである。

［ギ・リシャール］

第5章 現代世界

この章では、一九世紀と二〇世紀の植民地主義と帝国主義に翻弄された人たちの移住の歴史が要約される。二〇世紀になってからは、ふたつの世界大戦が人口移動と強制連行に結びついた。そして、政治的要因がからむこれらの移住人口は、どうしても巨大な規模にならざるをえなかった。また、シオニズムの高まりに連動するユダヤ人たちと、それに関連した中東の人たちの動きもはげしく、それは今日もなおつづいている。

一　植民地主義と帝国主義

植民地主義はどんな時代にも人口移動の原因となった。一八世紀と一九世紀のヨーロッパの植民地は、はじめは受刑者と反社会的な人間の流刑地だった。北アメリカのイギリス植民地は流刑囚を受けいれ、フランス領だったルイジアナ州は、受刑者とマノン・レスコー〔一七三一年に発表されたプレヴォの同名の小説の美貌で小悪魔的な登場人物〕のような尻軽女を受けいれた。一九世紀にアメリカが独立したあと、イギリスは新大陸のオーストラリアに流刑囚を追放し、そのため先住民たちはみな殺しのうきめにあった。一方、フランスはアルジェリアとニューカレドニアに普通犯と、とくに政治犯を（一八四八年から七一年のあいだ）移送した。帝政ロシアは受刑者をシベリアに送りこんだが、一九一七年以後のボルシェビキ〔一九〇六年のロシア社会民主労働党の分裂のときに、レーニンがひきいた一派。多数派のこと〕のグラーグ〔ソヴィエトの強制収容所制度〕は、それをひきついだものにほかならない。

海を渡ったヨーロッパの移住者は、植民地化政策のために、まぎれもない傷痕をもっていた。アンティル諸島とラテンアメリカでは、コンキスタドールに強制的に改宗させられた先住民は、奴隷の身分や悲惨な境遇に追いやられ、さらに、一八二〇年に独立したクレオル〔西インド諸島などの植民地生まれの白人〕という有産階級にもおなじ目にあわされた。北アメリカでは、先住民の部族が大量虐殺され、所有権を奪われて飢えと強制収容に苦しんだあげく、じっさいには一八九〇年に、西部辺境で活動を停止して消滅した。

　イギリスは植民地に、いちはやく自治領という資格と自治権をあたえ、その最初のケースとなったのが一八六七年のカナダだった。しかし、先住民が消滅したオーストラリアに問題はなかったが、ニュージーランド（ポリネシア系の先住民のマオリ族が所有権を奪われた）には二〇世紀のはじめまで、不安定な状態が持続した。南アフリカが多民族国家の準備をととのえたのは、一九九四年のことだった。フランスはイスラムのアルジェリアを植民地化しようとした判断の過ちを、何十万人の死者をだして八年間もつづいた（一九五四〜六二）最悪の戦争〔アルジェリア民族解放戦争〕でつぐなわなければならなかった。また、太平洋でカナカ族〔ニューカレドニアのメラネシア人〕とのあいだにはじまった紛争は、一九八八年のマティニヨンの協約で終結した。

　温暖な地帯にあったイギリスの属領は、アメリカとおなじような条件に恵まれていた。つまり、豊富にあった鉱山の埋蔵量の豊かさと、土地使用の自由さと、政治的な自治制度（カナダは一八四一年、オーストラリアのニューサウスウェールズは一八四二年、ケープタウンは一八五四年に制定）のことであり、そのあと、さらに自治領制度で本国とおなじ政治的自由が保証された。それでも、イギリスの移民は助成策や財政的援助があっても、四〇％しかこうした支配地に移住しなかった。

　熱帯地方の植民地も、ヨーロッパの移民の中心地ではなかった。アンティル諸島や太平洋の島々のような古い植民地では、一七世紀と一八世紀の移民は、王権の委譲をうけた豊かな土地所有者と、志願者からなりたっていた。労働力を賃貸しした志願者は、かなりみじめな「貧乏白人」という集団を形成し、少数の管理者がやってくるまで満たされなかった。インドネシアのオランダ人と、フィリピンのアメリカ人と、そのほかの土地のイギリス人とフランス人が、そうした人たちだった。

図15　植民地主義・帝国主義下の人口移動（1930年）

民　族	派　遣　先	規模(人)
イギリス人	インド	250,000
フランス人	仏領インドシナ	20,000
	仏領西アフリカ 東アフリカ	21,000
ヨーロッパ人	ベルギー領コンゴ	25,000

図16　フランス植民地アルジェリアの外国人

時　期	ヨーロッパ人	イスラム教徒
1830	—	1,500,000
1900	580,000	3,500,000
1926	833,000	5,100,000
1954	984,000	8,500,000

それぞれの本国は、アジアとアフリカの植民地へは、わずかな数の官僚と、兵士と、商人と、鉱山会社や不動産会社の社員しか派遣しなかった。一九三〇年という時点で、インドに二五万人のイギリス人と、仏領インドシナに二万人のフランス人と、ベルギー領コンゴに二万五〇〇〇人のヨーロッパ人と、仏領西アフリカと東アフリカに二万一〇〇〇人のフランス人がいたにすぎない。

第一次大戦〔一九一四〜一八〕以前のドイツの植民地は典型的だった。土地開発を委託された大会社は、少数の上級社員以外は先住民の労働力しか使用しなかった。

フランスの植民地だったアルジェリアでは、無償の権利委譲（一八三一〜五一）が、第二帝政下に大幅な特許の認可にかわり、こうした権利はジュヌヴォワーズ社のような大会社に認められた。フランスはアルジェリアを、長いあいだ受刑者の処分場だとみなしていた。受刑者とは一八四八年六月蜂起の暴徒や、一八五一年の共和派や、一八七一年のパリコミューンの参加者たちのことであり、そのほかにいうまでもなく、おなじ一八七一年にドイツ軍に追われたアルザスとロレーヌの人たちがいた。その一方で、多くの先住民の財産が買いとられるか、たいていは没収された（そこには北アフリカで、宗教団体やイスラムの寺院の維持などにあてられる永代財産もふくまれていた）。しかし、アルジェリアはまた、とくにオラン地方で多くのスペイン人と、フィロキセラにブドウ畑を荒された南フランスのブドウ栽培業者を受けいれた。栽培業者たちはこの土地で、ブドウ園を再建しようと考えてやってきたのである。一九〇〇年には、アルジェリアのヨーロッパ人の人口は五八万人になり、移住はほぼ中断された。

そのなかで、一八七〇から七一年にかけてフランス人の比率が急増したのは、アルジェリアの全ユダヤ人にフランスの公民権をあたえたクレミュー［アドルフ—、一七九六〜一八八〇、フランスの政治家・ユダヤ人指導者］の政令の影響だった。

アルジェリアのヨーロッパ人は、そのあと、ゆるやかにふえたが（一九二六年の八三万三〇〇〇人から、一九五四年には九八万四〇〇〇人になった）、それにくらべてイスラム教徒の人口が急増した。一八三〇年の一五〇万人が、一九〇〇年には三五〇万人になり、さらに一九二六年には、五一〇万人になったのである。そして一九五四年には、八五〇万人に到達した。首都アルジェへ一時的に移住した人たちは、反植民地闘争の準備をととのえた（メッサリ・ハッジ［一八九八〜一九二七、アルジェリアの革命家］は一九二七年に「北アフリカの星」を創設し、そのあと北アフリカ人民党を創設した）。そしてフェルハト・アッバース［一八九九〜一九八五、アルジェリアの政治家・民族解放運動指導者］は、一九三六年にフランスの公民権を要求した。人民戦線［一九三〇年代にファッシズムと戦争の脅威に対抗するために組織された共同統一戦線］の時代のフランスは、アルジェリア人に選挙権をあたえようとするブルム・ヴィオレット法案をきっかけに、おずおずとこの方向にふみだしたが、この法案は頑迷な植民地主義者と衝突した。

アルジェリアは一九四五年のセティフとゲルマ［いずれもアルジェリア北東部の都市］の破壊活動によって、勝利を手中にした（五〇〇〇人の犠牲者がでた）。一九四六年に組織されたフェルハト・アッバースのＵＤＭＡと、メッサリ・ハッジのＭＴＬＤは、最終的には、一九五四年一一月一日に勃発したアルジェリア戦争で、ＦＬＮ［アルジェリア民族解放戦線］が指導した全体的な反乱に併合された。アルジェリア戦争は一九六二年に、アルジェリア独立の承認（エビアン協定）と、一〇〇万人のアルジェリア生まれのフランス人や、フランスに雇われた何万人という現地補充兵の緊急帰国で終結した。

図17　第一次大戦（1914〜18）の集団移動

移動の原因	年	民族	出発地	移動先	規模（人）
ロシア革命・内戦	1917	ロシア人	ロシア		2,000,000
オーストリア・ハンガリー帝国の消滅	1918	マジャール人	トランシルヴァニア、ユーゴスラヴィア、チェコスロヴァキア	ハンガリー	400,000
		〃	トラキア地方、マケドニア、ドブルジア	ブルガリア	200,000
ヌイイとローザンヌの講和条約	1919	ギリシア人（交換）			44,000
		ブルガリア人（交換）			53,000
	1922	ギリシア人	小アジア、トラキア地方、コンスタンティノープル		1,000,000
	1923	ギリシア人（交換）	小アジア		190,000
		イスラム教徒（交換）	ギリシア領		1,388,000

二　両大戦時の移住の帰結

一九一四～一八年と、一九三九～四五年に勃発した両次世界大戦のために、紛争地帯や爆撃をのがれようとする一般市民の大集団移動と、軍需工場への労働者の流入が発生した。一九一七年のロシア革命と内戦のおりには、約二〇〇万人の人たちが追いたてられたように思われる。

ヌイイとローザンヌの講和条約〔一九一九年パリ近郊のヌイイで、二三年スイスのローザンヌで結ばれた第一次大戦の敗戦国と連合国の講和条約。前者は敗戦国ブルガリア、後者は敗戦国トルコが領土割譲等を強いられた〕では、少数民族の消滅を計画した新しい国境の設定によって、（四万四〇〇〇人のギリシア人とひきかえに）五万三〇〇〇人のブルガリア人の強制移動が執行され、ついで一九二二年に、小アジアと、トラキア地方と、コンスタンティノープルにいた一〇〇万人以上のギリシア人が移動した。また一九二三年には、小アジアに残留していた一九万人のギリシア人と、ギリシア領で暮らしていた一三八万八〇〇〇人のイスラム教徒の交換がおこなわれた。

おなじく、オーストリア・ハンガリー帝国が消滅したので、一九一八年にトランシルヴァニアと、ユーゴスラヴィアと、チェコスロヴァキアにいた四〇万人のマジャール人が、ハンガリーに流入した。その一方でトラキア地方と、マケドニアと、ドブルジア〔ドナウ川下流と黒海のあいだの地域〕にいた二〇万人が、ふたたびブルガリアに流入した。

とはいえ、以上のような動向は、第二次大戦でおきた人口移動にくらべれば、比較的限定されていたように思われる。第二次大戦では、一九三九年九月のドイツ軍の侵攻に先だってポーランド人の集団移動があいつぎ、そのあとナチスの国外追放政策によって、西のほうにいた一五〇万人のポーランド人がドイツの入植者と交代した。ヒトラー〔一八八九～一九四五、ドイツの政治家〕は同時に、南ティロルと、バルト諸国と、ウクライナと、ルーマニアにいた少数派のドイツ人を本国に移そうと決断した。一九四〇年の五月と六月には、予測もできなかったもうひとつべつの、それゆえ、まったく未組織の集団移動が発生した。つまり、シュトゥーカー〔ドイツの急降下爆撃機〕の一斉射撃や爆撃と、ドイツ国防軍の装甲車の進撃で触発された、オランダ人と、ベルギー人と、フランス人の集団移動のことである。一九四一年の夏には、バルバロッサ計画というヒトラーの対ソヴィエト戦のため、数百万人のソヴィエト人が駆逐され、またソヴィエト政府の命令で、べつの数百万人ものソヴィエト人が撤退した。

一九四一年から四五年にかけて、東欧に動員されたり、占領地の領有のために配置されたり、爆撃に追いたてられたりしたドイツ人が、大規模な集団移動を展開した。そのなかには何百万人という戦争の捕虜や、政治的・人種的追放者や、ヴィシー政府〔一九四〇～四四に、ペタン元帥を首班としてフランス中部のヴィシーに樹立された親独政権〕によって対独協力強制労働に徴用された市民はふくまれていない。開戦から一九四三年までに、総数で三〇〇〇万人以上のヨーロッパ人が、移動させられたか追放された。一九四三年から四五年のドイツ軍の退却で、ふたたび厖大な移動がおきたが、これはドイツ軍自体と同時に、ドイツ軍とかかわりあった人たちの移動だった。

一九四五年にドイツが敗れたため、国外にいたポーランド人と、バルト諸国の国民と、アルザス・ロレーヌ地方の住民が故国に復帰した。

戦後、ドイツ系でない亡命者の大半が故国にもどったが、戦勝国側の政策と、締結された平和条約のために新しい移民が発生し、ハンガリーと、ブルガリアと、ルーマニアが少数民族を交換した。また、九五〇万人以上のドイツ人が、ポーランドと、東プロシアと、チェコスロヴァキアから追放され、ふたたび西ドイツのかぎられた領土に流れこんだ。そしてそこへ、さらに東ドイツの政治体制をのがれた人たちがくわわった。

世界大戦が極東でひきおこした、巨大な人口移動も忘れることができない。一九三一年と、とくに一九三七年以降には、日本軍の作戦のため、中国の厖大な数の非戦闘員が移動した。そのうちの三〇〇〇万人は、しだいに内陸部の奥深くまではいりこみ、そのほかの人たちは仏領インドシナとビルマ［現ミャンマー］に移住した。ときには毛沢東［一八九三～一九七六、中国の政治家］の共産党軍の「長征」のような、軍隊の行進が本物の移住の様相を呈したこともある。一方、一九四五年以降のアジアでは、一〇〇万人の日本人が日本列島に帰国した。また、一九四七年にインドがイギリスから独立し、パキスタンがイギリスから分離したときには、両国のあいだで住民の交換がおこなわれ、このときは少なくとも八〇〇万人の人たちが移動した。

こうした悲惨な時代のあとにのこったのは、祖国も家族も失った何百万人という犠牲者たちだった。つまり「国外逃亡者」という無国籍者のことである。もちろん、かれらのなかには自発的にこのような立場に身をおいて祖国も国境も無視し、すべての国に抵抗した人たちもいた。かれらは政治体制にかかわりなく、ヨーロッパのあちこちを無差別に歩きまわったので、行政側はこうした人たちを警戒した。たとえばボーア戦争［一八九九～一九〇二年に、イギリスと南アフリカのボーア人の共和国とのあいだにおきた戦争］のおりにイギリス当局は、一九〇一年から二年にかけて、国外逃亡者用の最初の強制収容所を設営し、かれらの妻や子どもたちからパルチザンに情報が届かないようにした。それでも、すでに一八九六年に、スペイン人がゲリラ兵にたいする強制収容所という制度を考えついていたので、先例があったわけである。

図18　第二次大戦（1939〜45）の集団移動

移動の原因	年	民族	出発地	移動先	規模
ドイツ軍侵攻・ナチスの国外追放政策	1939	ポーランド人（ドイツの入植者と交代）	西のほう		1,500,000人以上
ドイツ軍進撃	1940	オランダ人、ベルギー人、フランス人			
ヒトラーのバルバロッサ計画	1941	ソヴィエト人			数百万人
ドイツ人の東欧動員など	1941〜45	ドイツ人	東欧や国内		大規模
戦争捕虜など	〃				何百万人
ヴィシー政府の対独協力強制労働	〃	ヨーロッパ市民			?
ドイツ敗戦	1945	ポーランド人、バルト諸国民、アルザス・ロレーヌの住民		故国に復帰	
戦勝国の政策と平和条約	1945〜	ハンガリー、ブルガリア、ルーマニアの少数民族		相互に交換	
		ドイツ人	ポーランド、東プロシア、チェコスロヴァキア	西ドイツのかぎられた領土	9,500,000人以上
日本軍の作戦	1931（とくに1937〜）	中国の非戦闘員（全体は厖大な数）	国内の居住地	内陸部	30,000,000人
				仏領インドシナ、ビルマ	?
	1945〜	日本人		故国に帰国	1,000,000人
イギリスからインドが独立、パキスタンが分離	1947	インド人・パキスタン人 交換			合計で8,000,000人
ナチスの強制収容所＝絶滅キャンプ	1933〜	ユダヤ人		アウシュヴィッツなどの絶滅キャンプ	数百万人
		ロマ民族		〃	250,000人
		ソヴィエト人捕虜		〃	5,700,000人
		フランス人		〃	600,000人
フランス第三共和政下の収容所	1936〜	ユダヤ人や政治的敵対者のドイツ人など			数百万人（1953年：100万人）

†1939〜43年の間に、3000万人以上のヨーロッパ人が移動・追放。戦後は何百万人もの「国外逃亡者」（無国籍者）が発生。

第一次大戦中にも、ふたたび強制収容所が出現したが、一九三三年から残虐行為についての最悪の評価を全人類に印象づけたのは、ヒトラーのもとにあった国家社会主義のドイツだった。このときは強制収容所のあとに絶滅キャンプ〔ナチスがユダヤ人を殺戮する目的で収容した〕がつづき、人々の恐怖感は最高水準に達した。そして、その極致がアウシュヴィッツの絶滅キャンプだった。ここでは人々はもはや政治的理由でなく、人種的理由から監禁された。こうした収容所のなかには、七万人も収容できる本物の都市のような広さに達したものもあった。「ゆるやかな死の収容所」は数百万人の人たちの生命を奪い、ナチスの強制収容所で「人間以下の人間」として命を失ったユダヤ人とロマ民族〔ジプシー〕は、おびただしい数にのぼった。ロマ民族の三分の一（二五万人）と数百万人のユダヤ人が亡くなっており、それと同時に五七〇万人のソヴィエト人の捕虜と、六〇万人のフランス人が死亡した。

しかしながら、フランス第三共和政〔一八七〇～一九四〇〕が一九三六年から、南西部地方のいたるところに収容所を設置したことを、つけくわえなければならない。これらの施設はユダヤ人と、共産主義者か非妥協的なドイツ人だけでなく、一九三八年に敗れたスペイン共和政政府軍の亡命者たちにも使用された（それでもフランスでは、ナチスの残虐行為は公然と非難された）。ヴィシー政府はゲシュタポ〔ナチスの秘密国家警察〕に、かれらをあっさりと手渡したのである。この「国民の父親」ペタンは総数で数百万人（一九五三年で一〇〇万人）という政治的敵対者を、むぞうさに強制収容所に収容した。

三　イスラエルとパレスチナ

ユダヤ民族の彷徨は、最初から移民という現象の完全な縮図だった。出エジプト、アッシリア幽閉、アレクサンドリアとローマによる征服、反乱、エルサレムの崩壊、および全ヨーロッパと、マグレブと、中近東を舞台とした敗者の追放やディアスポラといった歴史のために、ユダヤ民族は放浪の民となり、その運命は支配者と民衆の気分に左右された。一八世紀の啓蒙時代には、ユダヤ人はいくらかの希望をあたえられたように思われるが、一九世紀には東欧でユダヤ人排斥運動が高まった。またフランスでは、ドレフュス事件〔一八九四年にフランスの軍事法廷で、ユダヤ人将校ドレフュスがドイツのスパイ容疑で終身刑を科されたことから賛否をめぐって世論を二分した事件〕をきっかけにして反ユダヤ人感情が顕在化した。こうした感情はヒトラーの出現とともに全ヨーロッパに蔓延し、アウシュヴィッツや、そのほかの死のキャンプにたどりついた。こうしてヨーロッパの大半のユダヤ人が、死体焼却炉に消えたわけである。

そもそも、パレスチナにもどってユダヤ人の国家を建設しようという考えは、テオドール・ヘルツル〔一八六〇～一九〇四、ハンガリーのシオニスト指導者〕の活動に触発されて一八九七年に誕生した。そして、約束の地に国家的中心地を創設しようという計画に、ユダヤ人民銀行とユダヤ人民基金が支持をあたえた。かれらは土地の取得にとりかかり、一八九七年にテルアビブ〔建国の一九四八～五〇までイスラエル共和国の首都〕の基礎ができた。しかし、移民の数が増大したのは、連合軍にたいするトルコの敗戦〔一九一八年一〇月〕と、イギリスに委任統治されていたパレスチナの設立が、国際連盟から承認されてからのことにすぎない〔一九二二〕。イギリスは一九一六年から、ユダヤ人にパレスチナを国家的中心地として提供するという約束〔一八九七年一一月二日のバルフォア伯の宣言〕を利用し、ユダヤ財界の支持をとりつけた。一九一八年のパレスチナには、一〇万人のユダヤ人が住んでいた。一九二二年と三二年のあいだに、さらに一〇万人のユダヤ人が到着したが、住居設備の不足と、（このユダヤ人の移住にたいするアラブ世界の敵意に触発された）イギリスのためらいのため、かれらの生活は苦難にさらされた。このころ、三万人の移民の退去があいついだこともあった。しかしヒトラーの迫害のため、一九三三年からは毎年、入居を許されるユダヤ人の数がふえた（一九三三年は三万人、一九四〇年は七万人など）。一九四〇年のパ

図19　パレスチナにもどってきたユダヤ人

年	人数
1918	100,000
1922〜32	100,000*
1933	30,000
1940	70,000

＊うち30,000が退去

図20　パレスチナ人の離散

地　域		人　数
イスラエル		724,000
ヨルダン川西岸とガザ地区（イスラエル占領下）		1,717,000
パレスチナ難民	ヨルダン	1,559,000
	シリア	295,000
	レバノン	591,000
	クウェート	299,700
	アラブ諸国	200,000
	アメリカ（亡命）	100,000

レスチナには、四七万五〇〇〇人の住民がいたが、社会主義の先駆者たちは多くのばあい、外部の財政的支援者のおかげで生きのびたにほかならない。

イギリスは一九三九年の白書で、ユダヤ人のパレスチナ移民を、五年間にわたって七万五〇〇〇人に制限した。しかし、一九四〇年以後はアラブの抵抗にあったため、移民を完全に停止せざるをえなかった。ハガナのようなユダヤ人の地下武装組織は、じっさいにはイギリスと戦争状態にあり、以後、こうした組織はイルグーン団やシュテルン団のようなテロ組織と協力態勢をとった。一九四八年におきた、乗客を再乗船させてドイツに連行した退去事件によって、かれらの感情は頂点に達し、一九四八年五月一四日にベン・グリオン〔一八八六〜一九七三、イスラエルの政治家〕が、イギリスの委任統治の終結とともにイスラエルの独立を宣言した。そのあと、たちまちアラブ連盟諸国との戦争が勃発し、国際連合の尽力にもかかわらず、おわりのない戦争がはじまった。このパレスチナ戦争は一九五六年のスエズ動乱と、一九六七年の中東戦争と、一九七三年の第四次中東戦争へと発展した。

たびかさなる中東戦争で土地を奪われたパレスチナ人と、イスラエルという国家との交渉がはじまり、それは近時点で、対立する両者によるイスラエルとパレスチナ解放機構の相互承認に到達した。イスラエルは一九七八年のエジプトとの平和条約の調印後、一九九一年に、マドリッドでパレスチナ解放機構との会談を開き、そのあと一九九三年に、オスロで秘密交渉をおこなった。そして平和条約が調印され、アラファト［一九二九～、抵抗指導者］は一時的に、ガザ地区とエリコ［ヨルダン川西岸地域］の一帯に限定されたパレスチナ全体の指導者として、パレスチナの地にもどることができた。補足的な協定が締結されたおかげで、占領地外の領土とエルサレムの地位について、あらたな交渉がはじまった。一方、ハマス［一九八七年に創設されたイスラム原理主義組織］はイスラエルにたいするテロ行為をくりかえし、イスラエルのほうはヨルダン川西岸地域へのユダヤ人入植者の入植にこだわっている。こうしてパレスチナは、パレスチナ人と、イスラエル人と、シリア人に占領されているレバノンとおなじく、中東の火薬庫となりつづけてきた。

パレスチナ人は（その存在自体が一九八二年六月八日に、クネセト［イスラエル国会］に先だってメナヘム・ベギン［一九一三～九二、イスラエルの政治家］に否定された）、一九九五年に最終的にアラブ諸国と国連だけでなく、イスラエルからも承認された。

五八五万七〇〇〇人のパレスチナ人は、大きく異なる三つの状況におかれている。第一に、イスラエルに住む七二万四〇〇〇人のパレスチナ人は、イスラエル建国後にパレスチナにいた人たちの子孫である。第二に、ヨルダン川西岸とガザ地区で暮らす一七一万七〇〇〇人のパレスチナ人は、一九六七年の第三次中東戦争以後、イスラエルの占領下におかれている。一九九四年五月四日に、ガザ地区（アラファトはここに七月一二日に移った）とエリコ地域に関する協定がカイロで調印された。一九九四年一〇月一四日には、ヤセル・アラファトと、イツハーク・ラビン［一九二二～九五、イスラエルの政治家］と、シモン・ペレス［一九二三～、イスラエルの政治家］の三人が、同時にノーベル平和賞を受賞した。一九九四年の五月から六月にかけてパレスチナ警察が、かつての占領地帯に設置された。イスラム教徒のジハード［聖戦］団とハマス集団のテロ行為や、シオニスト［失った祖国を回復しようとしたユダヤ人の運動家］と、とくにユダヤ人入植者の宣言などがあいついで、緊張状態はいまなお持続している。ユダヤ人入植者のなかには、虐殺に走ったものたちもいた（一九九四年二月二五日のヘブロン事件）。

そして第三に、約三二〇万人のパレスチナ難民がヨルダン（一五五万九〇〇〇人）と、シリア（二九万五〇〇〇人）と、レバノン（五九万一〇〇〇人）と、湾岸戦争以前のクウェート（二九万九七〇〇人）に分散しており、ほかにアラブ諸国に散らばる二〇万人と、アメリカに亡命して定住する一〇万人のパレスチナ人がいる。もっとも悲惨なのは、南レバノンのキャンプに避難した人たちの状況であり、ここでは人口の密集状態と、栄養不良と、衛生設備の欠如と、不安感と、生粋のイスラエル人の虐殺行為などが、パレスチナゲリラの使命感をかきたてている。

そのほか、パレスチナ人がアラブ世界で、もっとも高い教育をうけている人たちであることを忘れてはいけない。かれらはとくに、ペルシア湾岸諸国とヨルダンとエジプトでは知的エリート（医師、エンジニア、特殊技能者）である。

［ギ・リシャール］

第Ⅱ部
移民の個別史

第Ⅱ部では、アフリカ、スペイン、ラテンアメリカ、アメリカ、インド、中国、オセアニアという七つのブロックの人口移動の個別史が説明される。(部扉図版：テオドール・ド・ブライの版画より、《ヨーロッパ人とブラジル人の小舟》Théodore de Bry, *Grands Voyages : Americae tertia pars. Navigatio in Brasiliam Americae.* Francfort, 1592)

第6章 アフリカの移住

❖アフリカ大陸は一万年以上前から、小規模な内部移動の舞台だった。その最大の原因となったのは気候条件と、移動性をもつ生活形態だったようである。くわえて、アフリカ人たちは交易性をもち、内陸貿易とともにアジア諸国とも交易し、広く混交した。七世紀から、北アフリカを中心にイスラムの侵入がはじまり、人種的混交に拍車がかかった。そして大きな混乱をかきたてたのは、一五世紀からの奴隷貿易だった。

植民地開発の根底にあった先入見のせいで、アフリカの過去は歪曲された。ヨーロッパ人の想像の世界では、アフリカは長いあいだ、こえることのできない障壁（東のインド洋と、西の大西洋と、北の砂漠）で隔離された変わることのない大陸であり、すべての進化からとりのこされていた。それは文明をもちこんでくれそうな外国人の到来を一〇〇〇年も待って、はるか昔から立ちすくんでいたと理解されていた。このような見方のために、現実は完全におおい隠された。その現実は三〇年ばかりまえから、アフリカ人の研究者たちと、ヨーロッパやアメリカの同僚たちの手で回復されており、アフリカはかれらのおかげで歴史の真実と栄光をすべてとりもどしている。

アフリカの隔離状態と不変性については、いまでは問題にされることはない。なぜなら歴史学者や考古学者と同時に、人類学者（自然人類学と、とくに社会人類学）や言語学者と、ある意味で伝承の継承者たちのすべての研究が証明するのは、アフリカが典型的なたえず変動する大陸だったことだからである。それは「ケープタウンからカイロに」向かった多数の民族の移住に結びつく変動と、早い時期からみられた変動のことであり、この変動のおかげでアフリカは、中東ととくにインド洋の諸国と接触することができた。この文脈からみれば一五世紀以降のヨーロッパ人の到来と、最初は奴隷取引に関連し、ついで植民地化に関連したすべての人口変動は、それ以前の動態の延長としか思えなくなってしまう。たとえ変動の大きさと、とくにこうした移住がおこなわれた状態から、一五世紀以降のアフリカ史がとくべつの次元をもつとしても、おなじことである。

一　民族の配置

人類学者たちは一九七四年に、大地溝帯（アフリカの東側に起伏する大断層）で三〇〇万年以上まえのメスのアウストラロピテクスの骨を発見し、ルーシーと命名した。この地域には、これまでに発見された人類と、あらゆる種類の最古の前人類の遺物が豊富にあることが証明され、それによって、フランスの高名な人類学者イヴ・コパンの理論ができあがった。その時代を説明するかれの「イースト・サイド・ストーリー」というシナリオは、人類の起源を大地溝帯の形成に結びつける［大地溝帯のために西アフリカと切りはなされた東アフリカで、地球の寒冷化にともなう乾燥によって森林が消滅したことから人類が直立したとする仮説］。一九九五年に、こんどはチャド湖［西アフリカのチャド、カメルーン、ナイジェリア、ニジェールの国境に位置する湖］の周辺で新しい発見がおこなわれた。それはルーシーとおなじ時代にさかのぼる（アベルと呼ばれる）オスのアウストラロピテクスの骨の発見であり、この発見と、それにつづく発見はコパンのシナリオを問いなおすものである。しかしこの発見は、東アフリカを「人類の発祥地」とする、今日、もっとも一般に普及する理論を確証するように思われる。

　だから、最初の人類はアフリカから出発し（しかし、正確にどこからだったかは、いつかわかるのだろうか）、しだいに地表のほぼ全体を占めるようになったのだろう。つまりアフリカは、このような布陣からみて内陸と同時に外部に向けた、まったく最初の移住の劇場だったように思われる。たしかに「暗黒の世紀」（レイモンド・マウニー）という名称にふさわしいアフリカの非常に古い過去については、あまりよく知られていない。しかしすべての研究は、民族の配置を支配した人間の異常な流動性と、根深い混交を重要視する点で一致している。だから、一般にアフリカの農業の実践に先だつ牧畜の実践が、いくつかの地域で定住化を遅らす結果になったのである。

われわれはアフリカの民族の古い過去を、主として歴史の基礎的な発生源である口承伝承という間接的な経路をつうじて知っている。そこではもちろん、実証ずみの史的要素から、まったくの伝説を区別するための判読と相互チェックの大仕事が要求される。ところで各民族と、ときには小集団（村落、部族、家族など）が、それぞれに発祥説話をもっている。それらを研究すると興味深いことがわかっており、それは人類のこうした異常な流動性を証明する。これらの伝承に記述された移住は、じっさいには、この種の説話が思わすほど勇壮でなく、また大規模でも、古くもないのである。小集団の人間の数十キロの移住が、ときの流れにつれて遠いある地域から、もうひとつべつの地域に向けた民族の巨大な集団移動に変わることがある。新来者たちが現地人より高度の技術的知識や政治的組織をもっていれば現地人を支配し、ときには文化と言語を強制して新しい民族を形成した。この民族は世代を重ねるにつれ、地方的な起源を忘れて、小移民集団の集合的記憶を自分のものとしたのだろう。

こうした小規模な移動をこえる、より大規模な移住も観察される。たとえば現在、コートジボアールの中心を占めるバウレ族は、ガーナとその向こうでさえ再発見されるアカン族に属している。口承伝承が伝えるのは、権力闘争のために発生地をのがれたアカン族の一集団が（発祥説話の大半は移住を家族的紛争か継承争いの結果として説明する）、女王ポクーの指揮下に西に向かったらしいことである。渡れそうにない川のふちにたどりついた女王は、川の守護神を静めるために、ただひとりの息子を犠牲にしなければならなかったが、おかげで人々は川を渡り、追っ手をのがれることができたらしい。そのとき、この母親は「バウレ」とさけんだそうであり、それは「子どもが死んだ」という意味だったという。いまも名高いこの語句は、こうしてアカン族の民族名になったのだろう。

二　バントゥー諸族の大移住

アフリカで知られる移住の最大の動きは、バントゥー（「人間」という語句の複数形）語族の移動である。バントゥー語族ということばは、カメルーンからケニアにかけての中央アフリカと、東アフリカと、南アフリカの大部分と、アフリカ南部を占める民族の厖大な総体を示している。アフリカ大陸の半分以上の地域に分散する約一〇〇の民族の言語に類縁性があることに、最初に気づいたのは言語学者たちだった。それ以後、数多くの研究作業のおかげで、不確実な多数の地帯がのこるとはいえ、アフリカの過去のこの部分が再構成された。

バントゥー語系の住民の発生地は、ギニア湾の海岸とチャド湖の中間にあるナイジェリアとカメルーンの高地だった。前一〇〇〇年から比較的最近（アフリカ南部では一六世紀）までにかけて、住民たちはこの地帯から東方と南方に移住したのだろう。この移動はときに数百キロか、さらには数千キロにおよぶ大規模な集団移動となった。今日、この移動が何世代にもわたっておこなわれたことと、なかにはほとんど移動しないで、耕作に適した新しい土地を占拠できた人たちがいたことが知られている。また、とくべつに用いられた道筋もわかっており、横切りにくい深い森林があれば、かれらは東側か西側を迂回したが、川の流れが通路になるときだけ、なかへはいっていったのである。

バントゥー語系の住民は、途中で、それ以前から住んでいた人たちのなかでも、とくに中央アフリカにいたピグミーや、南アフリカにいたサン——ボッシマンかブッシュメンとも呼ばれる——のような人たちに遭遇した。収集されたすべての指標が示すのは、バントゥー語系の住民が文化的・技術的方法と、ときには武器を使って、これらの住民を屈服させたことである。たしかにバントゥー語系の民族は、中央アフリカと南アフリカのほかの民族より、ある技術面の優位性をもっていた。かれらは冶金技術を知り、すぐれた鍛冶屋とみなされていたのである。こうした金属の制御技術のおかげで、かれらは磨製石器や、石に木製の柄をつけた相手側の武器より、性能のよい武器をつくることができた。かれらはまた、この技術のおかげで、とくに効率のよい道具をつくることができたのにたいして、ピグミーやサンや、そのほかの民族は、主食依存型の経済（狩猟、漁労、採集）に専念していたにすぎない。

当時、金属の制御技術は戦略的な重要性をもっていたので、それが政治権力の基盤そのものになった。指導者はもっともすぐれた鍛冶屋の同族のなかから選ばれ、同族の成員は支配的な位置を維持するために、自分たちの仕事を秘儀加入者だけの秘密にした。金属の仕事をめぐって結ばれたこの賭け金については、ごく最近の時代まで痕跡が発見される。たとえば大コンゴ王国では、王は自分ではじっさいに金属の加工をおこなわなくなっていたが、魔術師（かれは金属の秘密を知っていた）と、鍛冶屋のリーダーとみなされた。

だからバントゥー語系の民族は、べつの社会に早急に受けいれられたし、ときには住民を追い払うことさえあったが、たいていは自分たちの独自の社会にうまく統合した。これらの住民は新来者の言語と、慣例と、信仰と、技術ばかりか、家族と政治の構成制度まで同化し、せいぜい固有の習慣の諸要素をのこした程度だった。たとえばサンはサバンナに避難し、ピグミーは深い森林に隠れて独自のアイデンティティを保つことができたかもしれない。しかし、どれほど多くの民族が「バントゥー諸族」に統合され、交雑して、あっさり消滅したことだろう。比較を用いて、つぎのようにいえるかもしれない。すなわちバントゥー諸族の大移動は、ヨーロッパの未開人の大侵入のような突発的で華々しい性格をもたなかったが、生じた結果は長期的には、より決定的に重要だったということである。今日、中央アフリカと、南フリカと、東アフリカの民族のほぼ全体がバントゥー語を話している。

三　定期的な内陸の移動

人類の流動はたいてい季節のリズムと、歴史的・経済的チャンスにそっておこる。たとえば牧畜の実践と、その結果としての移動牧畜は、たえず新しい牧草地を求める住民全体の移動に結びついた。牧畜の知識が大陸の北部から南の一部にまで伝播《でんぱ》したのは、こうした移住の経路をつうじてであり、この新しい生産経済は新石器時代とそれ以後の時代に、主食依存型の経済と交代した。

ところで遊牧生活では、気候的要因がいちばん重要な役割をはたす。当時、数多くの川が流れる肥沃な草原地帯だったサハラ砂漠は、前一万年ごろから乾燥しはじめ、同時に、そこに住んでいた人たちを、主として南のよりすごしやすい土地に追いやった。歴史家たちはまだ、こうした移動を正確に規定できていないし、とくにかかわりのある民族名をあげることができないでいる。かれらはそれほど大規模な民族の混交を引きおこし、サハラ砂漠の南の地域の「民族的」配置を変形させたのである。サヘル［サハラ砂漠南部で砂漠気候からサバンナ気候にかわる地帯］の移動牧畜の季節的移動は現在もつづいており、遊牧飼育者は自分たちの家畜の群れと同時に、定住農耕者の家畜の群れも引き受けて、雨季のあいだは北のほうにつれていき、乾季になると南のほうに移動する。こうした季節的移住は、つねに住民の婚姻と混交をひきおこし、ブラックアフリカの民族地図を複雑にすることに貢献する。

それと併行して西アフリカでは、東から西に向かう一般的移動と同時に、サヘル地帯の内陸部と、アフリカの西海岸——この中間の地域は本物の移動にほとんど適さない密林に分断されているので、それほどのかかわりがない——ぞいの一般的移動が観察される。こうした移住運動のもっとも有名なものは、たとえ大半が神話であることがわかっていようと、プール（またはフルフルデ）［西アフリカに広く居住するフルベ族の一族］にかかわっている。じっさい口承伝承が主張するのは、かつてはこれらの牧畜民族が、ファラオの時代の古代エジプトから西アフリカにまできたらしいことである。たしかにプールの集団は、チャド湖から西端のセネガルにかけての西アフリカの全体に分散しており、かれらの移動牧畜にともなう不断の季節的移動と、フータ・ジャロン（ギニア）や、フータ・トロ（セネガル）や、マシーナ（マリ）に居住したときのようなはるかに局限された移動が、歴史的に確証されている。しかし、口承伝承の残余が伝説であることは、よりいっそう明白であるように思われる。一九五〇年代と六〇年代に、セネガルのシエイク・アンタ・ディオプ［一九二三〜八六、セネガルの歴史家・政治家］によるエジプトの初期ファラオたちのネグロイド的特徴の発見は、アフリカの過去のこの部分についての文化的関心を呼びさました。つまり言語学者たちのなかには、科学的な本物の信用状をもらえないまま、フルフルデ語とファラオの時代の言語との類縁性を求めて、ひまつぶしをした人たちがいる。

はるか以前からヨーロッパは、ファラオの時代のエジプトに「独自の」科学と、「独自の」芸術と、「独自の」文化の原初的発生源を認めてきた。このことが説明するのは、ブラックアフリカのほかの発祥伝説の多くが、とりこみというおなじ過程に同調したことである。たとえば、ガボンにいるファン族のことであり、北東と南西の軸にそったかれらの移住は一九世紀までつづいていた。かれらの集団的記憶は叙事詩的性格を肥大させ、出発点をエジプトとするが、こんなことはとうていありえないように思われる。たとえば「ナイル語族」とか「ハム語族」とよばれる民族もそのとおりで、口承伝承と、そののちにくわわった表現によれば、かれらは北東アフリカからナイル峡谷にそって南下し、大湖地方［ウガンダのこと］に到達したらしい。植民地時代の管理者のなかには、こうした神話を巧妙に利用（さらには構成）した人たちがいた。かれらはとくにルワンダで、偉大で、美しく、高貴で、知的で、正直な存在として記述される「ハム語族」のツチ族と、小さくて、ずんぐりした、粗野で、がさつな、とくにあまり知的でない存在として示される「ハム語族」でないフツ族を区別した。この区別によって、植民地行政がツチ族に準拠し、代償としてかれらに権力をあたえた行為が正当化された。しかし、西アフリカの東西の移住のばあいのように、たしかにナイル峡谷と大地溝帯の割れめにそった東アフリカの南北の循環が観察されるが、これまでに、こうした移住をエジプト起源のものとできるような証拠は発見されていない。

　交易もまた牧畜とおなじく、移住の重要な要因だった。おもに陸上でおこなわれた西アフリカの交易は、相互間にうまく組織されて結びついた網状組織の専権事項だった。紀元後の初期からはじまり、たぶん紀元前にさえさかのぼるサハラ砂漠横断の交易は、ふたつの要因の推進力のもとに広く広がった。ひとつは中東に広く普及していたラクダ（じっさいにはヒトコブラクダ）が、紀元後にアフリカに伝えられたことである。ところで、ラクダはウシの二倍の荷物をはこび、ウシの二倍の速さで移動した。さらに一〇日以上もたべずにすますことができたので、遠くはなれた井戸のあいだの長い旅程をこなすことができた。もうひとつは、七世紀からのイスラム教の拡張のため、商人たちが北アフリカで新しい分担地域を供給されたことである。商人たちは宗教への勧誘の意志と、こうした交易の営利面での見通しに駆られて活動した。サハラ砂漠の交易輸送の密度がじつに高かったので、歴史家のなかには、この砂漠を地中海と比較する気になった人たちもいた。じじつ、サハラ砂漠の周辺部にある（有名なトンブクトゥのような）町々は港のような役をはたした。このような町々は「艦船」（このばあいは隊商。その大半は二〇〇〇頭以下のラクダで編成されていた）を受けいれ、商品を積みおろしして、そのあと近隣の地域に再分配したのである。

サハラ砂漠横断の交易網は、サヘルで中断した。ツェツェバエがそれ以南のラクダの使用を不可能にしたからである。この交易網はまた、ディオラ族のようなべつの交易網と結びついた。このべつの交易網の中心は、よくコーヒーに比較される、かみ砕くと苦みをもつ刺激的な効力をもつコラノキの実の交易だった。ディオラ族はギニア湾（西アフリカの南の部分にある大西洋に接した海岸）に面した森林地帯でコラノキの実を調達し、そのあとサハラ砂漠横断の交易にかかわる大きな町に向かった。

中央アフリカでは、大がかりな交易は主として川を利用した。コンゴ川と数多くの支流では、何百隻という丸木舟がたえず行き来した。丸木舟はたいてい平均的な距離をたどったが、商品は市場から市場へと転売されたので、大西洋の魚（保存のためにくん製にされていた）が海岸から数百キロのところまでさかのぼり、その反対に内陸部の農産物やぜいたく品が海岸までたどりついた。こうした交易の流れの全体は、民族の混交に大きな役をはたし、そのおかげでかれらは、大陸のさまざまな地域とのあいだに緊密な関係を結ぶことができた。つまり北アフリカはスーダンやサヘル地帯と、スーダンやサヘル地帯は西アフリカの森林地域と、大西洋側の海岸はコンゴ川の流域と、東海岸もコンゴ川の流域とそれぞれに関係を結び、ほどなく西海岸は東海岸と直接的な関係を結ぶことになった。

そして、こうした接触から、民族と文化の混交が発生した。交易網のなかで働く商人たちは、このような関係を維持するために、ためらわず通過する地域で婚姻関係を結び、主要な交易路ぞいに兄弟や息子たちを配置した。この慣行は民族という観念の輪郭をぼやけさせるために役だち、とくにディオラ族のばあいに著しかった。ディオラ族ということばは、はじめからじつに多様な出身の人たちの役割（商人）を意味していた。しかし、交易網の内部で結ばれた婚姻関係と、(「異教徒」の地域にいたイスラム教徒のような)とりわけ目につく特徴をもつ人たちと、閉鎖的な交易網のなかの仕事は、どれもひとつの文化と、ひとつの固有の言語を突出させる役をはたした。それはしだいに集団の民族化に結びついたわけであり、民族化は今日、共通の起源と類似性をもつことが認められている。

四　外部世界の寄与

アフリカは大陸内部の移住にくわえて、とくに交易上の接触から広がった外部世界との重要な交流を経験した。この大陸は近隣の諸国や、とりわけアジアとの交流を維持し、陸路(アラビア半島や中東を経由して)と海路(インド洋を横断して)をつうじて定期的に「交流」した。たとえば(アフリカの角《つの》にある)ソマリアのガラ族とソマリ族というふたつの民族のように、いくつかの民族は大陸の向こう側からきて、未開人の大侵入の最終段階でたどりついたようだが、歴史家たちはじっさいには、かれらの正確な原住地をまだ把握していない。

古い時代の大きな移住のひとつは、まだ十分にわかっていないが、ヘブライ人(ユダヤ人)にかかわりをもつ。「出エジプト記」のおかげで、紀元前二〇〇〇年の途中でセム系の住民が、エジプトに向けてかなり大量に移住したらしいことが知られている。この移動は、たぶん何世代にもわたっておこなわれたのだろう。のちにかれらの子孫たちが、逆の旅程をたどったこともまた知られている。聖書のこの物語は、こうした出来事の何世紀もあとに書かれたものであり、歴史家はこれを文字どおりに理解することはできない。しかし、この物語だけでなく、すべては一致してユダヤ人を中心とする全体としての中東と、アフリカの近隣の地域との豊かな交流を証明する。今日もなおエチオピアにいる、ユダヤ人の子孫という名高いファラシャ族（この名称はアムハラ語［セム族系の言語でエチオピアの公用語］で亡命者や、分離されたものや、異なるものを意味する）は、イスラエルの古代王国の古い慣例に近いユダヤ教を実践している。かれらとディアスポラのユダヤ人との類縁関係は、受けいれた民族との深い混血を示す黒い肌色以上には、科学的に確定されることはできなかった。しかし一九七三年に、かれらはイスラエルの宗教的権力機関からユダヤ人として認められた。なかにはそれ以後、イスラエルに移住した人たちもいる。

もうひとつべつの移住が解明するのは、脱植民地化の時期にアフリカ北部にいたユダヤ人（「セファラド」［地中海沿岸諸国のユダヤ人のこと］）の存在の重要さである。「エルサレムの崩壊」のあと、紀元前の最後の数世紀にパレスチナからきた商人たちは、隣人のフェニキア人にならって地中海周辺に海外支店を設置した。この住民たちの一部は、とくにこの地域のキリスト教化と、ついでイスラム化に同化した。しかし、べつの部分は何世紀にもわたってアイデンティティをうまく保持し、フランスによるアルジェリアの植民地化の時期（一九世紀）に、新しくきた人たちと合流した。

アフリカ北部はより一般的なかたちで、歴史上の大事件のあいだに広く外国の寄与を受けいれ、文化と人口の範囲内で相互的に外部世界に貢献した。ここでいう大事件とは、ローマ帝国による支配や、四二九年に北アフリカに到達したヴァンダル族の侵入や、古代から新大陸発見の時代（一五世紀）までの地中海貿易にたいする北アフリカの積極的な参加のことであり、新大陸の発見の時代になると、地中海貿易は大西洋横断の貿易のために衰退した。以上のような事件と同時に、七世紀以後のイスラム教の伸張が大筋で説明するのは、大陸の北部を占める民族が、サハラ砂漠以南の住民とは逆に「白い」ことである。おなじくイスラム教の進展のはるか以前の中東と、アフリカの角と、より南の海岸地域との交流は、アフリカ東部の住民の混血を説き明かす。

五　インドネシア人の英雄的な行為

東アフリカでおこなわれた考古学の発掘によって、黒い大陸がインド洋を活気づけた大海洋貿易に深く組みこまれていたことが証明された。こうした活動――古代世界の中心を地中海にみていたヨーロッパ中心の歴史が、長いあいだ隠蔽していた活動――は、少なくとも地中海貿易とおなじ重要性をもっていたし、こちらのスケールのほうがより大きかったのは、モザンビーク（アフリカ南部）から、とくにアラビア半島と、インドと、インドネシアを経由して中国にいたるすべての沿岸地方（と、もちろん後背地の住民たち）を関係させていたからである。たとえば考古学者の研究は、アフリカで真珠や、陶器や、織物や、スパイスを発見しているが、これらは現在のジンバブエのような国が、紀元後のはじめから、古代の中国帝国と直接的な関係にあったことを示している。たぶん、紀元前にさえ関係があったのだろうが、それらはマルコ・ポーロ〔一二五四〜一三二四、イタリアの商人、旅行家〕の大旅行のはるかまえのことである。反対側の中国では、非常に古い写本のなかにアフリカ東部の海岸地域についての説明と同時に、東洋人に知られていなかった、奇妙なキリンのようないくつかの動物の記述が発見されている。

インド洋貿易は、とくにインドネシア人の専権事項だった。すぐれた航海者で、老練な商人だったかれらは、いまもインドネシアやコモロ諸島で使用されている丸木舟で、沿岸貿易をおこなった。この交易は収益性という明白な課題のために（輸送には数か月を要した）、高価な産品にしかかかわらなかった。インドネシアの商人は、アフリカでは象牙、サイの角（催淫効果を期待する人たちには、すでに有名だった）、ベッコウ、貴金属（金や銀）などを買い求めた。かれらはそれらと交換に、絹、ガラス製品、陶磁器、ワイン、コムギ、砂糖のような、これらの地域ではみられない産品をもっていったのである。

インドネシア人はアフリカの交易網に対抗するかのように、頻繁に訪問する地域に何人かの同国人をのこすようにした。商人たちが極東とアフリカのあいだを旅行する一方で、仲介者たちは現地に定住し、商品の収集と、外国の産品の取引や再配分という活動に特定化した。移住者の数は厖大になったにちがいない。じっさいには、これらの商人は家族をもたずに単独で暮らし、現地で妻を求めた。ところで、現在の沿岸の住民の極度の混血状態が示すのは、少数の孤立した個人が問題視されなかったことである。

こうした人間と文化の混交は、マダガスカル島のばあい、とくに著しく、現在の住民自体のなかにも極端に多様なタイプがある。それらのタイプは非常に明白な「バントゥー」型の個人から、明らかにアジア系に属する人々（ある人たちは問題なくインド人か、インドネシア人で通用するかもしれない）にまでおよんでいる。住民の大半はきわだつ特徴をもつ混血を示しており、このためマダガスカル島人は、雑多な群衆のなかでも容易に識別することができる。マダガスカル島は文化的交雑によって驚くべき国となっている。この島はアフリカ大陸のほんとうの「一員」とみなされたことはなかったが、アジアとも同一視することはできなかった。たとえば基礎的な経済は、すぐれてインドネシア的な技術による稲作の実践に依存する。それに反して死体を裏返しにする有名な風習や、男性の「トガ［長い礼服］」の着用は、黒い大陸とのあいだに文化と伝統の類縁関係があったことを想起させる。ごく最近の研究が示したのは、マダガスカル島が紀元後の初期まで無人島だったらしいことである。歴史家のなかには、ピグミーに似た住民（たぶん、マダガスカル島の口承伝承を語るふしぎなバジンバ族）の古くからの在住を口にする人たちがいるが、先史時代にさかのぼる人類の痕跡は、武器も道具も骨も、どんな種類の遺跡もふくめて、なにひとつ発見されていない。この大きな島には六世紀ごろか、それ以前に外部からきた住民が住みついたのだろうが、この人たちの入植にかかわる理論は対立したままである。ある理論は、たまたまマダガスカル島を発見したインドネシアの商人が入植したとのべており、そのとき、アフリカの海岸をはなれたかれらは、故国に向かうより直接的な航路をとろうとしたのだろうという。これらの商人はアフリカ人を妻として、しかしたぶん、同時に奴隷としてつれてきたのだろうというのである。それに反して、べつの研究者たちが考えるのは、マダガスカル島の入植がアフリカからきた、すでに非常に幅広く混血した住民たちの行為だったということであり、この人たちはより地域的な航海のおりに、この大きな島を発見したのだろうという。いずれにせよマダガスカル島の入植は、きっと何世紀にもわたっておこなわれたのだろう。住民たちはこの島からコモロ諸島の島々（マイヨット島）や、レユニオン島や、モーリシャス島などのような、はるかに小さなほかの島々に移住した。

六　イスラムとアラブの大変動

バントゥー語系の民族の大移住のあと、外部からきた宗教に根ざした二度めの広範な移動が、こんどは北アフリカと東アフリカにあたる大陸の大きな部分を踏破した。予言者マホメット（ほんとうの名まえはムハンマド）の死後まもなく、あらたにイスラム教に改宗したアラブ人たちは、信仰と同時に、文化的・政治的・商業的支配を、ジハードという経路をつうじて広げようと計画した。六三九年[1]にエジプトで地歩を固めたかれらは、本物の人波を組んで北アフリカに到達し、長くつづく結果を導入した。アラブ人たちは熟練した騎馬軍団をもち、信仰の力に駆りたてられて、数百年のうちにアフリカ大陸の北部全体を征服したのである。かれらは六五六年にイフリキイヤ（現在のリビア）に到達し、七世紀末と八世紀初頭にはジブラルタル海峡のまぢかに達して、海峡を横断した。そして、スペインとフランスの南部におしのぼり、そのあと七三二年にポワチエ〔フランスのポワトゥー地方のヴィエンヌ県にある都市〕で足をとめた。しかし、この広大な征服は、関連する民族の地理的分布に大きな影響をあたえることになった。その一方でアラブ人たちは、アフリカ北部の全域に、最初は新しいアラブ帝国の軍人や官僚として住みつき、ついで商人として厖大な数で住みついた。これにたいしてアフリカ北部の民族の商人たちは、戦闘のはげしさとアラブ人の支配のきびしさからのがれようと望むか、イスラム教に改宗することを拒絶するかした。かれらは西方と南方に撤退する全体的な移動を展開し、とくにアトラス山脈〔モロッコとアルジェリア北部に連なる山脈〕と、海岸の背後の半砂漠地帯に隠れ家をみつけだした。最後にアラブの軍隊で、新しい改宗者たちの徴兵がおこなわれたので、各民族はべつの地方に分散した。だから、数年のうちに北アフリカの全域で、住民の大規模な混交がおきたのである。

（1）　アフリカの古代史に関しては、正確な日づけが使われることはほとんどない。それに反して、文字をもつ外国人（アラブ人と、のちにヨーロッパ人）が事件の展開にかかわるか、たんに事実の証人になるようになってからなら、歴史家は貴重な文書資料を手にして、出来事の日づけを正確に決定することができる。

ついで混交は、交易という経路をつうじて引きつがれた。アフリカ北部の交易と、とくにサハラ砂漠横断の交易が、アラブ人の衝撃を受けて新しい広がりをみせ、あらたな移住の原因となった。アラブの商人は無視できない切り札をもち、サハラ砂漠以南の地域にイスラム教をおし広げた。かれらは広範な交易からあがる大きな利益と、文字を使用する生活のおかげで、はかりしれない威信をもつようになった。くわえて、サハラ砂漠の南にいったのは、アラブ人ばかりではなかった。なぜなら、一八世紀のガオ（現在のマリにあったソンガイ帝国の首府）にユダヤ人の墓地があったからであり、この墓地は少なくとも四〜五世紀から、この場所にあったにちがいない。最後に、メッカという神聖な都市をめざして旅行した巡礼の往来が、こうした住民の移動に貢献した。この旅行には数か月か、ときには数年を要し、ときどき信者たちが帰りの旅程を完了できなかったのは、たいてい職業的・商業的なチャンスにとらわれたからである。

アラブ人の勢力拡張は、アフリカの東海岸では、それほど急激で軍事的な様相を呈さなかったが、長期的にはおなじく重要な結末をもちこんだ。すでにみたように、中東の民族は古代から海を渡って、東アフリカに頻繁におとずれる習慣をもっていた。インドネシアの貿易の凋落と、とくにアラブの勢力の伸張のために、インド洋の勢力関係に急激な変化がおこり、この海は一〇世紀からイスラム商人に牛耳られるようになった。アラブ人はモガディシオや、マリンディや、モンバサや、キルワのような海外支店を創設し、それらはほどなく本物の都市国家のようになった。これらの町を統治したアラブ人のスルタンは、イスラム帝国との関係で大きな政治的自治権を手にしていた。たとえば、八世紀からイスラム化したコモロ諸島では、一六世紀にシーラーズ［イランの都市］からきたイスラム教徒が権力を握り、史実として「シーラーズ人」のスルタンとなった。しかし、敵対する勢力とのたえまのない戦いのため、「戦争好きのスルタン」とも呼ばれていた。

アフリカの東海岸にたいするアラブの優位性は、（オマーン出身の）スルタンの支配とともに拡大した。つまり、マズルイ族（一八世紀と一九世紀）とブサイディ族（一九世紀）がモンバサ（現在のケニア）に住みつき、そのあとザンジバル島とペンバ島を統治した。かれらはそこでココヤシとクローヴのプランテーションを発展させ、商取引に新しい力をあたえて、一九世紀の前半に絶頂に達した。

沿岸のアラブ化の結果、大幅な混血が発生した。今日、沿岸地方のいくつかの民族は、アフリカ人の黒い肌をもつが、アラブ人とペルシア人の繊細な特徴ももっている。アラビア半島との交易は、沿岸部と後背地に分岐したので、現在、どちらでも淡い色の肌の男女がみられ、かれらのことばはアラビア語で、宗教はイスラム教である。また、中央アフリカとコンゴ盆地でも、かれらは明白にアラブ人として識別されており、ザイールの首都キンシャサには、アラブ人の地区がある。結局、この大規模な混血からスワヒリ文明という新しい文明が誕生したわけであり、それはアラブ人とバントゥー語族の寄与でできた文明だった。スワヒリ語はバントゥー語の文法構造と、アラビア語とバントゥー語のボキャブラリーの驚くべき混合体であり、それは今日のアフリカで、もっとも広く使われることばのひとつとなっている。

七　最初のアフリカ奴隷の売買

一〇〇〇年のなかばまで、アフリカと外部世界の交易は、あるバランスをもって、平等というルールのもとにおこなわれていた。しかし、アラブ人の進出とともに（そしてのちには、ヨーロッパ人の進出とともに）、この交易はアフリカ奴隷の労働力に関心をもつようになった。それまで交易に付随する「産物」(2)とみなされていたこの労働力は、新しい強制された移住をひきおこすことになり、その移住のスケールは、現在、世界じゅうでみられるアフリカ系の人たちの巨大なディアスポラを説明するほど広大なものだった。

（2）　今日では受けいれられない人間を「産物」とみる観念は、ここで触れる時代には一般的だった。アフリカ奴隷は一九世紀末まで、売買する人たちから、たんなる商品とみなされていた。だから、これらの語句はここでは故意に括弧づきで使われている。

そもそも奴隷制は、アフリカで非常に古くからみられた制度だった。戦争に敗れた兵士や、負債を返済できなかった債務者や、泥棒や、あらゆる種類の反社会的人間を奴隷にする風習が、数多くの社会でみられたのである。こうした奴隷の子孫たちは、場所によっては大なり小なり不名誉な卑屈さをもちつづけたが、時代の移り変わりとともに少しずつ所有者の一族の成員になっていった。その同化の状態は、ときにあまりに完全だったので、主人と奴隷の関係は、ときどき親子関係に近いものになった。だから「自由を奪われたもの」が、重要な政治的役割もふくめて主人の跡をつぐようなことがおきた。

それでも奴隷売買は古代社会の時代から――しかし、とくにアラブ人の進出以後――エジプトあたりでも実施されるようになり、ついでアラビア半島や、インドや、南ヨーロッパと、たぶん極東でもおこなわれたのだろう。評判が高かったのは「ヌビア」［スーダン北部からエジプト南部におよぶアフリカ北東部］の奴隷だった。筋肉質で力強いかれらは熱心な働き手として評判をとり、とくに戦いのさいの名高いはげしさで一級品の兵士となった。すでに五〇〇〇年近くまえに、古代帝国のファラオたちはヌビアの奴隷を徴集し、かれらの遠い後継者だったムハンマド・アリーは、一九世紀はじめに、ご先祖たちとおなじことをした。そのほかの奴隷は、畑仕事に使われた。かれらの特化した役割については、インドのマハーラージャ［インドの王侯の尊称］の王宮の宦官《かんがん》［去勢した官史］のように、数多くの職種をあげなければならないだろう。女性のほうはすぐれた料理人で、気のきく家政婦であり、魅力ある愛人だという評判だった。

主人と自由を奪われたものを結んでいたこの神聖な関係は、需要の圧力でしだいに破壊された。アフリカ人は巨大な取引の当事者に追いこまれたのである。もっとも良心のない人たちが、いちはやく理解したのは、つぎのようなことがらだった。すなわち、手持ちの奴隷を高値で売ったあと、べつの奴隷を捨て値で「補充」すれば、のちに大陸の生きた資源を「吸いあげる」役をはたす、本物の流通機構を設置できるということである。アフリカ奴隷の売買は、伝統的な交易経路をつうじておこなわれた。サハラ砂漠横断の大ルートは、モロッコ、チュニジア、リビア、スーダン、エジプトへと向かい、東海岸からはじまる海のルートは、紅海とインド洋と同時に、地中海を横断した――南ヨーロッパと、のちにオスマン帝国は、奴隷を手にいれる行為を軽視しなかった。陸路をとった奴隷たちは、長い隊列を組んで徒歩で行き来した。ときには、かれらの移動を利用して、人間の背中にのせて運ぶ必要のあるいくつかの商品と、とくに大きな象牙が運搬された。しかし、奴隷たちを目的地の港で最高値で売るために、疲れさせない配慮も払われた。

アラブ人とインドネシア人の取引に巻きこまれた男女の正確な総決算表をつくるのは、じつにむずかしい仕事である。全体的な見積もりを試みた歴史家のラルフ・オースティンは、ほぼ一二世紀にわたる数百万人というデータを提示している。それに反して社会的・人間的な収支決算をだすのは、それほどむずかしくないように思われる。中東向けの奴隷売買は――数多くの例外をのぞいて――大西洋横断貿易の野蛮で非人間的な性格をとらなかった。新来者はときに困難さを感じながらも、しだいに受けいれ側の社会に統合され、婚姻と混血という手段をつうじて住民のなかに溶けこんだ。しかし、この貿易の結果は、アフリカ側にとって劇的だった。それは労働力の供給者という、あまりうれしくないイメージをあたえることに役だった。とくに人口の損失は大きく、アフリカは政治的・経済的発展の絶頂期に必要とされる労働力と、潜在的な活力を奪われた。

本物の大混乱は、一五世紀の最初のヨーロッパ人の到来とともに発生した。当時のアフリカは豊かな大陸であり、数多くの地方は鉱山（金・銅など）を中心とする自然資源の豊かさで、大きな繁栄を保障されていた。たとえば、一三二四年にメッカへの巡礼の旅にでたマリの皇帝マンサ・ムーサは、数万人の行列を同行した。豪華さで名高いカイロについたかれは、あまりに大量の金を使い、富を分配したので、つづく一二年間に、金の相場は下落した。政治面では多くの地方が国家となり、それぞれに強力な政治権力と、行政機関と、税制と、軍隊などを所有した。国家にならずに、ふつうに機能した地方もあったが、それらは時間的に安定すると同時に、方式として変化する高度に階層化された複雑な組織をもっていた。現在、専門家たちはアフリカが、ほかの大陸のなかでも、とくにヨーロッパに比較できる「発達」のレベルに達していたと考えている。

しかしルネサンスは、ヨーロッパに世界を発見する（つぎに征服する）新しい意志を伝えたので、以上のような関係のバランスは失われた。アフリカ人の歴史には、世界を発見するという欲求は比較的欠落していたように思われる。べつの人間を発見したいという欲求が、たまたまやってきた人たちをみて満たされたかのように、すべてはおきたわけであり、その結果、アフリカが世界にでていく以上に世界がアフリカにやってきた。歴史家は外部の世界に向けたアフリカの遠征がめったになかったことしか知らないし、しかも、そのような遠征があったことは、実際には証明されていない。古い時代に[3]、ふたりの航海者がアフリカ一周を試みたらしい。最初のあるエジプト人は東海岸から出発し、右側の黄道をとおる太陽をみたと話したという（つまりかれは、アフリカ南部に達したのだろう）。しかし、かれは周遊旅行を完了しないで、半周でやめざるをえなかったようである。ふたりめのあるカルタゴ人は大西洋側から出発して、カメルーンに到着したらしい。かれもまた、遠征を完了できなかったように思われる。

（3）　この話は前五世紀のギリシアの歴史家ヘロドトスによって伝えられた。

クリストファー・コロンブスのはるかまえに、アフリカ人がたまたまアメリカを発見したという非常に興味深い話がある。一四世紀に、アラブ人のある旅行者が伝えた伝承によれば、マリの皇帝アブバカール二世は、西に向けて航海させようとして西海岸に二〇〇隻の船をチャーターし、大洋のはしにたどりつけるかどうか知ろうとしたという。何か月もたってから、一隻の船がもどってきたらしい。その乗組員は「海のまんなかで、はげしく流れる川をみた」といいはったそうである。それはアマゾン川の河口だったのかもしれない。好奇心に駆られた皇帝は、二〇〇〇隻の船をひきいて周航にでたが、ついにもどってこなかったという。ところが、その三世紀後にアメリカにいったヨーロッパ人たちは、黒色人種をみたと主張した。考古学者たちはアメリカで、西アフリカの美術や手仕事に似たものを発掘している。しかし確証がないので、いまのところ、それらにアメリカ大陸をめざした最初のアフリカ人の移住がかかわっていると主張することはできない。

八　ヨーロッパ人の到来と三角貿易

これに反してたしかなのは、一五世紀はじめからヨーロッパ人が海の攻略にのりだしたことである。かれらはひたすらアフリカの西側をまわり、一四八二年にはコンゴ川に到達して、一四八七年に喜望峰にたどりついた。ヨーロッパの航海者とアフリカ人の最初の接触は、礼儀正しいものだった。一四八四年には、ポルトガル人たちが中央アフリカのコンゴ王の王宮に身を寄せた。そのときコンゴ王は返礼に、側近の人たちをポルトガルの王宮に派遣した。一七世紀にもおなじように、コートジボワールのある王は、「息子」のアニアバとバンガをフランスのルイ一四世の王宮に送り、ふたりの教育を完了させた。かれらはそこで太陽王の代子〔代父と代母の立ちあいで洗礼名を受ける子ども〕とみなされ、それに準じた扱いを受けた。

ポルトガル人は、意味をもつ人数でアフリカに住みついた最初の人たちだった。かれらは一五世紀末からアンゴラと、西アフリカと、東海岸の全域に根をおろし、アラブ人との定期的な紛争に突入した。かれらの目的は、海上貿易のための海外支店を開くことと、インドに向かう船を受けいれる波止場に住むことだった。かれらはポンベイロたちの活動のおかげで、しだいに内陸部に支配権を拡張した。ポンベイロとは一種の混血の役人と商人のことで、かれらはアンゴラの内陸部から沿岸にかけて、必要な商品と食料を集める役を引き受けた。一七世紀には大西洋側のアンゴラと、インド洋に面したモザンビークが、こうしてアフリカで最初のヨーロッパ人の植民地になった。

そのほかのヨーロッパ人たち（オランダ人と、よりあとにはイギリス人とフランス人）は、中央アフリカと大西洋の海岸ぞいに海外支店を設置するだけで甘んじ、後背地にたちいるようなことはしなかった。ヨーロッパ人がほんとうにアフリカの深部に達したのは、一九世紀の大探検の時代のことだった。ヨーロッパ人の最初の定住は、小さなスケールでおこなわれ、住みついたのは男性だけだった。ヨーロッパの女性は二〇世紀以前には、ブラックアフリカにきて住むことはなかったのである。それはとくに戦い方を知らなかった熱帯性の病気に関連する危険性のような、さまざまな危険性のためだった。だから移住者たちは、アフリカの女性と結びついたが、彼女たちはたいてい、内縁の妻として片づけられた。現在、ダカールのようないくつかの近代的な海岸の都市と、より全体的にはアンゴラとモザンビークに、数多くの混血の人たちがいるのは、このせいである。

アフリカにたいするヨーロッパ人の移住は控えめだったが、とくにポルトガル人の経路による地中海ヨーロッパにたいするアフリカ人の移動は、その代償のようなものだった。スペインには一三世紀から、無視できない数のアフリカ系の奴隷たちがいたが、この現象は一五世紀に激化した。ポルトガルの貴族たちと、のちにはローマとフランスの貴族たちや、中産階級の実業家などにとって、アフリカ人の使用人にかしずかれるのが大流行となった。こうして何千人というアフリカ人が、ヨーロッパでも、とくにリスボンに「輸入」された。

一五世紀末のヨーロッパ人の関心は、アフリカからそれて（じっさいにはインドからそれたわけであり、アフリカはインドへいく途中にあったにすぎない）、新世界のほうに向けられた。初期の入植者たちは、プランテーションと鉱山を開拓する労働力として、ネイティブアメリカンを使用した。しかし、コンキスタドールの残虐な行為と、ほかの世界から長く隔離されていた大陸に導入された新しい病気と、先住民が従事した劣悪な労働条件が重なって、ネイティブアメリカンの死亡率が高くなったので、一五三〇年代か四〇年代に、入植者たちのあいだに、突然、ある自覚が生じたのだった。一五世紀末にアメリカに住んでいた五〇〇万人（べつの資料によれば二五〇〇万人）のネイティブアメリカンのうち、当時生きのこったのは、わずか一〇〇万人程度だっただろう。ネイティブアメリカンについて、ヴァチカンの指導のもとにおこなわれた有名な「バリャドリドの論争」（奴隷制度を存続するには、かれらが人間かどうかをきめなければならなかった）は、歴史的決定にたどりついた。つまりアメリカの入植者たちは、アフリカで労働力を調達するよう勧告されたのである（言外ににおわされたのは、アフリカ人が人間かどうかについては、疑問の余地さえないということだった）。こうして、世界の移住史上で、もっとも大規模な動きのひとつがおこり、ヨーロッパ史上、もっとも愚劣なページの一枚がめくられることになった。

興味深い歴史資料が示すのは、現実に一五世紀はじめから、すでにいくらかの単独行動をとる商人たちが、アフリカ人を新世界にはこびこむ仕事を責任をもって引き受けたことである。このアフリカ人たちは早々と労働にたいする熱意と、忍耐強さを証明した。大西洋横断の貿易は、じっさいには一五四〇年代から五〇年代に絶頂期を迎えた。一九世紀まで毎年、数千人の男女が最悪の条件でアフリカの内陸部から海岸に連行され、そこからアメリカ大陸に連行された。アメリカでのかれらの仕事は辛すぎたので、半年後の死亡率は一〇〇％に達した。

このような貿易がなりたつためには、いくらかのアフリカ人の「協同作業」が必要だった。支配者と沿岸社会の指導者たちは、たちまちこの取引を利用する方策に気がついた。かれらは手持ちの捕虜を売り払ったあと、習慣的に敵対者の土地と、ついで一般的には近隣の土地で略奪行為をおこなった。このあと、海岸地方に人の気配がなくなるにつれ、しだいに内陸部に遠征隊が派遣されるようになった。かれらは連行した奴隷と引きかえに、とくに火器のようなさまざまな産物を受けとった。火器をもっていれば敵対者の略奪行為から身をまもることができたし、襲撃の成功が保障されたのである。奴隷売買はたちまちのうちに、この大陸の大部分で主要な活動になった。いまになって三角貿易の広がりを、数字であらわすことはむずかしい。手もとにあるのは奴隷船の航海日誌や、貿易会社の帳簿や、受けいれ側の港の役所で確定された課税の税務報告や、公開市場での競売の報告書のような点在するデータと、もちろんヨーロッパ人とアフリカ人の数多くの証言である。一八〇七年にイギリス人が禁止し、一八四八年にフランス人が禁止したこの取引は、一九世紀のあいだ、もぐりで継続された。これをべつにしても最後のアフリカ人奴隷が船からおろされたのは、たぶん二〇世紀のはじめだっただろう。歴史家たちは総括的に、まったく異なる決算表を主張している。つまり九〇〇万人から二〇〇〇万人の男女が、アフリカからアメリカへはこばれただろうというのである。

しかしアフリカ側にとって、この決算書には、恐るべき数字があらわす以上に重苦しいものがあった。まずアメリカに渡ったアフリカ人の数に、数多くの必然的な「損失」を加算しなければならないだろう。ヨーロッパ人が求めたのは、若い健康な男女だけだった。ヨーロッパ人が出資した略奪行為のあいだ、奴隷商人はためらいもせずに村を焼き払い、あとにのこる老人や、子どもや、身体障害者を殺戮した。また奴隷として連行された人たちは、全員がアメリカにたどりついたわけではなかった。数多くの人が過労と病気で死亡するか、逃亡のくわだての途中で殺されるか、強制される試練を生きるよりは、自殺するほうを選んだからである。アメリカの海岸に到着したひとりのアフリカ人にたいして、二〜三人のアフリカ人が亡くなったと推定されている。だから、アフリカの人口統計上の損失は、四世紀で数千万人に達したのだろう。この四世紀は、植民の数が現在よりもずっと少ない時代だったのである。右の決算表にはまた、出産年齢にあった人たちの大量の離陸が引きおこした、出産の損失も計算にいれ

図21　アフリカの移住（15世紀～現代）

移住の原因	時期	民族	出発地	移動先	規模（人）
ヨーロッパ人の奴隷売買	15世紀	アフリカ人	アフリカ	ヨーロッパ（とくにリスボン）	数千
	15C末～20C初	〃	アフリカ	アメリカ	900万～2000万？
	17C～20C初	コイ（ホッテントット）	アフリカの北	アンゴラ、西アフリカ、マダガスカル島、コモロ諸島、東アフリカ、アジア（セイロン、インド、インドネシア、マレーシア）	2万近く
植民地時代の移住	17Cなかば	オランダ人、ドイツ人		ケープタウン地方	600
	1685～	フランスのユグノー		〃	200
	18C末	ボーア人	ケープタウン	北方、東方、フィッシュリバー	
	1835～41		南アフリカ	ナタール、オレンジ、トランスバール	6000
	17C～20C初	イギリスの植民地の所属民（インド人など）		南アフリカ	
	19C末	ヨーロッパ人		東アフリカ、南アフリカ（とくにケニア、ローデシア）	
	〃	インド人		南アフリカとイギリスの植民地（とくにケニアとウガンダ）	
	〃	レバノン人、シリア人		セネガルを中心とするフランスの植民地	
		アフリカ人、中国のクーリー		コンゴ・オーシャン鉄道工事	12万5000
両次大戦・植民地戦争（兵士・ポーターのかりだし）	1914～45	アフリカ人	アフリカ	ヨーロッパ、アジア	数万
現代の大移住　経済的障害	1980～非合法	アフリカ人	アフリカ農村部	大都市、外国（コートジボワール、ナイジェリア、南ア共和国、ヨーロッパ）	数万
現代の大移住　政治的紛争	1994	フツ族、ツチ族（大虐殺を逃れ亡命）	ルワンダ	ザイールとタンザニアの難民キャンプ	100万以上

なければならない。

アフリカ人奴隷の売買は、アフリカの発展に急ブレーキをかけるものだった。労働力の定期的な損失は、アフリカの発展にとって、手にはいるはずのものが著しく不足したことをあらわしていた。いくつかの例外をのぞいて、中央部にある地域をふくむすべての地方に被害が広がった。略奪で沿岸地方の人口が稀薄になるにつれ、奴隷商人はアフリカの中心部にはいりこんだ。さらにこの貿易は、アフリカの政治的・経済的機能を完全にくつがえした。政治面では大量の火器が導入されたため、沿岸の地方はたえまのない戦争と、持続的な暴力と、反復性をもつ不安定な段階に突入した。経済面では、健康な働き手の欠如が経済的凋落に結びつき、その一方で沿岸貿易の発達は内陸の貿易と、とくにサハラ砂漠横断の貿易を崩壊させた――中間の地方は、大西洋とインド洋の交易のほうを選んだのである。一八二八年に、トンブクトゥの神秘的な町にたどりついたフランスの探検家ルネ・カイエは、荒廃した小さな村落と、過去の栄光の痕跡しかみつけられなかった。アフリカは全体として、低開発性と政治的暴力の時代にはいっていた。

結局、アフリカはこの取引のすえに、アメリカとのあいだに、数多くのアフリカ人のディアスポラに結びつく、持続性をもつ深い関係を結んだのだった。大西洋の両岸にみられる共通の過去と、共通の苦悩と、とくに連続性をもつ文化的要素があることは、白人の支配にたいするアフリカ側の闘争が、つねにアメリカ側にもあったことを説明する。(4) 一八世紀末に解放された奴隷たちのなかには、アフリカにもどることを考えた人たちがいた。この動向は、シエラレオネの現在の首都であるフリータウン（文字どおり自由な町）が、一七九二年に創設されたときと、北アメリカのある慈善会社によってリベリア（自由を連想させる名称だった）の首都が、一八二一年に創設されたときに具体化した。つまり、解放された奴隷の何世代もが祖先の土地にもどったのだが、そこには想像もできない、むずかしい問題があったのである。つまり、土地にたいするかれらの無知さに、地方の住民の不安と、ときには敵意がくわわり、住民たちはかれらに土地の権利を認めなかった。くわえて多くの人は、その地方の直系の出身者でなく、かれらの顔には「移住者」の特徴がそなわっていた。「母なるアフリカへの回帰」というこの動向は、のちにアフリカ人自身と、とくにアフリカ系アメリカ人たちにより、マーカス・ガーヴィーや、パンアフリカニズム〔アフリカ諸国の政治的団結を目的とする運動〕の創設者のような人たちのバックアップを受けて再開され、組織された。しかし、それはつねに象徴的な域をでず、かかわる移住者の数は、わずかなものにとどまっている。

（4）　この連帯感は、とくにアフリカ系アメリカ人たち（その多くは今日、イスラム教に改宗している）とアフリカ人のあいだに根強い。

九　一九世紀のアフリカの再生

一九世紀前半のブラックアフリカは、とくに政治面と経済面で、はげしい再生を経験した。奴隷売買にたいする闘争は大手の商人たちを刺激し、新しい生産物を求める方向転換がおきた。それは「合法的な産品」（販売許可が必要だったので）のことであり、とくにヨーロッパで誕生した工業機械の生産に必要な搾油原料（落花生とパーム油）や、弾性ゴムや、ゴム（薬品工業用）などのことである。古い交易網にかえて新しい交易網が配置され、商人の移住はあらたな最盛期を迎えた。また、政治面では大きな国家が形成された。西アフリカでは、フラニ族の移住が一九世紀までつづいたが、一六世紀から、いくつかの王国と帝国が創設された。一九世紀になると、フラニ族の本物の革命がみられるようになった。[5] かれらはジハードを宣言し、とくにハジ・ウマル〔一七九七?～一八六四、トゥクロール族のイスラム改革の指導者〕のトゥクロール帝国と、ソコト（現在のナイジェリア）のカリフ〔イスラム世界の最高指導者の称号〕の領土を設立した。こうした運動をとり巻く情熱は、フラニ族の新しい集団を引きつけ、かれらは紛争にさいして援助にくるか、自立した空間に避難した。

（5）　トゥクロール族とは、セネガルの大部分に居住するフラニ族のことである。

一九世紀に創設されたもっとも有名な帝国は、シャカ〔一七八五頃～一八二八、南アフリカ東海岸のズールー王国の王〕の指導力のもとに、南アフリカに広大な領土を占めることになった。たびたび「アフリカのナポレオン」という異名で呼ばれるシャカは、アフリカ史のもっとも有名な人物のひとりである。一七八五年ごろに生まれたこのすぐれた戦士は、注目すべき戦略家としての資質によって、戦争の指導者ディンギスワヨの副官として頭角をあらわし、そのあとドラケンスバーグ地方（現在の南アフリカの東海岸に面した地方）で権力を握って、ズールー王国（文字どおり、空からくる人たちという意味）を創設した。戦闘と武器の選択で改革をなしとげたかれは、軍隊に異例の動機をあたえ、この地方を襲撃させて、近隣の土地を征服した。一八二八年に亡くなったとき、シャカはこの時代のアフリカで最大の帝国のひとつをあとにのこした。すぐれた叙事詩「ムフェカネ」（無秩序な移動という意味）は、シャカの軍隊に無敵という評判と同時に、暴力的という風評をあたえた。誕生したズールー国からの広大な移住をあらわす「ムフェカネ」という名まえを聞いただけで、スワジ族や、ソト族や、ガザ族や、ンデベレ族などのような地方の民族は混然とした仕方で退却した。なかでも北に向かったングニ族は、ザンビアを横切って、ニヤサ湖〔現在のマラウィ湖〕を西と東に別れて迂回したあげく、あまり利用できそうにない土地を発見した。かれらはさらに中央アフリカの大湖地方まで、出発地点から二〇〇〇キロ以上の道のりを歩きつづけた。道中で人間を「まき散らした」ングニ族は、現在、南北の軸にしたがって、広大な土地に分散している。

一〇　植民地の移住

南アフリカ

一九世紀の植民地時代の到来とともに、ヨーロッパ人のアフリカ定住がより大がかりになった。ヨーロッパ出身の入植者が定着したのは、南アフリカでは一七世紀というはやい時期からのことだった。ヨーロッパ人たちは温暖な気候――ヨーロッパの気候にくらべれば――の魅力と、致命的な熱帯性の病気がないこと（とくに眠り病とよばれる病気とマラリア）と、ケープタウンのとくべつな状況――インド航路の艦船の重要な通過地点――と、広大なスペースや多彩な天然資源を理由として、非常にはやくから南アフリカに移住地をつくりあげた。一七世紀なかばには、オランダ人とドイツ人を中心とする六〇〇人の入植者が、ケープタウン地方にきて定住した。ついでそこに、ナントの勅令の廃止（一六八五）後に逃亡したフランスの二〇〇人のユグノーがくわわった。さらにオランダ人とイギリス人が、一九世紀までつづいたこの動向の中心となった。

入植者が南アフリカに地歩を固めるにつれ、この地方にいた住民たち（コイまたはホッテントットと、サンまたはブッシュメン）は、植民地経済に統合されるか（多くのばあいに奴隷として）、後背地に撤退せざるをえなかった。オランダ出身の入植者であるボーア人（オランダ語で農民のこと）は、ブドウとコムギの栽培と、とくに遊牧で生活した。かれらは必要に迫られると同時に、冒険心と独立心から、家畜の群れを飼育する新しい土地を求めてケープタウンの行政機関からのがれ、北方と東方に向かって、一八世紀末にフィッシュリバーに到達した。そしてそこで、バントゥー語族の最後の移住者として一〇～一六世紀から住んでいたコーサ族と衝突した。そのあとにつづいた一連の紛争と闘争は一九世紀はじめまで長引き、南アフリカの白人とアフリカ人の長く尾を引く葛藤関係のはじまりとなった。

最初は漸進的で、ゆるやかだったボーア人の移住は、グレート・トレックをきっかけに加速された。一八三五年から四一年にかけて、六〇〇〇人の移住者（ケープ地方の住民の一〇分の一以上に相当する）が南アフリカをはなれ、ナタールや、オレンジや、トランスバールといった土地に入植し、そのあと独立した国家を組織した（早々と南アフリカ共和国に再統合された）。グレート・トレックは南アフリカ史で、最初の重要な位置を占める出来事だった。それはアフリカーナーの人権主義的な正史によって、壮大な勝利の叙事詩として紹介され（それはむしろ長くて耐えがたい集団移住だった）、長らくアパルトヘイト〔有色人種隔離政策〕の信奉者にとって、この地方の住民にたいする白人の勝利の基礎をきずく運動の象徴となった。地方の住民たちは、それ以後、南アフリカ共和国の周辺部に遠ざけられるか、二流の人間として統合された。

南アフリカはまた、一七世紀から二〇世紀のはじめにかけて、労働者の巨大な移住を経験した。初期の入植者として北へ逃げたコイ（ホッテントット）は、多くは遠い地方で習慣的に奴隷にされた。つまり、一七世紀にはアンゴラと西アフリカで、一八世紀にはマダガスカル島、コモロ諸島、東アフリカ、アジア（セイロン〔現在のスリランカ〕、インド、インドネシア、マレーシア）で、総数二万人近くが奴隷にされた。これらの男女は、おもに農業労働者と召使として使われたのである。このような動向は一八世紀末に失速し、一八三三年には、植民地の新しいイギリス人の行政機関による奴隷制度廃止とともに、最終的に中断した。それでも、そのほかのイギリスの植民地の所属民は、技術を必要とする仕事を求めて南アフリカへ移住しつづけた。アフリカ人はかれらにたいする人種的偏見のため、そのような仕事につけなかったのだった。たとえばインド人（インド人の若い弁護士ガンディー〔一八六九〜一九四八、インドの精神的指導者〕

は、もっとも有名な人物のひとりである）は、アパルトヘイトの人種的区分のなかで、とくべつな名称でよばれる独自の階層を早々と形成した（一九七四）。かれらはいくつかの私権と、さらには参政権ももつことになった。その権利は、実際には非常にささやかなものだったが、このおかげでかれらはアフリカ人と明白に区別され、そのため長いあいだ、白人の支配にたいする戦いを統一することができなかった。

アフリカの残りの部分

南アフリカの小島とポルトガル人の植民地をべつとして、一八七〇年ごろのアフリカでは、ヨーロッパ人の数はまだそれほど多くなかった。ベルリン会議（一八八四〜八五）のあと、アフリカは戦略的な賭け金となり、各国はこの「クロスカントリー競馬」に参加した。この大きな動向のあいだに、ヨーロッパ人たちはアフリカ大陸の全体を分配しあったのである。西アフリカの全域と中央アフリカでは、植民地の影響力はそんなに大きなものではなかった。何人かの行政官が、必要なときに、アフリカのほかの地方で徴集した兵士に助けられて植民地を管理し、満足している程度だった。たとえばセネガル人の兵士（実際には西アフリカの全域の出身者）は、コンゴの治安の維持を託され、この地に最終的に定着した。かれらの子孫は現在もなお、はっきり区別できるイスラム教徒の集団を形成しており、出身地の主要な風習上の特色を維持している。

それに反して東アフリカと南アフリカでは、より大勢のヨーロッパ人が定住し、とくにケニアとローデシアの健康的な気候を享受するようになった。この若い植民社会を形成したのは、主として安い土地を求めて同国人を再編成しようとやってきた貧乏貴族と、ひと財産あてようという希望をもってやってきた、いずれにしろ明るい過去をもつ冒険家たちだった。数年で有名になり、百万長者になったセシル・ローズの実例は、多くのライバルを輩出した。これらの植民地では、白人とアフリカ人のあいだに、たちまちひとつの溝ができ、アフリカ人たちは脱植民地化の時代に、権力の帰属について数多くの問題を提起した。アンゴラと、モザンビークと、南アフリカでは、それ以前の移住から、本来の意味でも比喩的な意味でも混血人が生まれたのにたいして、より近時の移住は混交を認めない人種隔離を強化した。

この植民地化はまた、二次的な移住を招き寄せた。南アフリカと、そのほかのイギリスの植民地（とくにケニアとウガンダ）にはインド人が移住し、セネガルを中心とするフランスの植民地には、レバノン人とシリア人が移住した。こうした人たちは、はじめは事務的な仕事と、とくに商業に従事した。西アフリカではかれらは、アフリカ人の小規模な生産者と、ヨーロッパの大型商社とのあいだの落花生取引の仲介者として役だった。そしてのちには、繊維の交易のようなもっとも収益率の高い商業活動に専門化し、受けいれ側の社会に深く組みこまれたが、ぜったいに溶けこむことはなかった。

植民地の黄金時代（一九一〇〜四〇）とともにはじまった大陸内部の大型の移住は、到底おわりそうな雰囲気がなかった。たしかに不透明な国境の設定は、民族から家族をわけへだて、自然発生的な移動をしだいに困難にした。しかしヨーロッパ人の到来は、まずパニックにかられた動きを引きおこし、村人のなかには徴兵や、植民地の税制や、強制的な文化を嫌うか、たんに外国人の支配をのがれるかして、山岳地帯や、湿地帯や、森林地帯にひそむものがでた。かれらはこうした場所を、しばらくのあいだ隠れ家として使い、そのあと、ヨーロッパ人の勢力拡張の網にふたたび捕捉された。もっとも壮大な移住は、二〇世紀はじめのナマ族とヘトロ族の移住であり、この南西アフリカ（現在のナミビア）の民族は、当時、ドイツ人の支配下におかれていた。行政機関は植民地支配にたいする大きな反乱のあと、住民の大部分をみな殺しにし、生きのこった人たちは近隣の植民地をめざす集団移動を開始した。

植民地の行政機関は、ヨーロッパの兵站《へいたん》業務にできるような大きなスケールの移動を引きおこしたが、それは公共施設の建設の大仕事に必要な労働力を供給するためだった。コンゴのブラザビルと、ポアント・ノアールを結ぶ予定だったコンゴ・オーシャン鉄道のばあいは、一二万五〇〇〇人未満の人間を必要とした。この地方の労働力では、明らかに不十分なことがわかったので、技術者たちは強制労働にたより、植民地の北のほうと、のちには工事現場から数千キロもはなれたウバンギ・シャリ（中央アフリカ共和国）とチャドまで、労働者を捜しにいった。このときは資材をはこぶために、中国のクーリーまでが招集された。

両次世界大戦の時代と植民地戦争の時代もきびしい時期で、アフリカ大陸からヨーロッパ戦線（第一次大戦）とアジアにまでかけて（第二次大戦とインドシナ戦争）、何万人という兵士とポーター（大砲と補給物資の移送に必要だった）が移動した。いくつかの例外をのぞいて（とくにセネガル人とベトナム人の婚姻）、こうした移住は一時的なものにとどまり、継続的な定住には結びつかなかった。しかしそれらは、教養を身につけたちょっとしたエリートのヨーロッパ移住とおなじく、文化的混交と、ほかの文化の発見に役だった。植民地で学業をおえたかれらは、奨学金を手にしてロンドン、パリ、ブリュッセル、リスボンの大学にいったのである。

二　現代のアフリカ人の大移住

自立した人たちの時代と、現代という時代は新しいタイプの移民を生みだした。まず、アフリカのいくつかの地方が経験した深刻な経済的障害のために、アフリカの大都市と外国に向けた農村部の大規模な集団移動が発生した。それは自然災害か、干ばつか、バッタの襲来かにみまわれたことによる経済的障害のことである。現在のアビジャン〔コートジボワールの首都〕には、コートジボワールの人口の三分の一が集結している。一九八〇年のコートジボワールや、現在のナイジェリアや、南アフリカ共和国のように成功した国々は、近隣の諸国から国境をこえてやってくる定期的な人口流出の目的地となった。何万人というアフリカ人は、雇用と、家族を養う糧と、たぶんよりよい生活条件をみつけようとして、ためらわずに長い距離を移住した。かれらは一九八〇年代まで、公的な方法を使ってヨーロッパへいったが、移住に関する法律が急変して強化され、合法的な入国者をきびしく制限するようになったあとは、非合法な方法でいくようになった。

つぎに、一般に世界と、とくにアフリカで、この数年、政治的紛争がかつてない広がりをみせ、本物の集団移動という伝統的な大型の移住を生みだした。それはエチオピア、スーダン、リベリア、モザンビーク、アンゴラ、ソマリアの戦争のおりにみられたとおりである。こうしたなかで、もっとも壮大で、もっとも恐るべき集団移動は、一九九四年にルワンダでおきた集団移住であり、このときは政府軍がフツ族と、とくにツチ族の敵対者の大がかりな大量虐殺をはじめたのがきっかけだった。当時、ルワンダの（七〇〇万人の全人口にたいして）一〇〇万人以上の人が、この大量虐殺と報復をのがれるために、亡命の道を選んだのである。現在、これらの家族は、ザイールとタンザニアの難民キャンプで、悲劇的な状態で暮らしており、ルワンダの旧体制の支援者たちが恐怖政治をつづけるかぎり、もとにもどることはできないだろう。

こうした恐ろしい出来事を目前にして、数多くの監視者たちは、数年まえから黒い大陸の未来について、はげしいペシミズム（有名な「アフロ・ペシミズム」）に陥っている。このようなものの見方は、地域的歴史を全アフリカに一般化しようとする根深い誤りにもとづいている――それは旧ユーゴスラヴィアの戦争を口にするとき、ヨーロッパ全体を戦火と流血の場として語る姿勢に少し似ている。しかしこの見方は、なによりアフリカにとっての切り札である基本的な活力を、おおい隠す役をはたす。数年まえから明らかになったのは、若いと同時に流動的な住民の活力によって、多くのばあいに合法的で、ときには非合法的な新しい交易網を開設できることである。その交易網のおかげで産品の流通だけでなく、文化的交流と知識の伝播が可能になっており、公的な統計がないのではっきりと算定することはできないが、それらは住民の無視できない部分の生活をなりたたせている。この「システムD」は、アフリカ内部と、さらには外部の定期的な移動を特徴とする。このすばらしいシステムをつうじて、この大陸はある過去や、数世紀来のある伝統としだいに和解しはじめている。それはかつてのアフリカに、政治的・伝統的栄光をあたえた過去と伝統のことである。こうした現状への驚くべき適応能力と、過去にチャンスをとらえることのできた適切な精神によって、現在、世界でも貴重な流動性と変化を特徴とする切り札がつくりあげられている。

［ソフィー・ル・カレネック］

第7章 スペイン領土内の移住

✣イベリア半島を変えたのは、前三世紀にきたローマ人と、六世紀にきたゲルマン民族の西ゴート族だった。それ以後のこの領土は、八世紀のイスラムの侵略と、一〇世紀からはじまったレコンキスタによって、たえず人口構成がゆらぐことになり、ユダヤ人とムーア人が社会的変動の最大の要因になった。近代以後は貧困が原因となって、フランスとマグレブをめぐる人口流出がくりかえされた。

イベリア半島は地理学者から「ヨーロッパの突起」といわれている。この半島を一見すると、大陸との位置関係から考えて、何世紀ものあいだ、そんなに大勢の人間の移動はみられなかっただろうと思えるかもしれない。ジョアン・デスコラが『スペイン史』の冒頭で引用したアルタミラの歴史家の表現によれば、イベリア半島は山と海で隔離された「完全な半島」にたとえられさえした。そしてデスコラは「スペインは島にされるところだったが、大陸にとどまっている」とつけくわえている。しかし、スペインはまさに北方と南方を山脈で封鎖された閉じこめられた大陸だった。デスコラが思いださせてくれるのは、スパニアという名称の起源が、たぶん隠れ家を意味するだろうということである。さらに、これは古代人がフィニステレ［現在はスペイン北西部の岬の名称］といったように、世界の端にある範囲を定めにくい土地だった。

しかし、この隠れ家はたびたび外部からの訪問を受けてきた。ヨーロッパのこの巨大な突出部は、地中海では比較的低い緯度に位置している。表面積は五八万一〇〇〇平方キロメートルだから、人口移動のためのスペースは十分にある。マラガ海岸とサンタンデル海岸のあいだの距離は七五〇キロメートルもあり、経度の展開は四〇度線ぞいに八〇〇キロメートルもあるから、かなりなものである。四一一八キロメートルの海岸線をもつ沿岸部は、地中海側と大西洋側にのびており、つまり、すべての面が外に向けて開かれている。くわえて自然な見方をすれば、イベリア半島はそれほどヨーロッパ一辺倒ではないし、わずか一四キロメートルの海峡でへだてられているアフリカに統合されることもできない。つまりイベリア半島は、ふたつの大陸とふたつの海にはさまれた境界上の土地だということができる。カルペ山〔ジブラルタルの岩の古代名〕からアビラ山〔現在のセウタ岬〕を切りはなしたヘラクレスが、そのあとに彫ったと伝えられる「これ以上向こうはない」という碑文は、すでにこの英雄の意図と矛盾していた。伝説によれば、かれはこの偉業によって大陸を切りはなし、ふたつの海〔大西洋と地中海〕を結びつけようとしたからである。じっさいにはこの半島は、どちらの大陸とも交流を中断したことがなく、旧石器時代から現在まで人々の恒常的な通り道だったことが知られている。この半島の入植のはじまりとなった非常に古い時代をべつとして、すべての移住か、ほぼすべての移住が、血なまぐさい事件の圧力のもとに荒々しくおこなわれた。ローマ人による植民地化と、西ゴート族による侵略と、ユダヤ人やムーア人〔イベリア半島を征服したイスラム教徒の呼称。本来はアフリカのベルベル人のこと〕の追放と、市民戦争後の貧困からの逃亡から、現在の「船頭」〔イカダを使ってスペインに密入国しようとするマグレブ人〕の劇的な移民にいたるまで、死と惨劇をのがれることのできた移動はほとんどみあたらない。それでもわれわれは、より穏やかないくつかの実例に気づくことができる。

イベリア半島の先住民を、アフリカのアトラス山脈をこえて、前三〇〇〇年ごろにやってきたとみられる初期の住民だったイベリア人と、よりのちの前一〇〇〇年ごろにピレネー地峡をとおってきた、インド－ヨーロッパ語系のケルト人にかぎることはできない。じっさいにこの半島の住民たちは、すでに新石器時代から民族的な変化にとんでいた。それでも支配的な人種的混交はケルト－イベリア人〔前五世紀頃からスペイン北部に居住した諸部族〕であり、その人種的特徴は、メセタ〔スペインの約半分を占める高原台地〕という高原のスペイン人の特徴となっている。

一　古代文明期

古代文明という期間に相当する初期の接触は、おもに未来のスペインの東海岸で発生した。情報源の現状からは、先住民たちが受けたかもしれない実際上の影響を知ることはできない。しかし、多くの歴史家は一致して、この影響がとくにギリシア人にかかわる面では想像以上に大きかったと考える。半島の沿岸部と接触した最初の人たちはフェニキア人だった。かれらは現在のイギリスの南西部にあるソーリング諸島までさかのぼり、独占権を握っていた交易品の錫を仕いれるルートの確保を求めていた。つまりかれらは、ジブラルタル海峡を求めていたのである。必要だったのは航海技術上の寄港地と同時に、交易上の寄港地だった。未来のカディスになるガディルのフェニキア人が、海峡の反対側に基地をきずいたことは、すでに前一一世紀ごろからタイラス〔レバノン南部の地中海岸の町でフェニキアの海港都市〕と、アンダルシアのタルテスス〔スペイン南西岸にあった古王国〕のあいだの商業貿易が重要だったことを証明する。「タルシスはその顧客であり、その富の豊かさを利用していた。タルシスは商品と引きかえに、銀、鉄、錫、鉛を受けとってきた」（エゼキエル書27・12）。したがって、こうした接触は重要だったが、だからといって本来の意味での移住がおこなわれたわけではなかった。イビサ島〔バレアレス諸島のひとつ〕と、カルタヘナと、マラガの創設者となったカルタゴ人たちについても、おなじことがいえるだろう。そのあと、シエラ・モレナ山脈の銀と鉛や、ウエルバ地方〔カディス湾に面した都市〕の銅のような鉱山の開発も広がった。

フェニキア人の通路とほぼ一致していたギリシア人の通路は、情報源の現状から、あまりくわしく説明できないが、前六世紀ごろから、フェニキア人より深い痕跡をのこしたように思われる。カルキディア〔ギリシア北東部の半島〕とロドス島からきたギリシア人は、とくに沿岸地方の植民地化を発展させた。この植民地化の目的は、おもに対外貿易だったが、ブドウの木とオリーブの木を導入したのはかれらだったし、ポルトガルの北部まで、かれらの存在の痕跡が発見される。スペインの鉱山活動は新しいレベルに達し、この国の地中海の海外支店は、南イタリアや、シチリア島や、アフリカに向けた輸出の拠点となった。

すべてが変わったのは、前三世紀にローマ人が登場したときのことだった。しかしローマ人の移住については、なにかまとまったことを話せるわけではない。歴史的記録は、イタリアからスペインにきた集団移動のことをしるしていないが、多くの詳細な記録が示すのは、当時のこの世界が数多くの「小さな」移住を経験したことである。そしてわれわれは、どちらかといえば平穏なこの交易の世界をはなれて、戦争と支配の周期にさしかかるし、さらに鉱石は、少なくともこの周期のきっかけになるだろう。カルタゴの将軍ハスドルバル［?～前二二一］は、エブロ川までのスペインを征服し、そのおかげで、当時知られていたもっとも豊かな銀鉱を手にいれた。そのために動揺したローマは、エブロ川をカルタゴの所有地の境界とする条約を締結した。ハスドルバルが暗殺されたあと事態を掌握したハンニバル［前二四七～前一八三、カルタゴの将軍］は、一〇万人の歩兵と、一万二〇〇〇人の騎兵と、一〇〇頭のゾウからなる軍隊を使ってローマを攻撃しようと決断した。そのとき、アフリカ人、スペイン人、イタリア人、ガリア人、ギリシア人、フェニキア人という六つの異なる民族が、その軍隊を構成した。それはすでに「国際的」と呼ぶことのできる戦争を利用して、西欧民族がどれほど盛んに移住したかを示している。

イタリアをはなれてスペインに定住したローマ人のじっさいの規模が、どの程度のものだったかを示す資料は欠如している。スペインのローマ人は植民地化を理由として先住民を統制し、かつ管理するための一種の行政的・軍事的指導スタッフを形成したにすぎないように思われる。一～二世紀のあいだに、約六〇〇〇万人と推定されるローマ帝国時代の住民が、南の沿岸地方により多く住みついていたと思われる。つまり、当時の人口は同時代のイタリアと、ほぼおなじ密度をもっていたのだろう。

以上の出来事の人間的・経済的・文化的影響には、はかり知れないものがあった。それはラテン語の寄与と、紀元一世紀以後に絶頂期を迎えた鉱山開発（金、銀、鉛、鉄、銅、水銀、岩塩など）と、コムギとオリーブのプランテーション地帯の組織化と、連絡網や大きな都市の建設と、市民生活を規定する法律や法則の導入などのことだった。当時のスペインは初期の都市段階を迎えていたが、主要都市の人口も大きな数には達しなかった。たとえばメリダ（エメリダ）は五万人で、タラゴナ（タラコ）は三万人だった。この時代にはまた、ローマ人の住むイスパニアをアフリカのように暑すぎず、ガリアのように寒すぎないうえに、あらゆる種類の産物に満ちた一種の天国のように思う人たちがいた。

ローマ人が支配権を確立した五〇〇年間のスペインは、すでに数多くの民族を受けいれるか、訪問を受けるかしていたが、それはもっぱら交易にもとづく人的な交流だった。この侵入者が征服者か侵略者（カルタゴとローマ）になったときから、スペイン人はなんども独立反応と拒否反応を示し、そうした反応は歴史上なんどもくり返された。当時［前二一九］、ローマと同盟を結んで、カルタゴ人に包囲されたサグントゥム［バレンシア市に近い古代都市］の住民の抵抗のはげしさは、ふしぎにスキピオ［前一八五〜前一二九、ローマの将軍］に攻囲されたヌマンシア［カスティーリャ東部のソリア市の近郊］の抵抗のはげしさによく似ていた。ヌマンシアの住民たちは女性と子どももふくむ全員が、降伏よりも焼身自殺のほうを選んだのである。そして、この都市が陥落したのは、攻囲戦から二〇年後の一三三年のことだった。スキピオ・アエミリアヌスは、この都市に攻め勝つために六万人を結集したが、うち一万人がローマ人だった。この軍隊の巨大なスケールが考えさせるのは、厳密な意味の移住がおきなかったとしても、接触と混交は避けられなかったにちがいないということである。しかしそれは、暴力的行為のなかでしかおきなかったのかもしれない。

二　西ゴート族

ローマ帝国の衰退とともに、スペインが西ゴート族を「受けいれた」のは、アフリカを駆け足でとおったヴァンダル族の到来と、ついで、あまり痕跡をのこさなかったスエーヴィー人の到来を経験したあとの四一四年のことだった。西ゴート族はたぶん、当時のすべての未開民族のなかで、もっとも粗野でなかった民族だっただろう。二世紀からドナウ川ぞいにローマ人と持続的に接触して暮らしてきたかれらは、ラテン語を知っていたのである。そのうえかれらは、アルファベットを使う言語ももっていた。フン族に追われた西ゴート族が、ドナウ川を渡ったのは三七六年のことだった。かれらはそのとき、前方への本物の逃走を経験した。かれらはフランスのトゥールーズの周辺に王国をつくろうと試みたときまで定住地をもたなかったが、五〇七年にはクローヴィスのフランク族に征服された。さらに、タリファ［スペイン南部の岬］までのイベリア半島の全土を横断したあと、最終的にスペインに落ちついた。

歴史家たちはこの移住が重要であることに、あまり同意しない。移住人口についても、七万人から二〇万人と意見が異なるが、いずれにしても西ゴート族は、そんなに多数派ではなかった。スペイン系のローマ人は全体として、かれらをさほどの苦痛もなく受けいれたが、厚遇という制度によって領地の三分の二をこの居住者たちに渡さなければならなかった。そして、全体として階層化した容赦のない奴隷制支持の社会の創設に耐えなければならなかった。それは民衆——農民と奴隷——と女性にとって、じつに暗い期間だった。さらに西ゴート族の存在は、か

図22　古代のイベリア半島への移住

民　族	時　期	定　住　地	規　模（人）
ローマ人	1〜2Ｃ	南の沿岸地方	約600万
西ゴート族	6Ｃ	スペイン	7万〜20万？
アラブ人	9〜10Ｃ	アンダルシア地方	約3万

れらがアリウス派だったので宗教紛争に結びついた。そして平和が回復されたのは、五八六年ごろのレカレド一世〔?〜六〇一、スペインの西ゴート族の王〕のカトリックへの改宗のときにすぎなかった。しかも、この改宗までの王位継承は、ほぼすべて殺人と流血のなかでおこなわれたのである。西ゴート族の侵略は、こうした残虐な時代になにを引きおこしたのだろうか。まず、ゴート族の君主たちは領土の統一のおかげで、イベリア半島全体の王であることを宣言することができた。ついで法律面では、裁きの法という名称でのこるもっとも有名な唯一の法典が成立し、それはローマの法体系とゲルマンや先住民の法的要素の独自のくみあわせだった。最後に道徳的衰退の蔓延のなかで、四〇年にわたってセビーリャの司教をつとめた高位聖職者、イシドルス〔五六〇（七〇）〜六三六、スペインの聖職者〕という大人物が目につくことである。かれは現在も読める『西ゴート史』の序文で、つぎのように書いている。「おお、スペインよ！　おまえは西欧からインドまで広がるあらゆる土地のなかで、もっとも美しい。祝福された幸運の土地で……東洋と西洋はおまえから光を受けている」。イシドルスの心のなかには、領土としてのスペインが、しっかりと基礎をきずいていたのである。七世紀はじめのトレドの公会議〔六三三年にイシドルスが活躍した第四回の公会議〕が示したのは、教会と国家がどの点で重なりあうかということだった。そのあと古代の侵略者たちが、しだいに教会と貴族に支配されるようになるにつれ、避けることのできない流れがつづいた。しかし西ゴート族の移住のおかげで、少なくとも八世紀はじめのイスラム教徒の侵入の一世紀後に、アストゥリアス〔スペイン北西部〕の王たちは古代のゴート族とモザラブ（イスラム教徒の支配をのがれたキリスト教徒）の影響力からのがれて、遺産の真価を発揮することができた。

三　アラブ人

この西ゴート族の君主政体も内部闘争のために疲弊し、さらには、つねに流血をともなう相続問題をめぐる対立の影響を受けて、八世紀はじめに崩壊することになる。まずロドリーゴ王〔?～七一一頃、スペインの西ゴート族最後の王〕が、ウィティサを廃位させた君主の息子アクヒラから権力を奪取したのは、七一一年のことだった。このときアクヒラは、マグレブのベルベル人に権力を回復するための助力を要請した。ここにはその数世紀まえに、カルタゴ人の「援助」を要請したフェニキア人とおなじシナリオがある。それはグアダルキビル地方にあったタルテソス〔前一〇～前六世紀頃にイベリア南部に栄えた古王国〕の住民たちの攻撃に打ち勝つための要請だった。しかし、ひとつの移民は、もうひとつべつの移民を誘発する……西ゴート族（最終的に一五～二〇万人が同化された）の活動は、人口統計上では、あまり重要性をもたなかったとしても、それ以後の移民がまったくべつの意味で重要なのは、移住の参加者が少数勢力であっても、その地方の社会と文化を大きく変える原因となったからである。

セウタ岬に避難したゴート族の後継者アクヒラの支持者たちが、アラブ人の介入を要請したのは、強奪者ロドリーゴを倒すためだった。その最初の小手調べの試みは成功した。アンダルシアの小さな港――未来のタリファー――に投錨したターリク・イブン・ズィヤード〔八世紀のアラビアの武将〕は、略奪品を積んで帰国した。そしてそのとき、最終的な遠征が決断された。ベルベル人の隊長ターリクの指揮下の七〇〇〇人と、ついで五〇〇〇人がジブラルタル海峡を渡り、トレドまで北上した。こうして、イスラム教徒の「侵略」がはじまったのである。バルトロメ・ベナサールによれば、おなじアラブの歴史家たちは一致して、スペインにあってのアラブ人の貢献には数値的な意味がないことを指摘するという。「スペイン人」か「イスパニア人」が、この出来事にごくわずかしかかかわらなかったことを考えれば、じっさいには侵略されたということはできないだろう。右の現象を例証するいくつかの数字がある。つまり、アンダルシアに侵入したアラブ人は約三万人だけであり、コルドバのカリフだったアブドゥル・ラフマン三世〔八九一〜九六一〕のもとでは、九二八年にキリスト教徒がまだアンダルシア地方の人口の四分の三を占めていたと推定される。少人数の移住からはじまったコルドバという都市は、二世紀間に達成された壮麗さの証明だった。このカリフの時代には、三〇〇のモスクと、当時としては巨大な一〇〇万人近い人口を数えることができた。これは数多くの「小規模」な移民が反映した成果だった。なぜなら、この都市にいたのは、アラブ人と、ベルベル人と、改宗したキリスト教徒と、アラブ人の手でスーダンから導入されたアフリカ人奴隷と、ヨーロッパからきた白人奴隷たちだったからである。当時のコルドバは世界最大の国際都市だった。

　以上の状況が複雑化したのは、一〇世紀からはじまったレコンキスタのせいだった。なぜならキリスト教徒が領土を奪回するにつれ、人口増加のために必要な、強制されたか強制されない「小規模」の新しい移住が確認されるからであり、そうした移住はキリスト教徒の王たちの悩みのたねになった。八世紀のはじめから王自身が人口増加の問題を指図し、バスク人とカンタブリア〔スペイン北部の地区〕人を、カスティーリャのドゥエロ川のほうに送りだすことになった。兵士や「再入植者」をふくむ数千人の人々が、レコンキスタとともに前進した。つまり、この長い過程で並行して目撃されるのは、かならずしも成功したとはかぎらない北部から南部にかけての国内移住である。おなじ問題が、ムーア人の追放のおりにふたたび発生するだろう。実際にレコンキスタの進展が前提としたのは、一連のすべての移動であり、それはイスラム教徒の住民を追い払った町と村の再入植と同時に、キリスト教徒の前進を示す大規模な戦闘に参加させるための移動だった。たとえばカスティーリャのアルフォンソ八世は、アルモアデ朝

〔一二四七～一二六九、イスラム・スペイン王朝のひとつ〕にたいする決定的な勝利のしるしとなり、キリスト教徒にアンダルシアを解放した一二一二年のラス・ナバス・デ・トロサの大戦闘のおりに、巨大な軍隊を結集できたが、それはイスラム教徒と戦う人たちに免償をあたえた教皇庁のおかげだった。フランス人は集団でやってきたし、多くの人たちがスペインに残留した。おなじく一二四八年のセビーリャの最終的な征服のときは、残留した兵士だけでは全域に再入植できなかったので、当時の王権は二万四〇〇〇人の北部にいた入植者と、ジェノヴァ人と、フランク族と、ユダヤ人を招集した。そしてユダヤ人が、この町に住みつくことをとくに好んだ。のこる問題は、とりわけ大勢のイスラム教徒がいた東部のような田舎に入植者を誘致することだった。アラゴンのジャック一世がバレンシアまで征服を推進したとき、人口のバランスをとりもどすには七万人の入植者が不足した。べつのケースでは、領地の明け渡しのたびに呼び寄せられた大勢の外国人が、最終的にその土地に定住することになった。たとえばイビサ島には、ルシヨン〔フランス南部の地方名〕や、アンプルダン〔カタルニア地方の地名〕や、プロヴァンスや、北アメリカからきた人たちが植民したし、アルヘシラス〔スペイン南部の湾岸都市〕の降伏では、全ヨーロッパからきた戦士たちがこの地にとどまった。

四　レコンキスタの結末

周知のようにレコンキスタは、一四九二年のカトリックの王たちのグラナダ王国の占領によって終結した。一方の栄光の日は、他方にとって宿命的な日となった。この事件はまた、ユダヤ人とムーア人というふたつの大きな人間集団にかかわりをもった。全体的なきびしい追放を受けたふたつの民族のドラマは、この日づけに歴史的重要性より、はるかに精神的悲劇に起因する重要性をあたえた。スペインのユダヤ人のディアスポラを論じた共同執筆の

図23　レコンキスタがひきおこした移動の例

	民　族	時　期	移　動　先	規　模
再入植と軍隊結成	バスク人とカンタブリア人	8Ｃはじめ	カスティーリャのドゥエロ川の方面	数千
	フランス人など	1212年	カスティーリャ	巨大な軍隊を結集
	北部にいた入植者	1248年	セビーリャ	24,000
	ジェノヴァ人、フランク族、ユダヤ人	〃	〃	?
	ルシヨン、アンプルダン、プロヴァンス、北アメリカからきた人たち	13Ｃ	イビサ島	?
	全ヨーロッパからきた戦士たち	〃	アルヘシラス	?

著作で、エドガール・モラン〔一九二一〜、フランスの社会学者〕がつぎのように観測したのはもっともだったのである。「一四九二年は絶対的なはじまりでなく、象徴的な年である。この年は、それ以前からはじまっていた過程を促進し、根源的な意味をあたえた」

最初にユダヤ人のばあいを検討してみよう。あえていえば、メトセラ〔九六九年生きたといわれるイスラエル人の族長〕にさかのぼるスペインのユダヤ人の存在のことである。ヘブライ人の初期の植民地は、すでにのべたフェニキア人の遠征を利用して配置された。歴史家のなかにはかれらの到着が、前六〇〇年ごろのネブカドネザルの時代にまでさかのぼるという人たちがいる。かれらはスペインでただちに適応能力と生命力を証明し、そのせいで当時の社会を推進する要素のひとつとなった。ユダヤ人の移住の新しい波が出現したのは、エルサレムの崩壊ののちのことだった。北アフリカに定着したかれらは、ヴァンダル族を引きつれてスペインにたどりつき、新しい領地に住みついたが、そのあと、この領地は西ゴート族に占領された。当時、西ゴート族の支配するスペインにいた三つの人種のうち、西ゴート族とスペイン系ローマ人は融合の実現に成功したが、距離をおく状態を保ったヘブライ人は、以後も改宗を拒絶しつづけた。本章ですでにこの時代に触れたおりに、ユダヤ人問題を除外したのは、当時おきたこの問題が、奇妙なことに一四九二年に展開されたシナリオに似ていたからであり（それはエドガール・モランの正しさを確証する）、ふたつの状況を比較してみると興味深い。西ゴート族の最後の王たちが、本物のユダヤ人排斥という強迫観念にとりつかれたのは、レカレド一世がキリスト教に改宗したあとのことだった。この強迫観念は、主としてユダヤ人が信仰にたいする忠実さに固執したという単純な理由から、国内の「異物」になったことに起因する。つまりかれらは、あれほどゴート族の王たちが関心をもった、王国の統一という意志にたいする障害物となるほど勢力があったのである。かれらを改宗させることで同化できなければ、排除するしかなかったのだ。だから、ユダヤ人にたいして公布されたのち、トレドの公会議で奨励された法令は、野蛮といって悪ければ残酷だった。とくに六八一年の第一二回公会議は、エルヴィジュ王の提案にもとづいてユダヤ人の排斥を宣言した。それは悪名高い二八条の反ユダヤ人法となり、そのおもなものは以下のとおりだった。つまり、百たたきの罰を受けたくなければ一年以内に義務的に棄教すること、割礼を禁止すること、頭を丸刈りにすること、一〇歳以上のユダヤ人とユダヤ教徒は違反にたいして財産の没収と笞打ちの罰を課されること、などだった。国王は司教にこれらの法の適用の責任を一任した。またバルトロメ・ベナサールは『スペイン史』のなかで、それぞれの司教が「ユダヤ人の裏切り」に買収されたばあい、べつの司教の監視を受けることになったとしるしている。ここには明白に、一四九二年に引きつがれる図式がみえないだろうか。それは政治的権力と教会の高い階層との緊密な結びつきや、一時的権力と精神的権力の錯綜した結託関係や、改宗を望まない人たちにたいする絶対的な不寛容さのことである。改宗しなかった人たちは人類の敵と強情なうそつきに変わり、大うそつきは悪魔だという理由から悪魔のような人たちになった。当時のユダヤ人はロドリーゴ王が権力を奪取した七一一年に、ことばのすべての意味でイスラム教徒に広く門戸を開いていたと理解される。

つねにいわれるのは、当時のスペインのユダヤ人が、黄金時代を経験したことである。アラブのある歴史家は「バグダッドが嘆くのは、皇帝の年代記が奪いとられ、ユダヤ人の乗りものの翼に乗ってコルドバへはこばれたことである」と書いている。ほぼ五世紀間つづいたこの期間には、つねに信仰に忠実で文化と言語に執着するが、キリスト教とイスラム教というふたつの宗教の寄与によって豊かになった、特定のユダヤ人たちが誕生した。それは「スペイン在住のユダヤ人」を生みだすだろう。それは「文化的・祭祀的領域で、スペインのユダヤ人の遺産を主張する人たち」のことである。

追放以前と、とくに一三九一年の大難局［カトリック教会がユダヤ人の虐殺と強制的改宗に着手した］以前のユダヤ人の状況は、どのようなものだったのだろうか。かれらは農業の領域をべつにして、社会のすべての分野で多様な活動力をもっていた。ユダヤ人たちは職人や、小売店主や、毛皮商や、洋服屋や、宝石商をつとめることができた。なかには熟練した皮革製造業を仕事として、手袋や革表紙をつくるものたちもいたし、規模の小さな集落で土地の所有者になるユダヤ人たちもいた。そしてその土地は、たいていブドウ畑だった。その一方で、権力に接近した有力なユダヤ人の強力な家系もあった。つまり、ユダヤ人は全体として繁栄した共同体を形成したが、この共同体はたびたび、かれらを人殺しをかねた金持ちとみる弱小民族の憎悪の対象になった。かれらはキリストを殺したというのである。さらにユダヤ人は、たいてい領主の収入を管理したので、収税吏の役割もつとめていた（塩税、港湾税、入市税）。かれらはとくに経済と健康に欠くことができないが、教会が禁ずるふたつの職業活動にたずさわることを認められていた。つまり金貸しと、教会が禁じた解剖を実行する医師のことである。ユダヤ人にたいする非常に激しい民衆運動が爆発したのは、一三九一年のことだった。セビーリャのユダヤ人街や、それ以外のアンダルシアの土地や、バレンシアとマジョルカ島などで略奪行為が発生した。それは残忍な強奪だったが、はじめてのことではなく、一三世紀から一四世紀にかけて、それほど深刻でない数多くの略奪行為がおきた。これはどうしてだったのだろうか。歴史家カロ・バロハは、その理由を以下のように説明する。「スペインでは、年老いた見苦しいキリスト教徒か庶民のキリスト教徒は、貴族にくらべて、じつにしがない地位をあたえられた人間だった。かれらはほとんど発言もできず、数知れぬ屈辱と侮蔑に耐えなければならなかった。だから、かれらに必要だったのは、自分たちを息苦しくする怒りを向けるべつの種類の人間をみつけることであり、ユダヤ人はかれらの恨みをはらすための絶好の投影物として役だった」。いずれにしても、真実か偽りの数多くの改宗がみられるのに手間どらなかった。ユダヤ人の改宗の時代がはじまるのは、そのころのことである。大都市を離脱するユダヤ人の傾向は、トレドと、とくにバレンシアのようなスペインの大きなユダヤ人居住区の部分的な消滅を意味していた。一四九二年までは、まだ大勢の改宗者が行政機関や政府の高い地位を占めていたが、共同体は全体として、大量虐殺のために疲弊した状態をつづけていた。たとえば一四九二年のカスティーリャ王国には、三万所帯のユダヤ人がのこっていただけであり、これは人口のわずか一～一・五％に相当した。ルイ・ラカーヴは、すでに引用したスペインのユダヤ人のディアスポラに関する共同執筆の著作で、つぎのように指摘した。つまり、小さな町のユダヤ人は人口の一〇～一五％に相当し、一五〇〇～二〇〇〇人程度の小さな集落では、多くて二〇〇人前後だったというのである。

改宗者は心から改宗してユダヤ人の強固な敵になるか、ご都合主義の改宗だけでお茶をにごして、ひそかにユダヤ教の律法にしたがうかという問題に直面した。このとき、すべてを複雑にしたのは、われわれに理解できない理由から、カトリックの王たちがスペインに異端審問所を設置したことだった。しかし、このためにこみいった状況が出現したことが知られている。なぜなら、受洗者だけを支配する異端審問所が、異端や冒瀆的な表現などに関する権限までもったからである。ユダヤ人は洗礼を受けざるをえないようになった。そして受けた人たちは、その直後から改宗の真偽を疑われ、神聖裁判のために執拗に悩まされた。しかし、改宗を拒否すれば反逆者とみなされ、反逆者として追跡された。くわえて改宗者は数多くの領地で、キリスト教徒の社会の危険な敵対者になった。そこで「血の純潔」という観念が発達し、ユダヤ人と改宗者は行政的・社会的職務につくのを妨げられた。

五～七世紀の西ゴート族の時代に、八〇〇〇～二万人だったスペインのユダヤ人は、その後、大きく繁栄したが、一四九二年に約三〇万人に減少したと推定されており、とくにカスティーリャでは一五万人に、アラゴンでは五万人に、ナヴァラでは一〇〇〇人になったと考えられている。一四八二年にスペインで異端審問所が開設されたことを考えれば、人々がこの国の利益を長期的に考えるかどうかを判断するのに、わずか一〇年しかかからなかったのだろう。スペインからユダヤ人を追いだすことは、散発的な拒否現象の対象になりながら同化した、活動的で知的な階級の全体を見捨てることを意味していた。カロ・バロハによれば、そのおもな理由は、ユダヤ人がほかの民族に信仰を伝えるのではないかという恐れだったようであり、ユダヤ教化という問題は強迫観念になったのである。しかし、この追放のほんとうの動機は、いまだに疑わしい状態をでていない。その数世紀まえにおきたこととちがって、かれらは洗礼か笞かでなく、洗礼か亡命かという選択を強制されたのだった。バルトロメ・ベナサールによれば、全体として最大限で一五万人のユダヤ人が、ポルトガル、モロッコ、北アフリカ、オランダ、フランス、イギリスへ移住したという。カロ・バロハはそれをこえる、三〇万人か四〇万人という数字を主張する。このばあい、家屋ごとの追放者数が計算されており、それぞれの家屋が平均して五人の人間を収容したと推定されている。だから、この数字は近似値にすぎないが、「われわれの見地からすれば、一四九二年はスペインのユダヤ教からみれば悲惨だが、単純なエピソードだとみなさなければならない」。この意味で、これはエドガール・モランに一致するスペインの歴史家の考え方である。ユダヤ人の敵視は、すでに一〇世紀からはじまっていたのである。一四九二年三月三一日に発令された追放令は、三か月のちにしか実行されなかった。ユダヤ人たちは涙と不安のなかで出発し、大きな役割を演じたラビ［ユダヤ教の律法学者や教師］は、乗船地の港まで聖歌を歌わせ、タンバリンを演奏させた。

図24　スペインの外国人追放

民族	年	定住地	移動先	規模（人）
スペインのユダヤ人	1391～	大都市（トレド、バレンシアなど）	ポルトガル、モロッコ、北アフリカ、オランダ、フランス、イギリス	15万？
スペインのムーア人	1492	スペイン	逮捕あるいは殺害	10万
			北アフリカ	20万
	1568～71	〃	死亡・逃亡	約6万
	1609	バレンシア、アラゴン、カタルニア、ムルシア、エクストレマドゥーラ、カスティーリャ、アンダルシア	姿を消した？（あるものは北アメリカに亡命）	27万3000～27万5000

五　ムーア人問題

ムーア人問題はより複雑だが、ユダヤ人問題と多くの類似した性格を示すだろう。それは強制された移住や、解決できない人口問題や、今日では理解できない洗礼か亡命かという問題と、その拒否のことである。それでもイスラム教徒は、ことばのユダヤ人的な意味でディアスポラをいちども経験したことがなかったので、この相違点は小さくない。ムーア人追放のドラマは、以下のような理由に起因する。すなわち、かれらが八世紀はじめからスペインにいたこと、この地で重要な農業の仕事を確保していたこと、自分たちの風習と文化を維持していたこと、そして多くの点で、かれらに近いキリスト教徒やユダヤ教徒に結びついていたことである。グラナダの奪還のあとに紛争がおきたときでさえ、多くのムーア人は亡命生活に耐えることができず、非合法に帰国しようと試みた。カトリックの王たちが占領した一四九二年に、五〇万人の住民がいたグラナダ王国で、一〇万人のムーア人が逮捕されるか殺されるかし、二〇万人が北アフリカに出発したと推定されている。

ムーア人とは、じっさいにはどんな人たちだったのだろうか。キリスト教徒のくびきのもとで、ムデハルと呼ばれて生きていたイスラム教徒が、洗礼を受けたときから「ムーア人」と呼ばれるようになった。カトリックの王イザベル一世〔一四五一～一五〇四、カスティーリャの女王］が、カスティーリャのムーア人にこの選択を迫ったのは、一五〇二年のことだった。夫のフェルナンド王［一四五二〜一五一六］が一五〇六年まで待ってアラゴンからかれらを追放したのは、ムーア人がいなくなると、かれらが専門職をつとめていた灌漑の面で非常に深刻な問題がおきたからである。かれらの大部分は改宗を選んだが、このことはカスティーリャに大勢のムーア人がいたことを説明する。しかし一六世紀をつうじて、この問題は異常な複雑さをみせることになった。すべての過程が最初から、ムーア人に信仰と習慣の自由を約束したグラナダ協定の違反だった。この約束が無効になるには、一〇年もあれば十分だった。国家的理由がもっとも強かったようであり、つまりスペインの統一が必要だったのである。一四九九年のグラナダには、強制された四〇〇〇人の洗礼者がいた。この年からムーア人の抵抗は、最終的な追放にいたるまで絶えることがなかった。一五二五年の勅令は、スペインにいるすべてのムーア人に、子どもに洗礼を受けさせることと、その信仰を保持することと、モスクを教会に変えることを強制した。それを受けいれなければ、かれらは追放されたのだろう。これは多くの実例のなかのほんの一例にすぎない。いずれにしても異端審問所の審問官の狂信のために、経済的理由がしだいに口実にされるようになった。ロドリゴ・デ・サヤスが指摘するように、ムーア人の最終的な追放の準備は、とくに重要な土地にかかわる論拠にもとづいておこなわれた。つまり強制移送のあとで放棄された土地は、スペイン人のものになったのである。それでも大きな懸念が地平線にみえてきた。アンリ・ラペールは、ムーア人のスペインの地理の研究で、一五六三年から一六〇九年のあいだに、スペイン王国で五一％の増加という巨大な人口統計上の圧力が生じたことをしるしている。しかし、ムーア人の人口上昇率が六九・七％だったのにたいして、のこりの人口は四四・七％しか上昇しなかった。これが一六〇九年の追放の直接的な理由だったが、理由はもちろんそれだけではなかった。つまり、かれらは一般大衆からねたまれ、同化しなかったために危険因子とみなされたのである。ムーア人は入浴して

「陰部」を洗う習慣をつづけ、主任司祭をよろこばすためにミサにいったが、自分たちの祭式と言語をすてなかったし、統一をはかる政府にたいして絶望的な抵抗を示した。一五六八年のクリスマスの大反乱と、一五七一年までつづいたグラナダ戦争のせいで、ムーア人の死者とスペインからの逃亡者の数は約六万人に達した。フェリペ二世［一五二七〜九八］はもうひとつべつの強制移送のあと、かれらを都市にもどすことを避けて、スペインに広く分散させる決断をした。それでもセビーリャに六七四人と、トレドに二〇二人と、バリャドリードに二〇八人のムーア人がいた。しかしかれらは、結局は再結集することになった。つまり、ここにいたのは改宗も同化もしない人たちだったのであり、そのうえ、かれらは東海岸で深刻な危険性を示すようになった。つまり、アフリカの海賊やマグレブと接触しつづける可能性をもち、一五八四年のフェリペ二世の治世下で、ただいちど成功したバーバリ人［アフリカ北西部の海岸地方の住民］の上陸をべつにしても、ばあいによっては新しい侵略の基地として役だったのである。

一六〇九年に、ハプスブルク家のフェリペ三世［一五七六〜一六二一］がムーア人追放の決定をくだしたのは、こうした事情があったからだった。こうして強制移送の準備が極秘裏におこなわれ、すべての地方のムーア人がこの通知の唐突さに驚いたが、それでもその脅威は疑問視された。ラペールはムーア人の数を八万人と見積もっており、そのうちの六万人が、約七〇〇万人の人口をもつグラナダにいたと推定されている。しかし、べつの歴史家たちは、バレンシア、アラゴン、カタルニア、ムルシア［スペイン南東部の地方］、エクストレマドゥーラ［ポルトガルと接するスペイン北西部の地方］、カスティーリャ、アンダルシアにいた三〇万人が姿を消したという、より印象的な総計に達している。フェリペ三世のもとにあった記録簿によれば、その実数は二七万三〇〇〇人だったとされている。ピエール・ショニュのほうは一六〇九年と一四年のあいだに、二七万五〇〇〇人のムーア人がスペインのガレー船に乗せられたと算定した。

右の決定はすべての面で破壊的だった。ユダヤ人のばあいとおなじく、根本的にはなにものも正当化できない移住が、国家的理由という名目で強制されたのである。すべてがそのことを競いあって示しており、バレンシア地方は最悪の影響を受けた。数百の村々が空白状態になり、数少ない新しいキリスト教の配下が、領主にたいしてムーア人ほど従順でないことがわかったのだった。アラゴンとムルシアの平野は見捨てられた。カスティーリャとアンダルシアでは、とくにラバ引きの人手がひどく少なくなった。右の決定が人的な面では悲劇的で、政治的な面では無益だったのは、そのあと海賊の侵入が激化したからだった。かれらは同胞民族を海に追いだしたスペイン人にたいして、もはや憎しみで競いあうしかなかったのである。しかし、ここまでに解明しなかった気がかりな局面がのこっている。つまり、かれらは亡命できた唯一の地の北アメリカで、どのような扱いを受けたのだろうか。そして、洗礼と改宗を告白したムーア人の運命は、どのようなものになったのだろうか。

それ以後のスペインの移住運動は、数世紀間にはげしさが増したかぎりで、意味深いかたちで進展した。だれもが認めるのはケルト-イベリア人が、イベリア人とケルト人のたいした衝突もない混交の成果だったということである。商業的交流が新しい平和な段階を迎えたが、それは厖大な数の人間にはかかわらなかった。そのあとわれわれは、表面的に矛盾するふたつの要素の結合に気がついた。それは移民の相対的な数が、事件の規模と対照をなすことである。ピエール・ショニュが『古典主義時代のヨーロッパ文明』の分析で観測したのは、一六〇〇年ごろのスペインに約九四八万五〇〇〇人の住民がいたことであり、これは一四%の人口密度をあらわしていた。

六　そのほかの移住にかかわる現象

フランス人の移住は、一六世紀と一七世紀をつうじて一定していた。一六世紀から二〇世紀のスペインの人口に関する研究書の著者ジョルディ・ナダルは、この時代にみられたフランス人の移住現象の重要性を示し、一六六七年にマジョルカ島の総督がいった「この島にはフランス人はいないし、奇跡が信じられていた」という、フランス人を敵視したことばを引用している。フランス人の移民の流れは、とくにカタルニアと、アラゴンと、バレンシアにかかわった。そこにはどんな理由があったのだろうか。明らかなのはピレネー地方とペルピニャン地方「スペインと国境を接したフランスのルシヨン地方の都市」が、深刻な人口過剰に苦しんでいたことである。そのうえ、一四世紀の流行を中心とするペストのために、たびたび大きな被害を受けたカタルニアは、補充を必要とする大きな人的被害を受けていた。一六世紀後半のフェリペ二世の治世下では、カタルニア人の五分の一が、ピレネー山脈のフランス側で生まれた人たちだったのである！　一五七七年の日づけをもつ報告書でも、アラゴンの人口の五分の一という比率が指摘されており、バレンシアはより目だたないレベルで、フランス人の侵入を経験した。ムーア人が追放された直後のバレンシアに、約三万人のフランス人がいた。それに反してカスティーリャは、ごくわずかなフランス人しか受けいれなかった。かれらは使用人や、小売商や、商人や、行商人だったが、人口統計面ではわずかな数にすぎなかった。

　この時代から、移民の中心はおもに男性だったが、地方によって規模にちがいがあり、男性と女性のあいだにアンバランスが生ずることもあった。バルセロナに近いある村の司祭が、一七八六年に、つぎのような助言をしている。「この村には、未婚の一二人の女性と六人の男性がいる。わたしがいうのは、このようなばあいには、それぞれの男性にふたりの妻をもつことを認め、彼女たちのだれもが不安にさいなまれないようにしなければならないだろうということである」。フランス人のこうした移住は、部分的にはムーア人の離国の結果であり、このためバレンシア地方では、人口統計上の異常な圧力がおきた。人口の再増加のかなりな部分に貢献したのは、フランス人だったのである。

図25　フランスにかかわるスペインの移住

民　族	時　期	出　発　地	移　住　先	規　模
フランス人	16〜17C	ピレネー地方と ペルピニャン地方	カタルニア アラゴン バレンシア	人口の$\frac{1}{5}$ 〃 約30,000
スペイン人*	1865〜69年	アルメリア ムルシア アリカンテ	アルジェ オラン	15,400 8,300
〃	1912〜	スペイン	モロッコ （カサブランカ）	4,000

*1896年のアルジェリアのスペイン人は合計158,071人

ここではスペイン戦争ともよばれる独立戦争の悲惨なエピソードを無視することにしよう。たしかにナポレオン〔一七六九〜一八二一、フランスの皇帝〕がスペインに送りこんだのは、四〇万人という人数だった。この計画の目的は、イギリスにたいする封鎖を実行するためにポルトガルの沿岸を掌握することにあったが、ナポレオンの召集に応えて、バイヨンヌのほうに子どもたちや王と王妃が出発するのをみすぎたスペインの民衆は、怒りに駆られて戦争をはじめたのだった。この戦争は一八〇八年五月二日のマドリードの住民たちの反乱から、四年以上もつづくことになった。フランス人は例外的なばあいをのぞいて、スペインのゲリラの激しさに圧倒され、ナポレオンが軍隊の補充を必要としたロシアに向けてふたたび出発した。このときのフランス人の悲惨な乱入は、今日もなお、サラゴサやカディスのようないくつかの地方に深い痕跡をとどめている。

それに反して、一九世紀と二〇世紀の類似の移住運動のケースを示すのは、フランスのアルジェリアの植民地化のはじまりと、人口統計上のスペイン政府の政策変更だった。われわれがおろそかにしてきたのは、一〜二度の凶作がどれほど人口統計上のバランスを乱すに十分かということである。スペインの農民は一九世紀をつうじて、ときおり栄養失調に苦しみ、そのために婚姻数と出産数が減少した。ワクチンが発見された二〇世紀のはじめと、それ以前さえ、政府は農村の人口増をめざして無益な努力を積み重ねた。こうした人口減に悩む土地に定住を望むすべての外国人にたいして、魅力的な提案がおこなわれた。たとえば一七六七年の国王の政令は、ドイツとフランドルからの入植者に二年間にわたる小作料と十分の一税の免除のほかに、さまざまな便宜を提案した。一八五五年に制定された、放置され

た土地や王領にたいする農業入植者の定住に関する国会の法規は、スペイン人に一〇年間の税金の免除を認め、外国人には兵役の免除を追加した。こうした政策は、どれも大きな成功をおさめなかった。知られるところでは、一八六三年のスペインの人口は一六〇〇万人という数に達していた。当時からはじまった住民の流出という逆の傾向のサイクルが証明するのは、一九世紀のスペインが移住運動の主役でなかったことである。国土からの市民の流出を防ぐために、障害を高める試みがおこなわれた。移民法に関する一九〇一年のH・ウルタドの観察が意味深い。「移民はわれわれを苦しめる経済的・政治的・財政的な病気を治療する悲しい薬剤である。市民がこれほど苛酷で荒々しい薬剤に助けを求めるのは、すぐに使えるほかの薬剤がないからである」。この文章が印象強く告げるのは、内戦につづく数年間の西ヨーロッパのスペイン人移住者の状況だろう。

一九世紀と二〇世紀はじめの人口移動について、認められないことが多いもうひとつの局面は、フランスの植民地の発展に引きつけられて、マグレブに住んだスペイン人たちのことである。アルジェとくにオランは、この移民の中心地になった。たとえば一八六五年に、七四〇〇人のスペイン人がアルジェに到着し、八三〇〇人がオランについた。さらに一八六九年には、アリカンテ［スペイン南東部の港町］から八〇〇〇人の移民がアルジェに向けて出発した。この移住のおもな理由は、小さすぎる所有地と季節的な失業だった。この問題を研究したホセ・フェルミン・ボンマイが認めたのは「スペインには移住と、犯罪行為と、乞食以外に、農民の悲惨さと失業にたいする代替案がほとんどなかった」ことである。こうした移住者の大多数は、アルメリア、ムルシア、アリカンテの各地からきた人たちだった。オラン地方では、かれらは一九〇〇年までにフランス人の数をこえさえした。ここにはふたつのタイプの移住をみることができる。その一方は「ツバメの渡り」と呼ばれ、もう一方は安定した人口の確立の前提となった。そうはいってもスペイン人は、採用先のフランスの会社に、ひどく悪い記憶をもちつづけたように思われる。

一八九六年にアルジェリアに住んでいたスペイン人は、一五万八〇七一人であり、一九三一年には、まだ一一万人がのこっていた。かれらの数が漸減したのは、働き手の中心がしだいにアルジェリア人に移ったことと、フランス政府がアルジェリアで生まれたすべての外国人にフランス国籍を強制したのが嫌われたことと、アフリカハネガヤが砕木パルプに押されたせいだった。砕木パルプは、とくにイギリスの製紙工場に優遇されたのである。ビュゴー伯爵の指摘は、この時期のアルジェリアにいたスペイン人の存在の重要さを明白に物語っている。「植民地化された地域が、フランス人の入植者の人口を誘導し、かつ引きとめて、外国人の人口のバランスをとったのにたいして、自由な植民地化が確立されたほかの地域は、スペイン人の人口の圧倒的な優位性が出現するに任せていた」。一九一四年までの二〇世紀のあいだ、スペイン人の農業労働者の比率は、つねにオラン地方の総人口の五〇%をうわまわった。かれらはブドウの剪定の仕事に専門化し、こうした「アルジェリア化した」スペイン人は全体として非常に質素な生活を送っていた。上陸したときのかれらは一般に、財布と、フライパンと、スプーンやフォークと、少しの下着類しかもっていなかった。会社が宿泊施設を提供しなければ、かれらは夫婦のベッドが中心を占める部屋で貧しく暮らし、ほかの家族はそのベッドのまわりで眠ったのだろう。かれらの食生活は、焼きかげんの悪いパンを中心とした貧困なものだった。一八五〇年ごろのアリカンテ地方では、六歳から一五歳までの人口の二九%しか就学しなかったので、かれらの文化水準は一般に非常に低く、この識字力のなさにつけこんだ移民仲介業者の側の恥知らずな搾取がおきた。たとえば、アルゼンチンの募集係にだまされて、まだスペインの所有地だと信じていたアルゼンチンにいくための迂回路を受けいれた人たちもいたのである!

参考までに、モロッコにたいするスペインの軍事介入（一八六〇〜一九一二）と、フランスの保護領制度のおかげで、なおもモロッコに向かったスペイン人たちの移動についてしるしておこう。それは主として農業労働者たちであり、カサブランカには、一九一二年から四〇〇〇〇人のスペイン人がいた。

七　内戦

二〇世紀になって、多くの細部がくつがえされた。歴史家サンチェス・リヴァスはつぎのようにしるしている。「植民地の喪失と、国内闘争を考慮した政治的理由からの移住と、わが国民の貧困さは、フランスに向けた移住の流れを強化した。それは辺境の県だけでなく、フランスの全領土をめざした移住だった」。これにさらに第一次大戦が引きおこした働き手の不足と、数多くの非合法な往来のために算出の困難な厖大な移住がおきたことをくわえなければならない。つまり、こうした移住を説明するのは、実り多いアメリカ移住の可能性が枯渇しはじめたことである。それでもフランスの統計は正確で、一九一六年一月一日から一八年三月三一日までのあいだに、一一万四八一一人のスペイン人の明確な入国を記録している。一九一九年のニームの町の人口の半分以上が、スペインの出身者だったのである！

内戦が勃発したとき、フランスで確定されたスペイン人の人口は、約二五万五〇〇〇人という一九二一年の数字を回復していた。共和国の集団移住の規模は、フランコ〔一八九二〜一九七五、スペインの政治家〕の勝利の確実さが高まるにつれて拡大した。ヒュー・トーマスが『スペイン市民戦争』（邦訳：I II、都築忠七訳、みすず書房）で明確にしたのは、すでに国境をこえた一七万人の女性と子どもと六万人の男性に、共和国軍の二万人の男性がくわわったことだった。もちろん、かれらの多くはアメリカに向かう道に気づくか、スペインにもどるかした。しかし、そ

図26　フランスのスペイン人

年	規　模（人）
1916〜18	114,811
1936	255,000
1960	394,389
1968	618,200

の大多数はフランスにとどまったのである。

フランコ主義の第一段階にあったスペインが、自給自足体制で生きなければならなかったのは、当時、フランコと、ヒトラーと、ムッソリーニ〔一八八五〜一九四五、イタリアの政治家〕のあまりに明白な同盟を罰するために、アメリカがスペインを封鎖せざるをえなかったからだった。それでも五〇年代には、少しはマーシャル・プラン〔第二次大戦後の一九四八年から、マーシャルの提案にもとづいて実施されたアメリカのヨーロッパ経済復興援助計画〕の恩恵を受けたが、経済状況はとくに農民にとって破滅的な状態にとどまった。電力不足や、栄養不足や、土地所有の可能性の低さや不可能性という問題に、きびしい政治的圧力が重なって、フランスに向かう新しい移民を生むことになった。一九五六年から六〇年と、つづく一〇年間のフランス経済は、戦争中の空洞化とアルジェリア戦争による人口の天引きを補うために補足的な労働力を求めざるをえなかった。一九六〇年の国勢調査は、フランスのスペイン人が三九万四三八九人という最大の外国人集団となっていたことを示している。一九六八年には、それが六一万八二〇〇人に達していた。

フランスは一九六〇年から、もうスペイン人の移住の唯一の標的ではなくなり、ドイツと、スイスと、ベルギーが大幅にそれを引きついだ。しかし、それはたいてい三年から一〇年の滞在と、帰国を前提とする短期間の動きだった。スペイン移民研究所は、一九六九年末にヨーロッパに居住していたスペイン人に関して、つぎのような数字を公表した。それはフランスに六一万六七五〇人、ドイツに二〇万八八九五人、ベルギーに五万二二九人、オランダに三万二六六八人、スイスに九万七八六二人、イギリスに二万一二四一人という数字だった。これらを総計すれば、一〇二万七六四五人のスペイン人が「ヨーロッパにいた」という厖大な数字になり、その大部分がはるかむかしから貧しかったエクストレマドゥーラと、アンダルシアのハエン地方と、ムルシアの地方部と、アラゴンの出身者だった。つまり、ここにかかわったのは、もっぱら経済的な種類の移民だったのである。かれらは食べるために出発しなければならなかった。この現象は「社会的病気」とみられ、その結果は非常に深刻になることがあった。

二〇世紀は、スペインの悲惨さをあらわすとりわけ意味深い移住のもうひとつべつの実例を提供する。人々は村から町へ、町から都市へと移住した。一九世紀末からあったこの農村の集団移住は、二〇世紀になって、はじめて確認されたにほかならない。魅力的なふたつの極は、もちろんマドリードとバルセロナだった。一九四一年から七〇年のあいだに、最大の人的欠損をだしたことで知られるのは、レオン地方とムルシア地方だった。しかし一九七三年から、経済危機と産業現場の失業がこの動きを部分的に停止させたので、バスク地方や、ビスカイヤや、ギプスコアでさえ移住の対象となった。これに工業の集中化を理由とする、首都圏をめざした移動の巨大な重要性をくわえなければならない。経済学者のタマメスが計算したのは、一九五〇年と六〇年のあいだに一〇〇万人以上の人が、メセタと、エクストレマドゥーラと、アンダルシアから、マドリードと、北部の工業都市と、カタルニアの近郊に移動したということだった。同時に国外移住は、すでに引用した数字に近い九一万六五四五人という数に達したにちがいない。それはスペインの人口統計史上、前例のない大規模な移動だった。

現在のスペインでは、悲惨さに結びついたもうひとつべつの種類の移住が、地平線に姿をあらわしている。それはその場しのぎのいかだに乗ってジブラルタル海峡を横断し、どんな方法を使ってでもスペインに到着しようとする「船頭」というマグレブ人のことである。スペインでは、自警団がかれらを阻止し、追い返し、選別しようと試みて

図27　20世紀のスペイン人の国外移住（1969年）

出　発　地	移住先	居住者数
エクストレマドゥーラ、アンダルシアのハエン地方、ムルシアの地方部、アラゴン	フランス	616,750
	ドイツ	208,895
	ベルギー	50,229
	オランダ	32,668
	スイス	97,862
	イギリス	21,241
合　計		1,027,645

きた。かれらは結局のところ、アメリカとの国境をこえようとするメキシコ人のように、「汗だらけの背中」と呼ばれている。スペインの『エル・パイス』紙が提供するデータによれば、一九九一年には約四〇〇〇人の密航者が逮捕されており、それに海峡で溺死した数百人の死者を加算しなければならない。たとえばフランスの『ル・モンド』紙は一九九一年に、この問題をつぎのように要約している。「死の海峡ジブラルタル――何千人というアフリカ人が、ヨーロッパでべつのものを築こうとして生命を危険にさらしている」。こうした不遇な移住者は、すでに逆の方向でムーア人がそうであったように、たびたびペテン師の餌食になっている。ムーア人は密航料を払わなければならなかったし、そのあとアフリカ海岸にたどりつくまえに海に投げこまれたのだった。

人種的混交が、文化的・経済的豊かさの源泉となるといわれることが多い。それはたしかにほんとうである。たとえばフェリペ二世のスペインにとって、外国人のすべての供給源が閉鎖される以上に不幸なことはなかったのだった。ユダヤ人は追放され、ムーア人の追放が準備され、プロテスタントは全面的に拒絶された。そのあと、接触が再開されたが、移住運動の大半は、たいてい有害な経済的・政治的暴力の影響下におこなわれた。スペインは「外国人の集団」を追放する傾向をもち、そのうえ扶養できなかったか、扶養することを知らなかった自国の息子たちの出発を放置してきた。詩人マシャドは有名な『カスティーリャの田園』(一九〇七～一七)という文集で、つぎのように書いている。「あれほど船長に満ちていたべつの時代の母親は、現在では謙虚な運搬人の義母にすぎない」(ドゥエロ川の岸辺――XVIII)。二〇世紀のはじめのこのペシミスティックな光景は、今日では、より幸福なバランスシートの反論を受けている。民主主義への回帰は、目ざましい経済的変化をともなっていたし、この変化によって現在のスペインは、世界で最高の経済力のひとつとなっている。それはもはやひとりの義母でなく、彼女の犠牲者の移住民でもありえない。

［マルティヌ・フーク］

第8章 ラテンアメリカ

✤ラテンアメリカへのゆるやかな移住は、一万二〇〇〇年以上まえからはじまった。この地域の先住民たちは共通の起源をもち、相互間に平和な関係を確立しつづけてきた。それが破れたのは、一五世紀にスペイン人たちがやってきたときのことだった。それ以後のラテンアメリカは、経済を中心とする国際政治と国内事情による移民の波に洗われつづけ、さまざまな地域の出身者が混交する広大な人種のるつぼになった。

「アメリカ大陸はいまなおヨーロッパ人にとって、流刑という表面下の形式と、移住や亡命という幻影と、ヨーロッパ人に固有の文化の内面化という形式に対応する。アメリカは同時に激しい外向性という、つまりこのおなじ文化のゼロ状態に対応する。ほかのどの国もこれほどまでに、わがヨーロッパ文化のデータの現実遊離という機能と、激化と、先鋭化の全集合を具体化していない……」[1]。われわれは――実際にアメリカ合衆国の旅行に関しておこなわれた――ジャン・ボードリヤール［一九二九〜、フランスの哲学者］のこの非常に主観的な調書と照らしあわせて、ラテンアメリカの移住の五〇〇年という短い歴史を始めることにしたい。五〇〇年が短いというのは、旧大陸がこの土地に文化の大部分を伝えたせいだけでなく、あらかじめ人類の出現以後と、人類がこの土壌に文化の最小の原形を導入する以前にさえ、新大陸がつねに移住と亡命の土地だったからである。そして、アメリカがたまたま――この名称の本当の考案者とみなされるアメリゴ・ヴェスプッチ［一四五四〜一五一二、イタリアの探検家］に敬意を表して――現在の名称をもつようになったあとも、たぶん長く未知の土地でありつづけたのだろう。新大陸をゆがめたクリストファー・コロンブスの無知と、それがむりでなかったことを説明するのは、旧大陸からの距離と、面積の広さと、発見のために用いられた方法の不確実さだった。コロンブスは中国か日本のどこかにあった、大カンの土地に到着することを望んだのではなかっただろうか。かれはその直後に『航海日誌』で、カタイとシパンゴと、ついでタルシスとオフィルなどに言及した。もっとも権威のある地名学から借用した名高いすべての地名の援用は、かれが知識の威光の未知の部分を、故意に飾ろうとした結果だった。

（1） Jean Baudrillard, *Amerique*, Paris, Grasset, 1987, p.149.（邦訳：ジャン・ボードリヤール『アメリカ』田中正人訳、法政大学出版局）

要するに、じかに接触できた現実が、マルコ・ポーロのしるした想像を絶するインド諸国のイメージとあまり一致しなくても、それがどうだというのだろう。コロンブスはのちに野蛮な善人と呼ばれることになる新大陸との最初の出会い以後、自分が黄金の時代にいると信じたのだった。のちの三度めの航海のおりには、かれは天国の門に到着したとさえ考えた。幻想の期間は短かったが、その幻想が本気だったかどうかはともかくとして、つづいて船に乗ろうとしたすべての人たちを活気づけ、かれらは目ざめた野心とおなじほど法外な大陸を話題にした。年代記に記録された航海者たちは、目もくらむ黄金郷になにを求めていったのだろうか。北から南にかけて、なかでもフロリダやカリフォルニアと、アマゾニア［アマゾン川流域の総称］やラプラタ川流域は、地図のうえでそれぞれに征服の偉業を証明する。その四世紀のちのアメリカで、群衆はあらためてかけまわった。現在もなお、アメリカという名称は夢をかきたてる。断定できるのは、太古の時代に濃霧のなかからちらりとみえたアメリカは、ステップから遠く迷いでたアジアの遊牧民族の目に、すでに緑の牧草地にみえていたことである。

一　先史時代の新来者

アメリカ人はどこからきたのだろうか。これはコロンブスがアプリオリに判断した問題であり、知られているように、かれはアメリカを発見したのではなかった。コロンブスには少なくともそのような意図はなく、かれがカトリックの両王から命じられたのは、西方に向けたインドルートを発見することだった。コロンブスには疑問をもつ余地がなかった。着いた土地の様子はどうであっても、たどった距離と、かかった時間は、かれが目的地にたどりついたことを証明していた。大蒙古の人たちにほとんど似ていなかった先住民たちは、まさにインド人〔インディアン〕だった。インディアンということばは、かれの『航海日記』にはじめから出現した。それ以後、このことばがおおやけに認められた。

つまり、このことばは誤解の結果なのだが、慣例として認められた誤用だった。ヴェスプッチやマゼランたちの努力にもかかわらず、ポルトガル人がスパイスの道を開いたあとも、アジアとアメリカの差は、インド諸国という共通の呼び方で理解されつづけ、インディアンは東洋人と西洋人の形容となった。それは年代記作者の神学的な思索によってさえ裏づけられた誤解だった。重要だったのは、人類はアダムとイヴの子孫だという天地創造の神話の統一性を問題にしないことだった。新世界の住民は、旧世界の人間の後継者にほかならなかった。ホセ・デ・アコスタ〔一五三九～一六〇〇、スペインの宣教師〕は『インディオの自然史と精神史』で、インディオは「ヨーロッパかアジアからきて、この大陸にたどりついた人たちだが、どのような方法と、どのようなルートを使ったのだろうか。このような問題が提起されており、論拠となるデータと人間の理解力に合致した……解決が望ましい」と断定した。『新しいスペインと大陸の島々のインディオ史』を書いたディエゴ・デュランが、ただちに提起した反論は称賛すべきものだった。かれはつぎのように断定的に主張した。「これらの先住民はイスラエルの一〇部族の末裔であり、シャルマナサル王〔アッシリア王、在位前七二七～前七二二〕がイスラエル王ホセア〔在位前七三二～前七二二〕の時代に、アッシリアで捕虜にして連行した人たちだった」

真相について考えるには、一七世紀から二〇世紀にかけての地理学と人類学の進展を待たなければならなかった。一七二八年のヴィトゥス・ベーリング〔一六八一～一七四一、ロシアの探検家〕によるベーリング海峡の踏破が、新旧両大陸の分離の証明だったとすれば、それ以後に確立された、地球上の人口移動の発生源はただひとつだったという理論から、両方の住民のあいだに遠いつながりがあることがふたたび確定された。厳密な意味でインド人でなかったアメリカの先住民は、まさにアジア起源だったのである。この点で決定的な要素は、一九四七年にメキシコ渓谷の北部で、黒曜石の石器の先端やマンモスの骨の散在する地層から、テペスパン人——じっさいには一女性の骨——が発見されたことだった。こうした指標と炭素14年代測定法の比較調査のおかげで、これらの骨は比較的近時点（約一万一〇〇〇年まえ）のものだと推定された。つづいて近辺で発見されたより古いほかの骨から、この地帯の入植がもう少し古い更新世末までさかのぼることがわかった。アメリカの人類のこのような比較的遅い出現は、ハードリチカ［一八六九〜一九四三、アメリカの形質人類学者］の仮説を裏づけるように思われる。この仮説によれば、初期の移住は氷河期を利用してアジアとアメリカのあいだにできた自然の橋を渡り、すべての人類の未踏の地にたどりついたことになる。

　気候変動にしたがって決定された、何千年という時間帯の経過がくり返された。現在では一一月から六月までなら、シベリアのチュコート半島と、アラスカのシューアド半島にあるプリンス・オブ・ウェールズ岬のあいだの短い距離の氷原を、徒歩で渡ることができる。解氷期でも氷山を避けさえすれば、大小ふたつのディオミード諸島がつづくルートを使って、小型のボートでも踏破することができる。だから更新世の氷河期の盛時なら、ベーリング海峡を渡ろうとする計画は、なおさら実現しやすかっただろう。当時は深さ八〇メートルという浅い水位のせいで、現在の海峡は地峡に変わっていた。黒潮の温かい海水に洗われる地峡の南端は、比較的温暖な気候に恵まれていただけに、いっそう渡りやすかっただろうと思われる。シベリアの祖先たちが、マンモスや、ヘラジカや、トナカイや、カリブーのような大型の狩猟獣を追って突進したのは、このルートだった。つぎの再温暖化の時期が始まると、たちまち水位が上昇して、新しい入り江がアジアへの入り口を閉ざすことになった。当時、海峡の反対側の

図28　先史時代のアメリカ大陸への移動

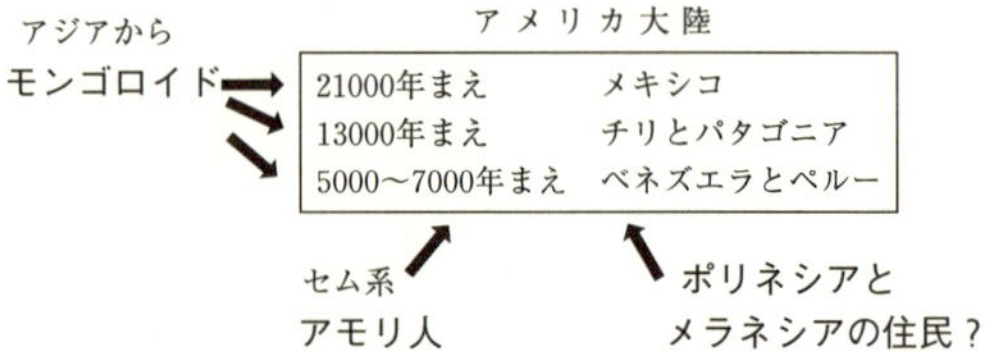

岸にいた狩猟民たちは、ユーコン川の流域につまった氷が溶ける様子と同時に、アメリカに向かう通路の間隔が開くのを目撃しただろう。

　ウィスコンシン氷期という期間にはじまったこのおなじ過程が、約前二万五〇〇〇年まえに決定的に中断されるまで、なんどもくり返されたかもしれない。もっとも大胆な推定によれば、それは五万年まえのことであり、もっとも慎重な推定によれば、より遅い三万年まえのことだった（いずれにしてもアラスカの人類の最初の痕跡を、それ以上さかのぼることはできない）。アメリカ大陸へのゆるやかな侵入がはじまったのは、そのあいだのことだった。かれらは現在のメキシコ領土に二万一〇〇〇年まえごろに到達し、ベネズエラとペルーには、より遅く五〇〇〇～七〇〇〇年まえごろに、チリとパタゴニアには一万三〇〇〇年まえごろに到達したのだろう。それは二万年くらいの範囲のことであり、そのあいだに民族的な多様な変動から形成された約六〇〇世代が、ゆっくりとした文化的発展に着手した。

　古生物学者たちによれば、初期の移住の波は後期に到着した波ほど、明確なモンゴロイドの形質をもっていなかったように思われる。背の低いこれらアモリ人〔セム族の一派〕は、黄色で頬骨のつきでた後継者たちとは反対に、長くのびた頭をもっていた。だから現在、もっとも広くみられるアメリカ人は、すべての獲得形質の発現以前におこなわれた、アモリ人とモンゴロイドの混交の結果だと思われる。だから、平均的なアメリカ人の血液型の特定の分布が成立したのである。二〇～四〇％というB型の一般的平均値がいたるところでみられるのにたいして、先住民は八五％のO型と、一五％のA型にわかれ、南のほうの地帯では一〇〇％までがO型を示している。そして、この図式は近代の混血の影響をほとんど受けていない。それに反して、遺伝上の蓄積の変異に結びつく人の類型のあいだの差異は、さまざまな定住の過程のおかげで、エクソガミー［外婚制］の結びつきが成立するにつれて深まった。さらにこの過程は、自然選択と環境にたいする必然的な適応の結果として促進された。たとえば、背の低い人たちが低緯度の温暖な土地で増加したのにたいして、高地では気候のきびしさと酸素の希薄さのために、モンゴル型が増加した。

しかしアジアの発生源だけから、マヤ人の肥満や、パタゴニア人の長身や、ニューメキシコ州のわし鼻のような、いくつかの特殊な特色を説明することはむずかしい。ハードリチカを非難しないで、由来の多様性を弁護する補足的理論が出現したのは、このためだった。ポール・リヴェット［一八七六〜一九五八、フランスの民族学者］はこうした特色が、ペルーと中央アメリカの沿岸地帯に、ポリネシアとメラネシアの住民たちが到着した証明だと主張した。かれらは太平洋の都合のいい流れに乗って、はこばれたのだというのである。より論議のまとになったのは、南極ルートという仮説だった。しかし、パタゴニアの方言にみられる有名な土着的要素が、想像力を刺激する可能性があっても、帆にたよる航海者がオーストラリアから、アメリカ大陸の南の円錐に到着したという論拠は、いまもなお大衆を引きつけにくい。たぶんそれは、いくらかの外れくじだったのだろう。ヴァイキングがハドソン湾のヴィンランドめざして、約一〇〇〇年まえに襲撃したという説も、おなじように無視することができる。ヴァイキングの影響がもっとも強くのこったのは、北欧の伝説に刺激を受けた結果だった。

二　コロンブス以前の移住

以上が先史時代のネイティブアメリカンの入植の初期データである。より近い時点のいわゆる先スペイン期の移住史は、これから書かれなければならない。スペイン人の偶像破壊者の怒りをのがれた数少ない古絵文字《コデックス》をべつにすれば、文字資料は欠如しているし、われわれが参考にすることができたわずかな数の文字文献は、一般に征服以後のものである。(2) くわえて、われわれは中央アメリカ以外では、欠落の多い考古学的データか、スペインの年代記に収集されたじつにあいまいな口承伝承しかもっていない。

(2)「コデックス・ボトゥリニ」や「ティラ・ド・ラ・ペレグリナション」のことであり、それらは表意文字で、カリフォルニア湾北部にあったアストランから、コルユアカンにいったアステカ族の移住を描いている。コルユアカンからメキシコへいく最後の部分は欠落している。それは一五三〇年ごろに、黒いインクで書かれた植民地官吏の文書であり、スペインの影響をかろうじて読みとれる。つまり、その程度の価値しかない不完全なものだが、それでも資料である。

文字化された伝承は、移住を積極的に通過儀礼と同一視する。メキシコで収集された最古の伝承では、古典的な大文化の創設にからむ出来事が生き生きと語られる。メキシコ中部のパヌコ川からきたトルテカ族は、海を渡って神話で語られる土地タモアンチャンに落ちつくが、そこで最初の分散がおきたのである。いくつかの部族は、古絵文字の所有者と結託したおかげで、むかしの知識をもっていたが、時間を奪われたほかの部族は、新しい文化を考えださなければならなかった。それぞれの部族が自立性をもったのは、二度めのディアスポラの末期のことだった。それは明らかにタモアンチャンでつくられた統一的な伝承であり、オルメカ族や、オトミ族や、タラスコ族や、ナワトル族の共通の起源を、ほかの場所に位置づけることはむずかしい。伝承では住民たちの移住は、東西の軸にしたがってメキシコ湾の暑い土地と、中央高原のトウモロコシの生えた土地とのあいだで生き生きと語られる。この伝承はまたサアグン〔一四九九〜一五九〇、スペイン出身のフランシスコ会士〕が収集した、古代メキシコの神ケツァルコアトルの寓話と一致する。文化的英雄だったトゥーラ〔現メキシコ中部にあったトルテカ王国の首都〕の王は、妹との近親相姦を犯したあとで権力の座をさった。かれのあとについていった民族の一部は、メキシコ湾岸の避難所にいき、そこからヘビのいかだで海の向こうに消えたが、もどってくるという事前の予告がないわけではなかった。ククルカンという名で知られるマヤ地方のユカタン半島では、ケツァルコアトル信仰が再発見される。ケツァルコアトルは、メキシコの南のショチカルコとチョルラでも祭られている。つまり、トウモロコシ栽培にそった住民の居住地をとおる一連の移住を証明する円環があり、この神はトウモロコシ栽培に結びついていたのである。

より近時点のアステカ族の集団移住は、そのもっとも知られた部分では、ステップの長い放浪のあと、小休止をしたように思われる。伝説ではナワトル語〔アステカ語をふくむメキシコと中央アメリカに分布する語群〕の七部族は、ばらばらにアストラン（ユタ州のソルト・レイクの島？）〔一般には、カリフォルニア湾北部にあったというアステカ族の伝説上の故郷〕をはなれたことになっている。かなりあとに出発したアステカ族は、守護神ウィツィロポチトリに導かれて、砂漠の長い横断に着手した。それはアリゾナ州とニューメキシコ州からトゥーラまでの横断のことであり、かれらは数多くの試練のあと、トゥーラの水辺で心地よく滞在した。そして、またもや神託に呼ばれたかれらは、メキシコ中央のアナワク高原にはいりこみ、先住者たちと対立するという思わぬさまざまな出来事のあとで、テスココ湖の小島に避難所をみつけだした。かれらが岩盤の頂上で、ヘビ（異版によれば、いけにえになった人間の心臓の象徴であるウチワサボテンの実）をむさぼる太陽のワシという予期した標章を発見したのは、この場所でのことだった。信じられているところでは、かれらは一三二五年に、試練のはてにたどりついた現在のメキシコ市に、首都テノチティトランを創設した。水中に出現したこの未来の太陽都市は、外部の暗闇から救いだした周辺の民族にたいして、光の息子たちの帝国を宣言した。のちに再現されたこの壮麗な建造物は、たぶん恐ろしい権力欲に役だったのだろう。神秘的なアストランはアステカ族の現実のメキシコにあまりによく似ていたので、北欧起源を隠そうとするアステカ族のひそかな欲求が明白になった。オクタビオ・パス(3)［一九一四〜、メキシコの詩人］が強調するような未開人と成りあがりに特有の羞恥心で、異端にたいする火刑判決式が説明される。メキシコの偉大な建築家トラカエレルは、この羞恥心によって古い絵文字を燃やし、もういちどつくりなおして、そこにアナワク高原のほかの民族を支配しようとするという野望を主張した。

（3） O. Pas,《Critica de la piramide》in *Posdata*, Mexico, Siglo XXI ed., p.129 sq.

たとえば南に何千キロもいけば、インカという、コロンブス以前のアメリカのべつの大帝国があった。アステカ族とインカ族には、直接的な関係がまったくないようにみえても、両方の創設神話にはいくつかの類似点がある。たとえば、口承伝承が伝える比喩的表現では、最初の三つの洞窟（異版ではティアワナコの柱廊）をでたときのこのエリート民族に言及されている。また文明化をめざす英雄夫妻に導かれて、クスコ［インカ帝国の首都］の谷に再結集したというべつの比喩的表現では、地面に突きさしたマンコ・カパクの金の杖が、移住の終了のしるしとなっている。ナワトル語のメキシコとおなじく、ケチュア語［アンデス山脈にそったケチュア系言語群の総称］の「へそ」の同義語であるクスコは、放浪生活から定住農耕への移行に結びついた新しいはじまりのしるしだった。かれらにとって、それはトゥピ族の予言者たちのいう「悪のない土地」を求めるはてしない探索で、アンデス山麓の高原のグアラニー族が乗りこえることのなかった移住だった。

スペイン人が到着したときのアンティル諸島の住民の状態は、かれらが征服からほとんど生きのこらなかっただけに異論の多い問題である。ラス・カサス神父は『インディアス破壊小史』という表題であばいた論告のなかで、厖大な人的消失を報告した。列島全体のほぼ二倍にあたる、もっとも人口密度の高かったイスパニオラ島（サント・ドミンゴ島）だけで、一〇〇万人から三〇〇万人の人たちが殺されたというのである。この著作の攻撃的な性格に敏感な人たちは、現実の人口に一致しないという理由から、このような数字を信じなかった。アンヘル・ローゼンブラッツ[4]のような歴史家は、べつの資料をもとにして、その一〇分の一の結果にたどりついた。しかし、この推定は少なすぎるように思われる。バークリー学派の人口統計学者たちによれば、「小規模農場」[5]の農業収穫高からみて、一平方キロメートルあたり、最低で七～八人の人口密度が認められるので、サント・ドミンゴ島の人口は五〇〇万人だったという。カリブ人におされた群島の人口減少と関連した、この島の人口過剰の可能性を考慮にいれても、この数字はラス・カサスの推定を大きく下回り、ローゼンブラッツの推定を大きく上回る。

（4）　A. Rosenblat, *La poblacion indigena y el Mestizaje en America*, Buenos Aires, 1954.
（5）　サント・ドミンゴ島の豊かな火山土を利用して、キャッサバとサツマイモをくみあわせた農耕。

たしかにアンティル諸島は、キリスト紀元の初期にはじまったアラワク、トゥピ、カリブという南アメリカの三大民族系の広大な円運動の震源地だった。スペイン人の征服のために、急激に中断されたこの運動は、この亜大陸の言語地図の確立のおかげで円運動が再構成された現代まで、ほとんど気づかれない状態だった。

アマゾニア起源のアラワクの部族のなかには、かつてアンデス山脈と、カリブとトゥピの領域のあいだに追いつめられて、アンティル諸島へ移住せざるをえなかった人たちがいた。それにたいしてべつの部族は、南のグラン・チャコとウルグアイに到達し、そこからトゥピ族を追い払った。そのときトゥピ族は、ブラジル側をのぼってベネズエラに向かい、ベネズエラからアラワク族を追いだした。アラワク族はそのあいだに、ギアナとオリノコ川の流域を海岸まで侵略したカリブ人に悩まされ、こんどはアンティル諸島めざして海を渡らざるをえなかった。スペイン人の一世紀もまえにサント・ドミンゴ島に到着して、タイノー族となったかれらは、キューバのシボネイ族とともに移住の最後の波を形成したのである。この移住の波はのちの一五世紀に、おなじ島でシグアヨとグアナハタヒベの遠い先祖に結びついた。

つまり、ひげを生やした白い肌の外国人たちが、海の沖から上陸してきたころのアンティル諸島の住民の状況は、以上のようなものだった。かれらはどうやら平和な関係の確立に関心があったようであり、それは残忍な人たちと出会う回数がふえた侵略のために、かれらの人口がへる戦争状態とは逆の状態だった。かれらを悩ました有名な白人の危険性と、「天からきた人たち」(6)の好意とのあいだで、住民たちは一瞬のうちに、未知の人たちの誘惑に屈したように思われる。

（6）　クリストファー・コロンブスの著作を参照。

かれらにはその選択しかなかったのだろうか。メキシコからペルーまで、たがいにへだたった大陸でも島々でも、かれらは想像の世界で驚くほどかんたんに、ほとんどすべて白人と同化した。ケツァルコアトルの物語や、インカのビラコチャ［古代インカの創造神］の物語や、ともに白いひげを生やしたグアラニー族の神ボシカ・デ・ムイスカとペイ・トゥーマは、奇妙な一致を明らかにする。レヴィ＝ストロース(7)［一九〇八～、フランスの社会人類学者］とともに、かれらの神話に他者の位置が「空洞状態」でのこされているのを認めることになるかもしれないが、これほど容易な同化は理解しにくい現象である。帝国の崩壊と先住民の改宗は、外国の軍隊の勝利や同盟関係の作用だけの成果ではなかったのだ。それらはなによりも、コンキスタドールに変装した白い神々の回帰が引きおこした錯乱で説明される。

（7）　Claude Levi-Strauss, *Histoire de Lynx*, Paris, Plon, 1991, p.282.

あるいは白人たちは、伝道師に変装した神々だったのだろうか。なぜなら征服者の勝利は、かれらの到来が待たれていたものだと敗者に説得できたときにしか、完全にならなかったからである。

三　インド諸島という呼称

未開人との接触が吹きこむ嫌悪感に打ち勝つには、モンテーニュ［一五三三～九二、フランスのエッセイスト］がいったように「われわれの古い債権証書」はなんの役にもたたないだろう。犠牲者の血で汚れた偶像の残忍な光景も、食人種の食事を描いたおぞましいレリーフも、コンキスタドールの決意をゆるがすことはできなかった。苦難も夢想も、かれらの冒険精神を打ちのめさなかったのである。集団のなかには何人かの反逆者がいたし、その場で出会った現実の困難さに失望した人たちもかなりいたが、それらを克服するほど夢が強すぎたのだった。鋼のような神経をもったエルナン・コルテス［一四八五?～一五四七、スペインのメキシコ征服者］や、ポンセ・デ・レオン［一四六〇頃～一五二一、スペインの探検家］や、フェルナンド・デ・サト［一四九六頃～一五四二、スペインの探検家］や、フランシスコ・ピサロ［一四七五頃～一五四一、スペインの探検家］らは、かれらの計画に何百人という人たちや、さらには何千人という人たちを誘いこみ、より低い比率だったが女性たちも冒険に誘いこむことができた。こんどは何世紀かのあいだ、「アメリカを手にいれる」計画をもつすべての人に道が開かれた。

ピエール・ショニュが気づいたのは、この大陸へのヨーロッパ人の定住が、はじめはふたつのちがう方法でおこなわれたことだった。それは北アメリカの植民地化に特有の「フロンティア」（植民という方法による土地の全体的な押収と実質的な占有）という現象と、軍事力による地域の住民の区域割りに基礎をおく「コンキスタ」のことだった。つまり、コンキスタは古い構造の温存だったが、それは都市の外でのヨーロッパ人の定住と、限定された数の宗教使節団の定住を禁じるところまで徹底したのである。ラテンアメリカを制した後者の様式は、スペイン人とポルトガル人の植民帝国の創設に結びついた。

手短な収支決算を試みてみよう。ピエール・ショニュ(8)はラテンアメリカとアンティル諸島の移住の差引残高を、約一三〇〇万人（七〇〇万人の白人と、六〇〇万人のアフリカ系とアジア系の人種）と見積もっている。かれは一九世紀の急増（独立から現代までの期間の一〇〇〇万人）にくらべて、植民地化の三世紀後の数字（五〇万人の白人と二五〇万人の黒人で、合計三〇〇万人）を比較的低く主張した。この推定はふたつの注釈を必要とする。白人の人口は明らかな少数派だったが、かれらは支配的な位置と、有色人種の女性との事実上の一夫多妻制に結びついた人口統計上の活力によって、優位に立っていたのである。つまり白人の人口は、ラテンアメリカの生物学的・文化的混交の第一の原因だったということができる。アフリカ系の移住は、白人の移住ほど大規模ではなかったが、奴隷売買に関する統計道具がないので、計測はずっとむずかしい。

（8） Pierre Chaunu, *L'Amerique et les Ameriques*, Paris, Armand Colin, 1964.

わずか半世紀間で成立したインド—イベリア—アフリカ—アメリカというこの広大な空間の形成（フェリペ二世のスペイン帝国にとっては、ほんの二五〇万平方キロメートルだった）は、ラテンアメリカ諸国の独立時にはまだ未完成だった。北メキシコとアルゼンチンの大平原《パンパ》で、最後のフロンティアが消えるのをみるには、一九世紀を待たなければならない。手つかずでのこされたのは、アマゾニアの奥地くらいだったが、そこでも現在は土地開発が始まっている。それにたいして、一九世紀と二〇世紀の強力な移住の流れによって再推進された都市化の過程は、農村部の集団移住のために加速した。以上がこれからたどらなければならない大きな段階である。

四　新しい空間の征服

最初にアンティル諸島と、カスティーリャ・デ・オロ〔現在のパナマとコロンビアの北岸〕と、本土の沿岸をみてみよう。われわれの考えでは、ただの発見だったコロンブスの一回めの旅行は考慮に値しない。ハイチの北側の海岸に、サンタ・マリア号の残骸で急いでつくった、新世界で最初の施設だったナビダーの砦には、先住民の処罰を受けた仲間たちの記憶しかのこっていない。しかし、コロンブスはカトリックの両王の名で、これらの土地を手にいれた。かれは欲に目のくらんだ宮廷の人たちに、その成果をほのめかした。それは故意に連行した数人のインディオと、わずかな金と、多くの可能性のことである。あっというまに広がったこのニュースは、多くの欲望をかきたてた。そのときから、すべては急速に進行した。教皇アレキサンデル六世ボルジア〔一四三一〜一五〇三〕は、一四九四年にトルデシーリャス条約〔スペイン・ポルトガル間の海外領土に関する条約〕で修正した勅書によって、地球をスペインの植民地圏とポルトガルの植民地圏に分割した。アゾレス諸島〔大西洋の火山諸島。ポルトガルが一五世紀に発見〕とヴェルデ岬〔セネガル西部の大西洋に突出した岬〕を通過して、子午線の西の三七〇海里のところにあった、それ以前にはエンリケ王子〔一三九四〜一四六〇、ポルトガルの航海を推進した〕がもっていなかったすべての領土が、カスティーリャ王の手に移ったのである。その手前のすべての領土は、ポルトガルのものだった。ルネサンスのふたつの海上権によって、世界と福音伝導の責任が分割されたばかりだった。競合がはげしかったので、一刻もはやく領有を急がなければならなかった。コロンブスは条約の署名を待たずに、二度めの旅行に出発した。この遠征は重要だった。一七隻の船は一三〇〇人の人と、大量の家畜と、種子と、道具を積んでスペインへ帰ってきた。しかし、ハイチの開発は地方の資源の定期的な搾取から始まった。すべての労働力は砂金の採取と鉱山の強制労働に動員され、土地をたがやす人はだれもいなくなった。イサベラでは、生活条件が不安定になった。最低の生活に追いこまれた「キリスト教徒たち」は、王立倉庫に分配された粗末な食事に甘んじなければならなかった。それは小鉢に一杯のコムギと、酸敗したわずかなラードか、カビのはえたチーズであり――ラス・カサスによれば――おまけとして、ひとつかみのソラマメかヒヨコマメがついてきた。この飢えそうな食事に、熱病と、そのほかの病気という適応しにくい環境がくわわった。犠牲者を抵抗できない無気力な状態に追いこんだ睡魔と、当時はまだ知られていなかった恐ろしい梅毒が広がった。まもなく「ナポリ病」（イタリア戦争の時代だった）という名でヨーロッパに広がった梅毒は、この島でもまた猛威をふるった。スペインの植民地には三〇〇人しかいなくなり、一五〇二年に二五〇〇人の徴収兵からなる新しい強い連隊が到着したころには、明白な反逆の雰囲気が満ちていた。連隊のトップには、国王の権力を再確立する責任をもったニコラ・デ・オバンド総督がいた。新しくきた兵士たちのうち、一〇〇〇人あまりは数週間で亡くなったが、バルトロメー・コロンブスによるサント・ドミンゴの建設と、エンコミエンダという先住民の統治制度の制定のおかげで、阻止できない過程がつくりだされた。先住民（信仰で教化しようとするキリスト教徒の手のうちにあったかれらは、指導者のために働き、カトリックの両王に税金を支払うという現実的な義務にたいして、象徴的な報酬を受けた）を「支配」するこの制度は、まもなくこの帝国で一般化し、この地を効果的に刑務所の植民地に変えることになった。アロンソ・ニノとクリストバル・ゲラ（オジェダとバスティダの旅行とともに、かれらの旅行は首都で大きな反響を呼んだ）の真珠海岸の発見以後、オバンドは一五〇八年から一三年のあいだに、バハマ諸島の四万人の先住民を強制的に移送し、仕事で疲弊した現地人の数の減小を補おうとしたが、なんの役にもたたなかった。この悲惨な状況に直面したスペイン人たちは、前方に逃げるほうを選んだ。サント・ドミンゴから大アンティル諸島（プエルトリコ、キューバ、ジャマイカ）と、カスティーリャ・デ・オロ（パナマは一五一九年に創設された）をめざす遠征がふえ、当局が規制にとりくむほどになったので、運悪くつかまる人たちがでて、本土の海岸のばあいのように成功しないケースが多くなった。

無許可でメキシコの征服を計画したのは、コルテスだった。四〇〇人たらずの人たちをつれて出発したかれは、追跡者を急襲したあと軍隊を補強したが、人数は少ないままだった。メキシコ盆地の植民地化は、八〇〇〇人と推定される核をめぐって組織された。かれらはたぶんカルロス五世に送られた、すばらしい戦利品にひかれたのだろう。コルテスは勝利の直後に、この首都の復興を命じ、マヤ系のワステカ族を服従させた。そして、グアテマラまで攻撃したが成功しなかったので、カリフォルニア湾を探検した。ニカラグアでカスティーリャ・デ・オロとの結びつきをはじめて実現しようとしたのは、ロペス・デ・サルセドだった。しかし、スペイン人のこうした急速な発展は、通過した土地の実質的な支配より、組織網の成果だった。ほんとうの入植は、よりのちのことにすぎず、ミクストンのばあいのように、たびたび困難に直面した。ミクストンでは抵抗運動が、この総督の手でようやく縮小したにすぎない。コスタリカについても、おなじことだった。コスタリカのスペイン人の首都カルタゴは、メリダ［メキシコのユカタン州の州都］とトゥルンのあとの一五六四年に創設された。ユカタン半島ではマヤ族が、モンテホにたいして激しい抵抗運動を展開した。この地方の内陸部では、一七世紀末まで独立した状態がつづき、チアパス州の現在の反乱は、多くの点で一九世紀にこの地方を分裂させた「カーストの戦い」の再現とみることができる。

わずかな人数をつれたヴァスコ・ヌメス・デ・バルボア［一四七五？～一五一九、スペインの新大陸征服者］が「南の海」に着いたのは、一五一三年のことだった。ただちに着手された太平洋沿岸の踏査は、成果のあがらなかった二度の試みのあと、ペルーの征服に成功した。モデルの大胆さでコルテスと匹敵したピサロは、ペルー北部のカハマルカでインカの皇帝を捕獲し、ラテンアメリカのこの大帝国を奪取した。ここにはまた数多くの住民の住む、四つの地方からなる驚くべきタワンチンスーユという行政体があり、ピサロに組織内を分割する力があっても、その機会はまったくなかっただろう。実効のない抵抗運動が半世紀間つづき、クスコの攻囲戦のときのように、ときどきスペイン人は困難な状況に追いやられた。しかしこの抵抗運動は、ついに聖域ビルカバンバから侵略者を海におしもどすことに成功しなかった。つねに増員された援軍がトゥンベスと、ついで新しい首都リマに強く結びついたカヤオの港から到着した。最初はピサロの協力者で、そのあと公然たる敵となったアルマグロ〔一四八〇?～一五三八、スペインの新世界征服者〕と、ついでベナルカサル〔一四八〇～一五五一、スペインの新世界征服者〕は、キト〔エクアドルの首都〕と、ポパヤンと、エルドラド〔新大陸にあると信じられた黄金郷〕の不確実な調査のためにインカの一部を放棄しなければならなかった。また、ジメネ・デ・ケサダとオレリャーナ〔一五一一～四六、スペインの探検家〕は、アマゾン川の発見者となった。かれらのあと、細身の剣を使う気になった無名の人たちや、しがない人たちが、アタワルパ〔?～一七五五頃、ペルーの対スペイン抵抗運動の指導者〕の身の代金を先どりした王の最初の取り分がセビーリャに着いたあと、富の同義語になったこの地方にひかれてやってきた。かれらの集団内では、カンネル国とオマガ王国の金の宮殿のうわさが流れた。しかし手段がないのでだれもでかけなかったし、もどってきたほかの人たちを、破滅しないよう思いとどまらせる人もほとんどいなかった。遠征隊のなかには、チリの氷結したアンデス山脈にいったアルマグロや、まだ緑の地獄と呼ばれていなかったアマゾニアにいったゴンサロ・ピサロのように、悲惨なめにあった人たちがいた。このあいだにペルーの内部情勢は、アルマグロの仲間によるフランシスコ・ピサロの暗殺後、急速に悪化した。そして、奪回をはかる不運な試みから市民戦争がはじまった。インディアス新法が適用され、エンコミエンダの永続化と、インディオの個人的奉仕は廃止された。資産が危くなったエンコメンデロ〔エンコミエンダの所有者〕は、国王にたいして反抗した。多数の顧客にかこまれた会食用テーブルをもつ権力者たちはまた、相互間ではげしく分裂した。アルマグロ派のリーダーだったディエゴ・エル・モゾと、ピサロ派のリーダーだったゴンサロは、国家反逆罪によって公衆の面前で処刑された。コンキスタドールの息子だったマルティン・コルテスは、断頭台をのがれるために出生の正統性にすがるしかなかった。この反乱はヌエバ・エスパーニャ〔スペイン統治時代のメキシコの別称〕でも、ヌエバ・カスティーリャ〔スペイン統治時代初期のペルーの別称〕でも失敗し、ひとたび秩序を回復した副王メンドサは、寛大な態度を示さなければならなかった。一六五〇年にペルーで調査された八〇〇〇人のスペイン人のうちに、四八〇人のエンコメンデロがいた。新法の実施は、全体的な利害を考慮して中断された。

このあいだに大西洋側の沿岸では、もうひとつべつの帝国が建設された。すべてが始まったのは一五〇〇年のことであり、そのとき、二年まえにヴァスコ・ダ・ガマ〔一四六九頃〜一五二四、ポルトガルのインド航路の発見者〕が開いたルートをはずれたペドロ・アルヴァレス・カブラル〔一四六七頃〜一五二〇、ポルトガルの航海者〕は、より西にあったブラジルに上陸した。かれの発見はルシタニア地方〔現在のポルトガル〕の権利要求を正当化したが、この権利要求は、さらに数年のあいだ空文の域をでなかった。ポルトガル人たちはアメリカで地歩を固めるより、スパイスのルートにあたるアフリカとアジアに海外支店を開くほうを望んだからである。リオの入り江でヴィユガニョン〔一五一〇〜七一、フランスの航海者〕が挫折した一五六〇年に、グアナバラ湾に近いフランスの植民地フランス・アンタルクティクが小休止した理由が、こうして説明される。一五三一年に数百人の入植者をつれて、北東海岸に上陸したマルティム・デ・スーサは、ベルナンブコと、バイヤと、パラナに世襲制の港湾事務所を設立した。一五四九年には、こんどはトメ・デ・スーサがイエズス会士をつれてやってきた。イエズス会士はサン・パウロの拠点に住みつき、そこから村々《アルディア》に再結集したトゥピ族を統治しようとする希望をもって、北と中央と西の内陸部に立ちいりはじめた。しかし、それはむだな努力だった。スーサの同僚たちがトゥピ族を好んでアフリカ人扱いしたのにたいして——かれらはギニアの住民と同一視したようだった——ノブレガ神父〔一五一七〜七〇、ポルトガル生まれのブラジル初代のイエズス会管区長〕はこの信徒たちの残虐で淫乱な気質を公然と非難し、かれらをイヌやブタとくらべさえした。[9]

（9） Cf. Manoel da Nóbrega, *Cartas do Brasil*, in *Cartas jesuíticas I*, Belo Horizonte, Ed. Itatiaia, 1988.

しかしほどなく、イギリス人とオランダ人の手でアジアの植民地を奪われたポルトガル人は、ブラジルに努力を集中するようになった。一五七〇年から八五年のあいだに、白人の人口は三分の一もふえ、二万人から三万人になった。北東部の大農場のファゼンダでは、つねにより数少ない適性のない先住民たちを使って、製糖機を回転させるのにうんざりしたサトウキビの大農園主たちは、以後、奴隷売買に頼るようになった。南のサンパウロでは、一五〇世帯ばかりの小さな村落のポルトガル人が、荒壁土の壁とわらぶき屋根という先住民の侵入を防ぎきれない家に住み、フロンティアの生活を送っていた。サンパウロの住民は、ポルトガル王になったフェリペ二世の治世下で、通過するスペイン船に、自分たちの食糧調達に必要な何百頭という家畜を供給しなければならなかった。もはや仕事では生活できなくなったかれらは、先住民の使用人やメスティソ〔インディオと白人の混血者〕の庶子たちとともに旗幟を鮮明にして、つねにより遠いマト・グロッソ〔ブラジル南西部の高原〕で大がかりな奴隷狩りに着手した。こうした徒党は通りがかりに、未来のミナス・ジェライス〔ブラジル南東部の内陸州。鉱物資源が豊富〕の土地で、金や、ダイヤモンドや、宝石をかすめとった。より南のラプラタ地方は、グアラニー系の先住民集団の悪のない土地という夢と、スペイン人のエルドラドというふたつの夢の出会いから生まれた。両大洋間の通路を発見するという任務を帯びたソリスは、善意から広大な河口をさかのぼって使命をはたそうと考えた。かれは先住民の手にかかって亡くなったので、それ以上のことを学ぶことはできなかった。アレイクオ・ガルシアのほうは、銀の王の財産が称賛されるのを聞いて、もっと間近でみたいという欲求を抑えることができなかった。イグアスの滝〔アルゼンチン、パラグアイ、ブラジルの国境にあるイグアス川の滝〕にたどりついたかれは、パラグアイをとおりすぎてチャコ〔アンデス山脈とパラグアイ川のあいだの平原〕を横断し、アンデス山脈の山麓までいったところでインカの軍隊にぶつかった。かれはもう少しで、ピサロのまえにペルーにたどりつくところだったのである。

ガルシアには、ドミンゴ・デ・イララという競争相手がいた。かれはブエノス・アイレスの最初の設立の一一年後に、生活条件が不安定になりすぎていた村落をはなれ（スペイン人の家で人肉食のケースが報告された）、パラグアイのアスンシオン〔パラグアイの首都〕にいって住みついた。先住民が両手を広げて歓迎した――この表現は、このばあいにふさわしい――この小さな植民地は、生殖の空間に変貌した。修道者もふくむすべての人々をとらえた性的熱狂を非難する意図で用いられた表現によれば、それはまさに「マホメットの楽園」だった。この地域の前線総督《アデランタード》だったアルヴァル・ヌメス・カベサ・デ・ヴァカは、驚くべき数字をあげている。かれがいったのは、イララがインディオから現物で受けとった贈りものを売るときに、インディオの女性を三〇人か、四〇人か、ときには五〇人もまとめて最高入札者に売ったということだった。かれの死後のパラグアイに、すでに四〇〇〇人ばかりのメスティソがいたのは驚くべきことではなかった。いずれにしてもスペイン人は、この山脈の麓に定住することに失敗した。クスコやアスンシオンと同時期に、豪華なカンディール王国を求めて出発した探検隊は、凶暴なチリグアノ族をまえにして退却せざるをえなかった。

五　「キャリヤー」の人たち

一五七二年のミゲル・ロペス・デ・レガスピ〔一五一〇頃～七二、スペインの植民地政治家〕によるフィリピン群島の征服で、世界のなかのスペインという存在は極限に達した。そこでもまた先住民は、インディオと呼ばれていた。行政的にヌエバ・エスパーニャに所属したこの群島は、有名なマニラのガリオン船をつうじて、年にいちどヌエバ・エスパーニャと結びついた。

この広大な帝国の限界は、じつのところコミュニケーションのむずかしさにあった。ピエール・ショニュは「インド諸国のキャリヤー」という二大ルートの船の運行回数を計算している。往路ではカナリア諸島の貿易風が求められ、帰路では、はるか北方のボストンの緯度の高さで、反対貿易風がアゾレス諸島にもどるのに必要だった。このスピード記録は三世紀にわたるカラベル船の活動で、一五〇二年のコロンブスと（ラス・パルマスとマルケニーク島間を二一日間）、ある意味で一四九五年のアントニオ・デ・トレス（サント・ドミンゴとカディス間を三五日間）によって、いっきょに破られた。積載能力はあっても、それほど扱いやすくなかったガリオン船は、船団として一五六〇年から頭角をあらわし、年に二度のペースで往復した。メキシコの船団は五～六月に出航し、本土の船団は八～九月に出航した。船団はしっかりと武装した軍艦に護衛されていた。つねに恐れなければならない攻撃（私掠船《しりゃくせん》と海賊はアンティル諸島の海を荒らしまわった）、海が荒れたときの難船の危険性と、衛生と食事の悪条件によるたえまのない病気の脅威に、寄港のわずらわしさがくわわった。セビーリャを出航して、カディスとカナリア諸島へいくのに一〇日間かかり、プエルトリコからヴェラクルスや、カルタヘナや、プエルトバリオスへいく航程を終えるには、三週間から二か月間という期間が必要だった。ここではマニラと、ペルーのカヤオに向けて再出航するばあいの積みかえや、パナマかアカプルコでの数か月間という待ち時間を計算にいれていない。完全な往復航路のばあいは、アンティル諸島にたいしては、トータルで少なくとも八か月間を要し、メキシコや本土の海岸にたいしては、ほぼ一六か月間を必要とした。さらにペルーにたいしては、二年か三年が必要になり、フィリピンにたいしては、その二倍以上の年月が必要だった。

インド諸国評議会という上級機関のもとにあったセビーリャのカサ・デ・コントラタシオン〔一五〇三年に設立。新大陸との交易を監督し、航海士の養成などにあたった。インディオ通商院〕の使命は、反宗教改革の影響を受けて厳密に選定された政策によって、個人と資産の動向を管理することだった。ユダヤ人と、ムーア人と、プロテスタントは、インド諸国に滞在することを禁止された。その目的は異端のどのような汚染からも、新世界をまもることだった。だから、うわべだけのキリスト教の陰に隠れてユダヤ教徒化する疑いのあるコンベルソ〔イスラム教やユダヤ教からのキリスト教への改宗者〕や、さらに競合する国の海外居留者は、できるかぎり排斥された。それはポルトガル人と、フランス人と、イギリス人のことであり、フランドル人や、ジェノヴァ人や、ドイツ人や、カトリックの王のすべての臣下と、王から海外帝国の植民を奨励された人たちは除外された。ロマ民族と弁護士は、好ましくない存在として追放された。出航を許された人たちのなかには、多数派のアンダルシアの人たちと、それにつぐカスティーリャの人たちがおり、そのあとにエクストゥレマドゥーラの人たちと、ずっとおくれてバスク人たちと、ガリシアの人たちがいた。目的地のトップだったヌエバ・エスパーニャは、すぐにヌエバ・カスティーリャに追いつかれて追いこされ、ついで、それほどはっきりしない鉱山の豊かさをうわさされたヌエバ・グラナダ〔スペインの統治時代のコロンビアを中心にした行政区〕とチリに追いこされた。すでに数多くの外国人を受けいれていたラプラタ地方に人気が集まったのは、ずっとあとのことだった。ほどなく不況に陥ったアンティル諸島は、トップの位置から最下位に転落した。

　われわれのもつ不完全な統計では、出発した人たちの社会的構成を十分に正確に知ることはできない。受けいれられている観念とは逆に、たぶん飢えに苦しんだスペインの最下級貴族や、黒い伝説が主張したどうしようもない連中は、そんなにいなかっただろう。たとえコロンブスの乗組員や、ロペ・デ・アギレの仲間のなかに、何人かの再犯者がいたとしてもおなじことである。長男に相続権を奪われ、ほかのところへ財産を捜しにいかざるをえなかった第二子以下の息子たちの大量流入で、この実態が説明される。植民地社会の建設には職人と商人のほかに、官吏と、修道士と、大勢の使用人をつれた行政官の増員が必要だった。こうした特権階級にたいしても、おなじルールが存続していた。インド諸国でもスペインでも、成功するには「教会、海、王家」という三つの方法があったのである。

出航者のなかには、女性はほとんどいなかった。王室はたまたま、先住民との内縁関係の一般化を抑えるために、既婚者に妻子を同伴して旅行するか、二年後に妻子を迎えにくることを要請した。かれらの多くは、ほかの国の独身男性とおなじく、そんなことを承知しなかったし、非白人との結びつきを正当化しようとする傾向も、ほとんどみられなかった。また、かれらの子どもは、公職につくことを望む人間に要求される血の純潔さという基準を満たさなかった。ひとたび――何人かのプロの女性がまぎれこむ危険を犯して――女性だけの出航が認められると、女性の旅行者の数は数年で急増し、時代によっては出航者の五%から一六%になった。あらゆる分野の女性をとりまぜて、一四九三年から一五一九年のあいだに、アンティル諸島へいった女性だけでも五四八〇人が記録されている。一五二〇年から五九年にかけては、インド諸国の全体に向かった女性旅行者は、二万二五七八人ばかりを記録した。こうした正確だが偏ったデータは、密航者をまったく計算にいれていない。ほぼ四万五〇〇〇人という信頼度の高い指標を示したショニュは、合理的な大きさの数字を入手するには、この指標を六倍するよう勧めている。すると、一六世紀にインド諸国に航行した人たちの数は、約二五万人になる。

六　奴隷売買をした人たち

この総数を正確な数値として認めなければならない。スペインやポルトガルからみた移住が（一七世紀のはじめには移住を制限する対策がとられたほど）大きな人的欠損をあらわしていたとしても、アメリカ側からみれば白人の人口比率は、とるにたりないものだった。一五七〇年のメキシコでは、三三三万六八六〇人のインディオにたいして、二万五六九人のアフリカ系の人たちと、六四六四人の白人たちがいた。四八七二人のメスティソとムラート〔白人とアフリカ系の混血者〕をべつにすれば、白人とアフリカ系の総数は、全体のわずか一～二％にすぎない。べつの注目すべき要素である先住民の人口数は、スペインの征服直前の推計とくらべると、ほぼ垂直に落ちている（バークリー学派の人口統計による二五〇〇万人が、アンヘル・ローゼンブラッツのいう四五〇万人に落ちた）。ほうぼうで大なり小なり注目されたこの現象は、征服のおりの大量虐殺や、植民地の強制労働や、異文化受容の弊害などのせいだけではない。現在、大量死と出生率の深刻な危機というくみあわせは、おもに何世紀かをつうじてインディオを襲ったウイルスの衝撃で説明されている。とくに最初の伝染病だった天然痘が発生した一五一九年から、インフルエンザと、はしかと、発疹チフスを主とする伝染病の本物の大流行がアンデス山麓に襲いかかった一五八五年までのあいだに、あらゆる病気が大勢の人の命を奪った。住民たちは何千年ものあいだ隔離状態にあったので、免疫力をまったくもちあわせていなかったのである。当時は科学的な説明がつかなかったので、スペイン人のなかにいたかなりな数の慈悲深い心の持ち主たちは、そこに聖書にでてくるエジプトにおきた一〇の「災厄」のひとつである神の処罰のしるしをみようとした。この地方の初期の福音伝道師のひとりだったモトリニア神父〔一四八二？～一五六九？スペインのフランシスコ会士〕によれば、この災厄は征服直後のメキシコを荒廃させた。

アメリカにアフリカ人の奴隷を導入したのは、先住民の深刻な労働力不足に手を打とうとする考えが働いたせいだった。そして、そこに君主の専断が働いた。コロンブスは二度めの航海のあと、サント・ドミンゴと本土のあいだに奴隷の不正取引を推進しようとする計画を提案した。フェルナンド五世はためらったあと、最終的に拒否したが――カスティーリャのイザベル王妃はまだ存命中だった――妻の死後、ひとりで権力の座にあったときに、急にその決心がぐらついた。かれは法的な（完全に理論的な）保護策にもかかわらず、消滅の危機にあったインディオより、強靱だという評判の高かったアフリカ人のほうを選んだ。この点でかれは、枢機卿で摂政だったシスネロス［一四三六～一五一七、スペインの高位聖職者］とおなじく、ラス・カサスの助言にしたがったのである。歴史の皮肉で、ラス・カサスはインディオの擁護者になった。のちに、いくらかの後悔を表明したかれは、アフリカ人の敵だったのだろうか。関係者たちがすぐに行動に移ったので、ラス・カサスは不当な名声を手にすることになった。アンティル諸島に輸入された初期の奴隷たちは、使用人として主人とともに本国をはなれた。理性のない人間か、ハム（「父親の裸」をみたことから呪われたノアの第二子）の子孫とみられたアフリカ人たちは、結局はもっとも人間味のある人たちにさえ、生まれつき盲従的な活動に向いた人たちだと思われた。

じつのところ奴隷制を擁護する社会は、こうした微妙な点をついて熱烈な擁護論者になったにほかならない。かれらにとって奴隷は経済的な要求であり、奴隷売買は全般的な利益に役だった。雇用主も、植民地の官吏も、そしてアフリカ人自身も、みんながそれをうまく利用した。アフリカの弱小国の王たちの熾烈《しれつ》な戦いによる大量虐殺から救われたかれらは、新しい主人のもとで心の支えと、保護をみいだしたのではないだろうか、運命づけられた地獄から引きはなされたかれらは、捕らわれの身になったかわりに、地上ではともかくとして、少なくとも天国で楽園を提供され、そこで確実に悔悛《かいしゅん》と努力の生活を送ったのではないかというわけだった。すぐに着手され、たちまち結論をくだされた（奴隷生活の希望はじつに短かった）この仕事は、最初のうち、海岸の奴隷商人の手に託された。かれらはヨーロッパの雇用主のために、内陸地域で略奪行為を働いた。長いフォークに手をつながれ、海外支店まで歩かされたかれらは、そこで壁に鎖でつながれて、つぎの船がくるのを待った。かんたんな健康診断と、焼き印をおされるという試練のあと、かれらはポルトガル人の呼称では、申し分のない「葬儀人夫」になった。それから船底での長い航海が始まり、多くの人は目的地をみることができなかった。どれくらいの人たちが船倉で亡くなったのだろうか。全体で一二〇〇万人から一五〇〇万人の航海者のうち、たぶん一五〇万人から二〇〇万人が命を落としたのだろう。ここでもまた、とくに一八〇七年の奴隷売買の禁止以後は、不正行為のために数字を確定することはむずかしい。札つきの密売人たちが税金をごまかすために、乗船者数をごまかしていたばあいは、立入検査をのがれるためにあまり躊躇もせずに、この船荷を甲板から投げすてただろう。奴隷売買の利益の収支決算は、流出人口の増大から判断すれば厖大なものだった。一六世紀には三〇万人が売られ、一七世紀には一五〇万人が、一八世紀には六五〇〇万人が売買された。ブラジルだけでも、三五〇〇万人のアフリカ人を受けいれたかもしれない。

トルデシーリャス条約によってアフリカの海岸から排除されたスペイン人は、奴隷の仕いれのために、サントーメとサン・パウロ・デ・ルアンダの初期の海外支店にいたポルトガル人と、ついでイギリス人や、フランス人や、オランダ人をあてにした。「三角貿易」の一環とみなされた奴隷売買は、空荷の航海をしたがらない船主たちに許された交易システムの中心になった。はじめにヨーロッパから、武器と、アルコール飲料と、粗悪品を積んでアフリカに着いた船は、満載したアフリカ人をアメリカにおろし、そのあと熱帯の産物を積んで母港に帰港した。この段階をふむたびに商品に付加価値がついたおかげで、利益のほうは大きくなった。最初はモーリタニアと、ギニア湾沿岸の「奴隷海岸」にかぎられていた密貿易は、そのあとスーダンや、コンゴや、アンゴラに広がり、さらにインド洋側のザンジバルや、インドのマラバル海岸とベンガル湾にまで達した。そして、そこからアメリカまで、三〇万人から四〇万人のアジア人を輸入した。自立したブラジルは独自の用途のために、近隣のアフリカと直接的な関係を確立した。

航海は残酷な条件下でおこなわれた。不十分な食料供給は生存の保証と、実力行使の試みの抑圧をねらったものだった。危険性を少なくするために、「奴隷置き場」には夜になると南京錠がかけられた。リーダーたちはみせしめの処罰を受け、船内で暴動がおきたばあいは、大勢の人に無差別な発砲がおこなわれた。船倉にかんづめのイワシのようにすしづめにされ、ふたりずつ鎖でつながれた不運な仲間たちは、デッキをちょっと歩くにも交互にしか動けなかった。かれらは週に二度シャワーを浴びせられ、シラミよけのために二週間ごとに髪をそられた。また壊血病を防ぐため、日常的にうがいを強制された。最短なら一か月半から二か月で港に着いたが、それ以上かかることが多かった。目的地はバイヤ、レシフェ、カルタヘナ、プエルトバリオス、ヴェラクルス、ポルトー・プランス、ハバナなどだった。この商品は、もとの状態にもどして競売で最高の利益をあげるために、四〇日間かけて「洗濯」された。競売は町の触れ役か、掲示をつうじて予告され、船上か奴隷市場で売買がおこなわれた。おまけとして、いい人間に悪い人間がくみあわされたが、念のために、おなじ民族の人間はべつべつにされ、同一家族の成員は、さらに強い理由から切りはなされた。買い手は一連の細かい検査のあと、こんどは自分の焼き印をおした。奴隷はすぐに主人の家につれていかれ、能力しだいで家事か畑仕事を担当させられた。

大農場《アシエンダ》の労働条件は信じ難いものだった。明け方から夕暮れまで、「庭」で監理人と配下の監視のもとに植物を伐採したり、除草したりする人たちもいれば、「製粉所」でサトウキビを粉砕する人たちもいた。奴隷は日照りのきびしい真昼に二時間の休みをもらえたが、そのかわり日が沈むと草場にいって、家畜のための飼料を準備した。疲れた様子がまったくなければ笞で打たれ、ちょっとした過ちを犯しても、拷問の手かせで、もっとも苦しい姿勢をとらされた。また、ちょっとでも逃げそうなそぶりをすると、まがった長い胴のついた首輪の着用か、鈴のついた首かせの処罰を受けた。狩りたてをのがれ、追跡のために放たれたイヌをうまく引きはなすことができれば、逃亡奴隷が自由を回復しようと力をあわせている、内陸地域のパレンケかキロンボにいくしか生きのびるチャンスはなかった。(10) 入植者につかまった人たちは、なんとかして文化的変容に抵抗しようとした。あちこちでキリスト教の陰に隠れて、アフリカの儀式を再現しようとするアフリカ人たちの信徒会が誕生した。それはハイチのブードゥー教や、キューバのサンテリーアや、ブラジルのカンドンブレとマクンバなどのことである。ここでもまた少数派の女性は、決定的な役割をはたした。船が着くたびに平均して三分の一の女性が、生殖の要求を満たすものとみなされた。これは奴隷が若くて、きれいだっただけに、主人が積極的に犠牲にした慣例から強制されたルールだった。両者は「黒い腹」という法律の動機となり、主人の子どもたちはこの法律によって解放された。アフリカ系の女性は、乳母と母親という役割を割りふられた一時的な主婦として、解放に向かう混血社会のきずなとなった。

(10) パレンケは逃亡したアフリカ人たちとインディオが立てこもった、人里はなれた柵で防御された場所。キロンボは小屋か、その場しのぎのわらぶきの家のことで、意味の拡大によって、ブラジルの逃亡奴隷の避難場所のことになった。

七　新しい植民地社会の農村と都市

植民地としてのアメリカを、きわだつイベリア的性格をもつ都市風景と、強くインディオ的性格をのこす農村風景にわけて考えることは誤りかもしれない。都市部の住民が、すぐに国際的な生活に巻きこまれたという事情のほかに、アステカ人のシナンパス（ゆったりとした庭園）や、アンティル諸島の小規模農場や、アンデス高地の段々畑を、「田園」というあまりにも地中海的性格の概念にとりこむことはむずかしいように思われる。

たしかにアメリカ先住民の農業は、侵略者たちの強い悪影響を受けた。侵略者たちは必要と思われるいたるところに昔ながらの作物（インゲンマメ、トウモロコシ、トマト、ジャガイモ、カカオ）を広げただけでなく、新しい作物（コムギ、サトウキビ、ブドウ）を出現させ、それまでに知られていなかった家畜（ウマ、ブタ、ウシ、ヒツジ、ウサギ、ニワトリ）の飼育を推進したからである。サント・ドミンゴに始まったこの現象は、気がかりな展開をみせ、一五七四年の調査では、野生状態にもどった一〇〇万頭と推定される家畜を計算にいれなくても、四〇万頭のウシがいることがわかった。新しい生存条件に適応した動物たちは急激にふえはじめ、あちこちで利用されない巨大な備蓄を構成したので、タンパク質の大きな供給源となって、それをインディオが利用するにちがいないと思われた。人間がいくまえに家畜たちが広がったテキサスの平原でも、ベネズエラの大草原でも、アルゼンチンのパンパでもおなじことだった。ほかのところでは反対に、とくにアンティル諸島と、メキシコの高原と、アンデス山脈では、家畜の群れの突然の出現のために自然の風景が破壊され、農作物は荒らされて、収穫量は低減した。つまり、すべては土地の最初の居住者だった先住民が、肉食性のウシやヒツジにくいつくされたかのようなありさまになったのである。それにたいして、中世のスペインにできた強力な移動牧羊組合のようなメスタをつくった新来者たちは、移牧飼育とともにもちこんだ共同放牧権を使用して、乱用した。遊牧の家畜の群れが落ちつく場所に相応するエスタンシア［中南米のウシの大放牧場］は、かつてのエンコミエンダのように、不動産の取得様式となった。住んでいた土地を、インディオや家畜に奪われたエスタンシアやエンコミエンダの人たちはまた、現地人の空き地や見捨てられた土地を奪い、現地人のほうは王権の保護を受けた有利な幸せ者として、ほかの場所に移動するか、働きにいかざるをえなかった。王権は（入植者にたいして認めた）カピチュラシオン［協約］と（有用な奉仕に感謝して認めた）メルセド［恩恵］という方法で、このプロセスを管理しようとした。しかし、インディオの共同体に属する譲渡不可能とみなされたいくつかの土地が、平然と略奪されたことも少なくなかった。合法か非合法の取得は、中世から引きついだ盛大な儀式の対象になった。当事者は法官の手を引いて所有地を一周し、自分の計画を正当化するために石を捨てたり、雑草をとったり、木の枝を切り払って土地を開拓したりするふりをした。それでもスペイン人の利益だけをはかったこの制度では、かれらのあいだでも大きな対応の違いがつづいていた。たしかにウマを使ったか、足ではりあったかという、つまり貴族だったか平民だったかによって、分け前は二種類になった。ところで平民にあたえられた分与地は、貴族に認められた恩賞地の五分の一の広さだった。このような条件があれば、もっとも控えめなコンキスタドールでも、自分をスペインの小貴族だと思いがちだったのはむりがない。

いずれにしろ、たぶん少数のヨーロッパ人のせいで、植民地社会の基本的な単位は都市になった。それはサント・ドミンゴ、プエルトリコ、パナマ、ヴェラクルス、メキシコ、グアテマラ、サンタ・マルタ、カルタヘナ、リマ、ボゴタ、グアヤキル、アスンシオン、ハバナ、メリダ、チリのサンチアゴのことである。植民地の都市の大半は、クエンカ、メンドサ、トゥクマン、サン・アグスティン、コチャバンバ、マラカイボ、ブエノス・アイレスのように、カール五世の治世下か、その直後のフェリペ二世の治世下に建設された。二万三〇〇〇の世帯にたいして二二五の都市と村があり、一世帯に五～六人の人間がいたとすれば、一五七四年に二二万人だったヨーロッパ人が、移住人口の倍増か、二世代にわたる移住の結果かで、一六二八年には約五〇万人になったのである。

格子縞の平面図でできた植民地の都市は、中央広場のまわりに建った一辺が八五メートルの家屋群のくみあわせからなり、そこには大聖堂か教会や、官邸や、市役所などの主要な公共建造物が集まった。そして行政と、教会と、司法と、地方の権力者の集会場があった。この徹底した画一性は、ときに圧倒的な威容をほこる修道院で破られたにすぎない。周辺の建物は地震の危険性があったので、ふつうは二階建てか、せいぜいで三階建てという高さだった。町の光景は、アフリカ系と、ムラートと、インディオと、メスティソの雑多な集団を呈し、メスティソのなかには、ときおり先祖のスペイン人の黒いシルエットのめだつ人たちがいた。大勢の使用人がいた。ヨーロッパ人の小売店主と職人もいくらかはいたが、大半はメスティソだった。植民地生まれの豊かな白人であるクレオルは豪勢な暮らしをし、会食をしたり、大勢の使用人を雇ったりした。かれらは代表をつとめた議会をのぞけば公務を避け、農場や鉱山の収益にたよって大部分の時間を無為にすごした。

アイマラ族［ボリビアとペルーのインディオ］のヒツジ飼いによるポトシの銀鉱の発見で、一六四五年に始まった鉱山ブームは、コロンビアのブリティカ金鉱と、メキシコの銀鉱の発見とともにつづいた。

当時の人たちのいうヴィラ・リカ・デル・ポトシは、アンデス山脈の標高四一四六メートルのところにあって、極度に近づきにくかったが、すべてのライバルを凌駕《りょうが》する人たちを集めた。先住民の雑役係たちは妻子を家にのこし、最長で三か月までかかって、ここに疲れはててたどりついた。この人たちの大多数は、二度と村にもどらなかっただろう。それでも鉱山の規則は、一週間の労働にたいして二週間の休息を予定したが、このペースは非人間的だったのである。かれらは五〇キロの鉱石のかごを背負い、崩れ落ちた堆積物のなかできわどいバランスをとりながら、古びたはしごを日に二五回ものぼったのだった。事故もおこさずに地底の蒸し暑さからぬけだしても、汗びっしょりになった不幸な人たちは、鉱山の地上施設に着いたとき、山脈の凍りつくような微風にあたったのだった。かれらはまた病気に襲われた。砕鉱の仕事をすれば珪肺症《けいはいしょう》になったし、アマルガムをつくれば抑えきれない震えがきた。かれらはそうなると鉱山から閉めだされ、惨めな状態で絶対的な苦況におちいり、その場で数日のうちに亡くなった。以上がインカ時代から引きついだ交替制の労役であるミタの苛酷さであり、それはボリビアの独立直前にカディスの議会で禁止された一八一二年まで、つねに合法的でありつづけた。毎年の労役のために、一万三五〇〇人のインディオの徴集が必要だった。このペースで急増した死亡率を考慮すると、開設後一世紀間のポトシのセロ・リコ鉱山の犠牲者数は、隣接する一六の地方の人口の八七％に相当したと推定される。この悲惨な状況から出現した町には、バロック様式の教会と、公共施設と、劇場と、祝日には銀で舗装される通りと同時に、賭博場と、一二〇〇人の白人の娼婦——ヨーロッパ人の女性がじつに少なかった当時としては、信じられないぜいたくさだった——と、彼女たちのはげしいけんかと、ときには乱闘があり、町は極度の発展と繁栄を体験した。一五七二年の一万人の住民は、一五八〇年に一二万人になり、一六一〇年には（ロンドンやセビーリャより多い）一六万人になったと思われる。人口カテゴリーの分布をみると、寄生者の増大が明らかになる。一六一〇年には、七万六〇〇〇人のインディオと、六〇〇〇〇人のアフリカ人にたいして、つねに三万八〇〇〇人のクレオルと、四万人のイベリア半島出身者たちがいた。さらにスケールの小さい鉱山都市でも、おなじような範囲の住民構成が示された。有名なアレイジャディーニョ〔一七三〇～一八一四、ブラジルの彫刻家、建築家〕が、かれの作品のオーロプレト〔ブラジル東部の市〕をつくり始める直前の一七五〇年に、この金鉱と、ダイヤモンド鉱と、宝石鉱で知られた「豊かな都市」は、ブラジルのミナス・ジェライスの一七万人の住民のうち六万人を集め、そのなかには四万人の白人と、少なくとも二万五〇〇〇人のインディオと、一万人以上のアフリカ系の人たちがいた。

つまり、コンキスタドールの乱入で、ふたたび問題になったアメリカという空間の占拠は、ふたつのプロセスにしたがった。ひとつは植民地のいたるところで、新しい活動地帯にたいする奴隷の輸入や住民の結集といれかえに、未開の住民の全体的・部分的消滅がみられたことだった。そしてその一方に、村のインディオと、大農場のアフリカ系の人たちと、都市の白人とメスティソがいて、都市は行政の中心地か、鉱山センターか、輸出用の港の建設地になった。また、冷めたといわれたエルドラドの探索者たちの熱狂は、二世紀半後に、もっともはげしいかたちで再開され、国民たちを巻きこんだ。

八　アメリカを入手する

一七世紀と一八世紀の停滞のあと、一九世紀末と二〇世紀のはじめに急激に回復したこの傾向で、巨大な移住現象がおこり、大陸の都市化というプロセスが頂点にまで推進された。しかし、この新しい時代は、反対の兆候をもつふたつの出来事に縁どられていた。それは独立という出来事のために特権を奪われた、過去の旧体制の賛美者たちの後退と、一九三〇年代の経済危機のことであり、地方にたいするその余波で、ヨーロッパ人の移住は枯渇した。

この回帰の波が白人の人口の一部、つまり、まだ統合されきっていなかった新しい移住者にしかかかわらなかったことを明確にしておこう。こうした移住者たちは、特権や失われた秩序の代表者と、中心地に執着するものとして拒否された。ジョゼフ・ボナパルト〔一七六八～一八四四、ナポレオン一世の兄〕に解任されたフェルナンド七世〔一七八四～一八三三、スペイン王〕は、アメリカの植民地を失ったが、ジョアン六世〔一七六七～一八二六、ポルトガル王〕は廷臣たちの全員と運よく移ったブラジルで、しばらくのあいだ帝国を樹立した。それでもアメリカにいたスペイン人はすべてが、市民戦争と革命に巻きこまれてヨーロッパにもどれなかった。かれらの多くは北アメリカか、アンティル諸島か、キューバか、プエルトリコに亡命したが、アフリカ系の民衆の反抗のためにサント・ドミンゴを追われた人たちは、合衆国に売却されたルイジアナをはなれたフランス人の入植者たちと合流した。こうしてマイナスに転じた移住の残党は、短期間でまたプラスにもどった。この逆転傾向の大部分は、経済的好況によるものであり、産業革命のさなかのヨーロッパはこの好況の恩恵を受けたが、それは広くはいきわたらなかった。ヨーロッパでは、衛生面と平均寿命の面で実現した否定できない進歩のせいで、過剰人口という問題が発生した。この人口は域内市場に直接的に役だたなかったとしても、少なくとも補足的な経済的発展に作用した可能性がある。この期間中にヨーロッパの人口に特有の重圧が強まり、世界の総人口の二三％から二六％に移行した。当時、三〇〇万人のアジア系とアフリカ系の移民にたいして、五〇〇〇万人のヨーロッパ人がアメリカに到来した。一八五〇年以降、それ以前の何世紀かと比較した年間の人口流量は、一〇〇％の比率で増加した。一八八〇年から一九一五年にかけては三倍となり、一年間で九〇万人にも到達した（その三〇％が地中海沿岸の人たちだった）。一八八〇年から一九三〇年のあいだには、三五〇万人以上のスペイン人が大西洋を渡航した。脱出者の数字を大きく上回るこの数字は、多数の移住者がさまざまな国を通過したことや、なんども行き来したという、つまり何回も計算されたことを考慮した数字である。一般大衆にとって、大洋の航海が乗りこえられない障害物になる時代ではなく、海上の交通量は増大した。行政監督権が海上交通を抑えていた中心地から解放された旧植民地は、ヨーロッパに向けて完全に開かれ、移住手続きは緩和された。蒸気船の進歩のせいで距離は短縮し、渡航費は下落した。それ以後、すべてはアメリカにあった。アメリカの夢は性質でなく射程距離を変え、どんな経済力の人たちにも手の届くものになった。たしかにアルゼンチンはエルドラドではなかったが、その名を聞いただけで、流れでる現金が連想された。「アメリカを入手する」というのは「大きな池」を渡って、向こう岸でチャンスを試してみることだった。わずかな費用で豊富な土地と、実いりのいい仕事と、商売の下地を手にいれたうえに、いつの日にか財産を手にしてヨーロッパへ帰るという見通しがたったのである。

一九世紀の後半には移住の流れの多様化がみられ、移民の流れはイベリア半島だけでなく、大部分は中欧と東欧と、地中海沿岸の近東に由来した。スペインのカンタブリア地方は、その最大の供給源であり、小規模農地を攻撃する大地主のいない社会的闘争は、希望のない闘争だった。ガリシアと、アストゥリアスと、バスクの人たちは、

図29　コロンブス以後のラテンアメリカへの移住

	民　族	規模（人）
16世紀	スペイン人、ポルトガル人など	250,000
	アフリカ人（奴隷）	300,000
17世紀	アフリカ人（奴隷）	1,500,000
18世紀	アフリカ人（奴隷）	6,500,000
	アジア人　（〃）	300,000～400,000
19世紀	アジア系とアフリカ系	3,000,000
	ヨーロッパ人	50,000,000

最初の移住者だったカスティーリャと、アンダルシアの人たちのあとにつづいた。だから、かれらがアメリカに着いたときの目的地は変わっていた。可能性の低いメキシコやアンデス地方より、キューバや、ブラジルや、ラプラタ川流域のような人口が少なくて、ヨーロッパのほうに向いた大西洋側の沿岸地帯が好まれたのである。

キューバは一八三〇年から、砂糖ブームに乗っておきたアメリカからの移住者たちの逆流と、ヨーロッパ系とアジア系の移住の波に巻きこまれた。そのうえ、カルロス党の戦争で分裂したスペインの軍務をのがれようとしてやってきたイベリア半島の若者たちの集団に、それほど考えもせずにサトウキビの裁断人としてやってきたユカタン半島のインディオや、中国のクーリーたちがくわわり、クーリーは六〇年代の人口の四・四％を占めた(11)。蒸気発電所の出現と奴隷制度の消滅は、この大量流入の原因となったが、この流れはふたつの独立戦争〔一八六八～七八の第一次独立戦争と、一八九五～九八の第二次独立戦争〕で一時的に中断された。しかし、それは二〇世紀の最初の三分の一で再開された。一八九九年の調査によれば、キューバの一三万人の在留外国人がスペイン生まれであり、それは全体の一二分の一に相当した。一九〇二年から三一年のあいだに、八六万人の入国者がやってきて、この比率を高くした。植民地の四世紀は、新しい政治体制が始まった最初の三〇年ほど、総数でみてスペイン人を引きつけなかった。

(11)「グアノ〔肥料用の海鳥の糞〕ブーム」の最中だったおなじころに、ペルー当局は中国のクーリーの合法的な入国者を七万五〇〇〇人と記録したが、実数ははるかに多かった。八年間雇われた不幸な人たちは、旅費の埋めあわせをしなければならなかった。かれらの人数はリマと、太平洋の沿岸では安定していた。

ブラジルの巨大企業は、ポルトガルの人的資源だけで豊かになることはできなかった。バイヤと、レシフェと、ペルナンブコという三角地帯にオランダ人が住みつき、つづいてウルグアイからきたスペイン人がサン・パウロの発展の基礎を築いた。はるかのちの一八一八年に、ジョアン六世はヌエバ・フリブールに二〇〇〇人のスイス人の植民地を設立し、一八二四年には息子のペドロ一世〔一七九八～一八三四、ブラジルの皇帝〕が、こんどはサン・レオポルドに、約一〇〇〇人のドイツ人を居住させた。最後に、一八八八年に奴隷制度が廃止され、それが外国人の大移住にはずみをつけた。ヨーロッパは深刻な農業危機のどん底だった。メッツォジョルノ〔イタリア南部〕と、ヴェネトとピエモンテ〔いずれもイタリア北部の州〕の全家族は飢え死にからのがれるために、サン・パウロ東部のコーヒーの大農場で、ドイツ人やスペイン人の家族と合流した。ブラジルはこの外国人の余剰労働力のおかげで、奴隷制度にもとづく古めかしい経済と衝突しないで、プロレタリアートの活用にもとづく近代的な資本主義経済に移行することができた。経営者たちは交通費と、宿泊費と、食費を、移住者たちの給料の払いもどしで埋めあわせた。開拓地では給料は、個人の消費用のわずかな額をのこして天引きされ、余剰分は大農場の店内での高価な買いもので消えた。オーナーは最後に収支計算をして利益を確保したし、借金まみれの「入植者」と家族は、その所有地から、いつまでたってもはなれられなかった。

耕作の機械化のあとに短期間の不況がつづき、避けようもなくつづいた相場の下落で、右の方式はとどめをさされた。それはあらかじめ、住民の全体を動員する方式だった。一八七一年から一九二〇年までに数えられた三三九万人の入国者のなかで、たっぷり三分の一を占めたイタリア人に、ポルトガル人（二九%）とスペイン人（一四%）がつづいた。ヨーロッパのほかの国籍所有者（ベルギー、イギリス、フランス、スウェーデン、オーストリア）のなかでは、リオ・グランデ・ド・スル州で大多数を占めたドイツ人（一八八四年から一九三九年までに一七万人）が目についた。アジア系ではこんどは、日露戦争と三〇年代の経済危機のために、出国せざるをえなかった二万人に近い日本人が代表だった。かれらのうちのあるものは、イネの栽培と、野菜の集約栽培と、都市の小売業に転職することができた。国際都市サン・パウロの日本人街は、品数の多いカラフルなピザ専門店の並ぶヴェネツィア街やナポリ街と生き生きとはりあった。人口一九〇〇万人というこの過剰な都市圏は、人口が急増した新興都市として、いまもラテンアメリカで最初の都市という、あまりうらやましがられない称号を競っている。

メキシコ人が好んでアステカ人の子孫だと主張し、ペルー人が[12]インカ人の子孫だと主張するとすれば、ラプラタ地方の住民は、疑いもなく船できた人たちの子孫である。それは平均的なアルゼンチン人をつくりだす以下のレシピが主張するとおりである。

順番にあげよう。腰の広い
インディオのひとりの女、
スペインのふたりのウマ乗り
メスティソの三人のガウチョ［ラプラタ川流域のパンパに住むカウボーイ］、
イギリスのひとりの旅行者、
バスクの中途半端なヒツジ飼いと
わずかな数の黒い奴隷。
三世紀のあいだに、それらはゆっくりと煮あがった。
役立つまえに（南）イタリアの五人の農民と、
ポーランド（かドイツか、ロシア）のユダヤ人と、

ガルシアの宿屋の主人と、
レバノンの商人の四分の三と同時に
フランスの娼婦のぜんぶが、突然、くわわった。

じっとしていたのは五〇年間だけで、そのあとは冷やして、整髪料をつけてあらわれた。(13)

(12)　これは明らかに不正確である。インカ人というのは民族でなく、おもにケチュア族からなる民族にたいして権力をもった人たちのカーストである。

(13)　Cité par Pierre Kalfon in *Argentine*, Petite planète, Paris, Seuil, 1967, p.51.

革命は一世紀間にわたっておこなわれた。一八五〇年にロサス大統領〔一七九三～一八七七、アルゼンチンの政治家〕が失墜したとき、白人は八〇万人と推定される住民の四％にすぎなかったが、二〇年後には二倍になった。それがさらに爆発した一九一〇年には、この比率が逆転し、白人は八〇％になった。アルゼンチンは一八四〇年から一九四〇年までのあいだに、七四〇〇万人の移民を受けいれ（この国だけで、ラテンアメリカのほかのぜんぶの国を合算したより多かった）、そのうちの三〇〇〇万がのこっていた。一九一四年には、全体で八〇〇〇万人の住民の三人にひとりが外国人となり、ふたりにひとりが首都ブエノス・アイレスに住んでいた。(14)

(14)　より控えめな隣国のウルグアイの統計が、この数字を裏づける。一九一〇年のこの国には一〇〇万人の住民にたいして、一八万一〇〇〇人の外国人がいて、そのうちの八〇％が首都のモンテビデオに住んでいた。

事実はそのとおりだった。二〇世紀はじめのアルゼンチンは移民国家だった。一九六〇年には、移民たちの数多くの子どもを数にいれなくても（この地で生まれた五〇〇万人の人たちが、必然的にアルゼンチンの市民権を受けた）、一六〇万人のイタリア人と、一〇〇万人以上のスペイン人と、約二五万人のスラブ人と、七万人のドイツ人と、五万人のフランス人がいた。ここにはオスマン帝国を荒廃させた第一次大戦直後に、ラテンアメリカに移ったトルコ人ははいっていない。トルコ人たちは三五万人と推定され、四分の一はシリアの労働人口だった。シリア人とレバノン人の移住は、最初、ブラジル南部（サン・パウロ）とアルゼンチン北部（メンドサ、コルドバ、トゥクマンの三角地帯）に集中し、しだいにチリとボリビアと、さらにはパナマとコロンビアに広がった（かれらの三〇％は、グアヒラ半島の根元の広大なキャラバンサライのマイカオで地域の交易を支配し、ベネズエラや、エクアドルや、メキシコと密貿易をした）。

ヨーロッパ的であると同時に国際的なアメリカの港であり、現代のバベルであるブエノス・アイレスは、こうした人たちの集結点だった。カラブリアや、アブルッツイや、シレジアのプロレタリアートと貧農のあるものは、ツバメのように（この種の季節的な移住者にゴロンドリナ〔ツバメ〕という名がついたのは、ここからである）秋になると刈りいれをするためだけにきてさっていき、またあるものは平均して四年というそれ以上の期間、農場主の領地に小作農のようにしていつづけた。パンパにはもう分割するような土地はなかった。遅くやってきた人たちのなかには、勤め人として都市部に住んだり、近郊で職人になったりする人たちもいた。また、下見に派遣された家族のひとりの知らせで、一家でそろってきた人たちもいた。すべてはこの国の面積の〇・一五％に、総人口の三分の一を結集した世界で五番めの大都市でおきたことだった。しかし、分け前を手にしたイタリア人は、現在のアルゼンチンの代表的で、模範的で、ほぼ原型的なカテゴリーを具体化しているほどである。このイタリア‐アルゼンチン型とは、黒い目をして整髪料をつけた、生き生きとしたしぐさをするタンゴの踊り手のような細い腰と、力強い足をもつ人たちのことである。

九　汎アメリカの移住

一九三〇年に、突然、中断した集団移住は、第二次大戦につづく経済振興策にもかかわらず、経済危機のあとも再開されなかった。復興中の全ヨーロッパは、子どもたちが遠くに出国することを憂慮したが、それにたいしてかれらは、ヨーロッパ内で雇用の機会をみつけだした。そのあとの時代に、この回路の外側にいたふたつの国が、べつの理由から門戸を解放した。

第一は、カルデナス大統領［一八九五～一九七〇、メキシコの政治家］のメキシコだった。かれはスペイン市民戦争の末期から、共和派の亡命者を迎えいれようときめていた。一九三九年にピレネー山脈の国境をこえた四〇万人の亡命者のうち、翌年には、まだ半数がフランスにのこっていた。数多くの人たちはドイツ軍に占領される危険性より、アメリカに脱出するほうを選んだ。メキシコはかれらのためをはかって、ビザを発行し、特別にチャーターした船を準備し、メキシコ国籍を取得しやすくするという積極的な姿勢をとった。それに心を動かされた人たちは、約二万人だと推定されている。そのほかの人たちは自費で、ラファエル・レオニダス・トルヒーヨ［一八九一～一九六一、ドミニカ共和国の政治家］の独裁下にあったドミニカ共和国を選んだ。さらにべつの人たちは、チリ、アルゼンチン、ベネズエラ、コロンビアに住みついた。多くの人たちはそこを一時的な避難所だと考えたが、フランコ派の政治体制が強化されるにつれ、国外逃亡が長くなるだろうという明白な事実を受けいれざるをえなかった。かれらのなかでも、もっとも深く移住先にかかわったのは、知的エリートに属する人たちだった。かれらは自分たちの考えでできたメキシコ大学のような組織で、才能を生かす可能性をみつけだした。

図30　19～20世紀のラテンアメリカへの移民

民族	移民先	背景など
アメリカからの逆流、 ヨーロッパ系、 アジア系、スペイン人、 インディオ、中国のクーリー	キューバ	1830年～　砂糖ブーム 1902～31年で86万人
イタリア人 ポルトガル人　339万 スペイン人 ドイツ人　17万 日本人　2万	ブラジル	1871～1920年、 ヨーロッパの農業危機 日露戦争、経済危機
イタリア人　160万 スペイン人　100万～ スラブ人　25万 ドイツ人　7万 フランス人　5万 トルコ人　35万	アルゼンチン	1960年の人口構成
スペイン人　2万	メキシコ	スペイン市民戦争の 共和派亡命者受けいれ
スペイン人、イタリア人、 北アメリカ人、 ポルトガル人、 コロンビア人　40万	ベネズエラ	1948～61年の 石油ブーム

ベネズエラは一九三六年まで、くり返される市民戦争と、風土病や伝染病というふたつの障害のために、受けいれ能力に大きな問題のある国だった。だから移住のためにとられた戦前の初期の政策は、つづく時代のロムロ・ベタンクール〔一九〇八～八一、ベネズエラの大統領〕の政策のように、わずかな成功しかみせなかった。この国がスペイン人（大半がカナリア諸島とガルシニアの人たち）、イタリア人、北アメリカ人、ポルトガル人、コロンビア人などの四〇万人以上と推定される急激な移民圧力を記録するには、一九四八年から六一年の石油ブームを待たなければならなかった。周知のように、経済のこの一時的な好況は、原油相場の下落のために短期間のうちに終結した。リャノにヨーロッパの家畜飼育者を呼ぼうという試みは効果があがらなかった。マラカイボ湖〔世界有数の油田地帯〕のフレア〔石油の残留ガスを大気中で燃焼させる装置〕のように、移住政策は長いあいだ結果がでないように思われる。

右のふたつの実例は、ラテンアメリカの移住現象の展開がどれほどのものだったかを示している。移民は例外的な環境をのぞけば、近時点で先例のない人口爆発を体験した国々では、もはや適用されなくなっている。慣例的な表現によれば、かつて「発展途上」という評価をえたこれらの国は、過剰債務や、景気後退や、不完全雇用という最近の危機の影響にたえきれず、そこにときどき政情不安という被害がくわわった。景気後退におびえるかれら

は、多くのばあいに豊かな国に余剰労働力を輸出する以外の資源をほとんどもっていない。［ベルナール・フーク］

第9章 アメリカの移民

✣移民で成り立ってきたアメリカは、国家的基盤をつくった一七世紀から一八世紀後半までの古い移民と、一九世紀からの新しい移民にわけて説明される。前者の中心となったのはイギリス人と北欧人であり、後者を形成したのは中欧人、南欧人、東欧人、中国人、日本人だった。また二〇世紀後半からは、中南米からの移民が目立ってきた。そして、この国ではつねに、文化的多元主義をめぐって問題が提起されてきた。

つねにだれかが移住してきたアメリカ大陸で、最古の先住民も移住者だったか、そうでなければ移住者たちの子孫だった。

現実に移住がいつものことで表面的には目だたなくても、古くからの居住者のいた地方では、大半の人たちにとって移住は否定できない問題になっただろうし、たびたび経済的な危機のあらわれともなっただろう。その一方、アメリカでは歴史的規模からみて、移民は必要で慣例的な天の恵みと感じられてきた。実際にこの国は明確に、だれからも認められて目につく、多くのばあいに社会的モデルを設置した移民に基礎をおいてきた。移民は「理性的」で「良識的」であり、つまり文化的伝統に一致した。ほかの国以上に活動的なアメリカ社会は、避けがたく流動的で変化を導入する、受けいれられた移民を前提としてきたのである。(1)

(1)　われわれは正確だが数少ない事例から、この移民という特殊性をもつ問題に取り組み、移民の流れと、移民という観念の重要性に直面した世論の変動を検討することができる。それはアメリカ人が少なくとも理論的には、移住者を「吸収」するために家族同然に扱うことができるという、ふたつの大筋を紹介することになる。そしてその大筋とは、同化と多元的体制のことである。受けいれ側のアメリカの使命と、選別して人数を制限しなければならない義務とのあいだのずれを考える必要がある。ふたつの大筋という選択は、こうした範囲で困難な文化的安定性にたいして、重い帰結をもつことになる。

一　歴史的展望

一九九〇年の時点で、アメリカ人の四人にひとりが白人でなく、三〇〇〇万人のアフリカ系アメリカ人（かれらはアメリカを選択してきた人たちではないのだから、かれらが移住者の息子たちだということから、この研究を始めることにしよう）のほかに、二〇〇〇万人のスペイン語圏のヒスパニック系と、六五〇万人のアジア系と、二五〇万人のアラブ人を数えることができた。二〇〇〇年には、ヒスパニック系の人数が二一％増え、アジア系が二二％増えると見こまれる。そのときヒスパニック系は、アメリカの人口の一〇％を占めることになるだろう。

たしかに全員が移民ではないだろうが、移住の研究はどうしても世代べつの海外居留者の考察に結びつく。それらの世代は、アメリカという土地からみれば諸外国の出身者である「白人」の男女と、移住の直接的結果としての「肌の色」の違う移住者――または移住者の子孫――の共同生活に由来する。そして、かれらの市民としての役割は、必然的に民族的・国民的起源をあらわすことになる。

古い時代の移民

一般に隔離されたか、兵站《へいたん》的支援を奪われたフランスとポルトガルの犯罪者が、アメリカ大陸の北部に住みつく気もなく上陸するようになったのは、一五一〇年以降のことだった。しかし、かれらは住み心地のよさから、魚を干したり休息したりするようになった。ポンセ・デ・レオンは一五一三年にフロリダにいたし、ジャック・カルティエ［一四九一～一五五七、フランスの航海士］は一五三五年にケベックにいた。これらの探検家や冒険家はいわゆる移民ではないが、年とともに人数が増え、滞在期間が一定して長くなったことを思えば、かれらの役割に触れておかなければならないだろう。かれらは本物の移民に道を開いた人たちであり、移民たちはいずれにしろ結局は長く住みついて、先人たちのまねをしたのである。

現実に「古い」移民と「新しい」移民のあいだの違いがぼやけて、やがて消えていったとしても、大きく異なるふたつの移住の波を単純化しすぎるかたちで限定して、「古い」と「新しい」というふたつの表現を維持するほうが都合がよいように思われる。たしかに一九世紀のはじめから「新しい」タイプの移住――単純にいって、より褐色の肌の移住者たち――がみられたし、植民地時代末期のニューイングランドには、いくらかの中国人たちがいた。しかし、かれらはとくに一九世紀の周辺でアメリカに押し寄せた巨大な人数にくらべれば、比較的少数派だったのである。

一六〇七年から一七七六年の植民地時代に始まった「古い移住者」は、おもにイギリス人と北欧人たちだった。これら初期の移住者たちは目だたないようにしてくるか、ときにはおずおずとしてやってきた。ヨーロッパでは、こんなふうにして海に乗りだすには、生活状態が相当きびしくなければならなかった。この物質的・精神的大冒険と、家族や母国や文化との断絶のせいで人々は高揚した気分になったが、そんなことで企ての難点や、大洋横断の苦しみや、新大陸に第一歩を印すおりの落とし穴を切りぬけられるとは限らなかった。

大洋横断の苦しみにはひどいものがあったが、それは航海技術の進歩につれて年々軽くなった。結局はアメリカの土をふんだときから、困難な問題が始まったにほかならない。ジョン・スミス［一五八〇～一六三一、イギリスの冒険家］が仲間たちをヴァージニアに住ませたのは一六〇七年のことだったが、住もうと決めた土地は住みやすくなかったし、生活条件は穏やかでなかったので、生き残れたのはわずかな人たちだけだった。かれは先住民たちの矢の届く範囲にある沼沢地に仲間を残してイギリスにもどり、援助と道具と食糧を求めた。かれが帰ってきたとき、生きていたのは一六人だけで、なかには人肉をたべた人たちさえいたようだった。

北方では、一六二〇年にメイフラワー号に乗ってきたピルグリムファーザーズの人たちは、まだ少しは幸せだった。しかし最初の冬は苛酷だったので、かれらは先住民の力を借りて生きのびられたにすぎず、神の名を口にして冒険を試みたように思われる。この人たちはニューイングランドに住みつき、共同生活を規定する契約に署名した。そのあとプリマスロックのそばに船客を降ろしたメイフラワー号のもろさは、よく知られている。このヒーローたちがニューイングランドという名称で満足し、新しい共同体のための新しい名称を考えなかったことに注意しておこう。それはかれらが出発したイギリスの港の名称をふたたび使用して、上陸地点にプリマスと名づけたのとおなじことだった。移住者と旧大陸の関係は断ち切られるどころではなかった。あとにつづいたすべての人たちが、それまでのことばと、生活様式と、文化遺産をもったままで上陸した。かれらはそれらをゆっくりと失って、すでにいた人たちの文化を受けいれたにほかならない。

アメリカの移民は、神と金銭というふたつの記号のもとにあった。分離独立主義の異端者たちは、ロンドンとリヴァプールの商人の財布に自由の探究という盲信的な冒険の出資手段を見つけだし、宗教的・政治的迫害をのがれて自分たちの神を自己流にとりいれた。イギリス国王はそこにふたつのメリットを発見した。それはアジテーターを始末することと、有望だと判断した新しい土地に自国旗をはためかせることだった。船旅に出資したイギリス商人のほうは、元金を何倍にもして返してもらうことを望んだ。この経験は一六八一年に、国王がクエーカー教の指導者ウィリアム・ペン〔一六四四〜一七一八、イギリスの植民地開拓者〕に、アメリカのある土地をあたえたときによみがえった。かれはその土地にペンシルヴェニアと命名すると同時に、厄介なアジテーターたちを隔離した。初期の移住者は政治的・宗教的自由と、資産と、幸福を求め、経済的・政治的日和見主義を奨励された。

しかし、かれらは植民地の入り口に殺到したわけではなかったので、イギリス国王はすでに開拓に着手していた会社とおなじく、パブリシティを援助する手段を使って使命感の生ぬるさに手を打たなければならなかった。あらゆる手段を使って移住が奨励された。それは国王の栄光と、船長や船主の最大の利益のためであり、かれらはそこに利益のでる新しい市場を見つけだしたのだった。海運会社は乗船客と食糧と道具を輸送して大きな利益をあげ、新しい植民地が生みだすにちがいない富をヨーロッパに運ぶことを期待した。

ロンドンの孤児や、貧者や、すっ裸の犯罪者が旅行に招待されたという噂だった。かれらは負債による囚人か、徒刑囚か、尊属殺人者か、すりなどであり、絞首刑や牢獄の湿っぽさと、植民地に向かう出発をめぐる選択を迫られて、躊躇するものはめったにいなかった。つまり、イギリス社会はかれらの生活を支えるより、経費をかけて送りだすほうが得策だと考えたのである。

最初のアフリカ人がやってきたのは、一六一九年のことだった。かれらは一九世紀の年季奉公人や契約労働者とおなじく、船賃を払わなかった唯一の移民であり、大農場の奴隷として使われる予定だった。かれらもまた、いやいやながらやってきた移民だった。

ヨーロッパからの移住者にたいする年季奉公人という制度は、いくつもの意味でじつに有効なことが明らかだった。すでにアメリカに確立されていた潜在的雇用主は渡航料を支払ったし、(多くは) イギリスの会社が無料で渡航者を輸送した。しかし、五年から七年間無給で働く約束をしたかれらは、そのあとに自由になり、少し離れたところに住みつくことができた。それは靴の修理法や、ひもの編み方や、樽のつくり方を教えた以前の雇用主と競合しないようにするためだった。しだいに増える住民の要望を満たす職人の数が少なすぎたので、かれらはすぐに顧客を見つけだし、初期の植民地の西側の周辺の村々の発展を加速した。そして住民の大半は、散らばって住むことをためらわないようになった。年季奉公制度の効力はじつに有益だった。アメリカに力を貸した青年たちは資格をもっていなくても、数年のうちになにかひとつの資格を取得した。消費者でもあった古い時代の年季奉公人は需要を増大させ、土地の放棄をしぶる先住民の「権力の乱用」の的になる白人の住民を豊かにして、ひどく不足していた職人を供給したのである。年季奉公人たちのほうは、そこで新しい生活を始める機会をみつけだした。

かれらが契約を履行して自由になれば、家族もちは家族を呼び寄せたし、生涯の伴侶をみつけるまで待ちきれない人は――たいていはそうだった――若い独身のヨーロッパ女性を呼び寄せようとした。また、幸運な人たちはアメリカで妻をみつけだした。妻と母親の潜在的な希少さが問題となり、腰の広い若い女性たちだけを乗せた船を、ヨーロッパから呼ばなければならないほどだった。彼女たちは波止場に集まった若者たちのなかから、待っていてくれた約束の相手をみつけだそうとして、船の手すりにひしめいた。彼女たちのうちには「タバコ女」と呼ばれる人たちもいた。船から降りた彼女たちは、ヨーロッパ人が吸い始めたこの貴重な植物のかなりな数の包みと交換されたからである。

こうした「古い移民」は、おもにヨーロッパの北側からやってきた。母国の経済的・宗教的・政治的状況からの逃げ方を学んだイギリス人や、スコットランド人や、アイルランド人は、新世界のすばらしさにひきつけられた。独立戦争初期のアメリカ人の約六一％はイギリスの出身者で、一〇％がスコットランドと、アイルランドと、ウェールズの出身者だった。しかし九％近いドイツ人と、オランダ人とフランス人の無視できない集団もおり、かれらはこの地方に、当時としては驚くべき国際的な様相をもちこんだ。

移民の流れは、じつにゆるやかにしか高まらなかった。新世界の可能性を予告するニュースがゆっくりと広がっ

図31　アメリカの新旧の移民

時　期		民　　族	出発地
古い移民	17C〜18C末	イギリス人、スコットランド人、アイルランド人、ウェールズ人、ドイツ人、オランダ人、フランス人	ヨーロッパの北側
新しい移民	19C末〜20C	南イタリア人、ギリシア人、中国人、日本人など	中欧・南欧・東欧 アジア（1848年〜）

たからであり、渡航の費用が高いうえに危険でもあったので、ヨーロッパではこの約束の地が、バラ色ばかりでないことがたびたび知れ渡った。もっとも深刻な資料が示すのは、すでに定住していた人口にたいする移民の比率が、一八二〇〜三〇年には一%しかなく、一八五〇〜六〇年には九・三%で、一九〇〇〜一〇年が一〇・四%だったということであり、そのあと生得論者の激しい攻撃のせいで、一九二〇年代にはふたたび大きく落ちこんだ。

一八二〇年から三〇年にかけて、とくにジャガイモの病害による飢饉に苦しんだアイルランド人がやってきた。また一八五〇年ごろには、君主の侵略的な権力をのがれようとしたドイツ人がきたし、一八七九年以後は、帝国の権力と徴兵をのがれようとしたドイツ人がやってきた。これらの移民の多くは不満分子か、アナーキストか、社会主義者で、たいてい宗教的動機から受ける迫害に不満をもっていた。ヨーロッパ社会を支配する価値観の拒絶のために、かれらとアイルランド人の移民や、フランス人やカナダ人とのビスマルク〔一八一五〜九八、ドイツの政治家〕に関する議論が妨げられるようなことはなかった。スカンジナビア人はかれらのあとを追わなかったが、イギリス人のなかには渡航の冒険を試みる人たちが多かった。しかし、それ以後の時代になると、中欧と南欧と東欧から大西洋を横断する人たちがでてくるようになり、まもなく中国人と日本人がくわわった。年とともに、どうしようもなく増大したアジア系の波は、少しずつ移住の流れの性質を変えることになった。移住の流れは早急な同化という移住モデルの特徴と、しだいに一致しなくなったのである。

新しい移民

一八八〇年から一九二四年にかけて、急に「新しい移民」が「古い移民」を凌駕《りょうが》した。転換点は一八九〇年と一九〇〇年のあいだのことであり、ここで「新しい移民」が五二％に達したのである。

それ以後、イギリスとドイツのモデルからしだいに離れた移民が、まもなくアメリカ人に深刻な問題を提示するようになった。アメリカ人は領土の広さと手つかずの土地の豊かさにもかかわらず、かつて侵略とみなした現象をまえにして、たぶん余計な不安に捕らわれたのだろう。経済状況は変わり、社会は産業革命の衝撃で変貌した。産業革命の結果、農業労働者の需要がしだいに低下し、普及し始めた機械を扱う有資格労働者の需要が高まった。こうした新来者たちは、牧草地のわんぱく小僧に変わったロンドンの孤児や、パイプをくゆらすノルウェーのがんこ者や、乳製品生産の専門家や、バイエルンの出身者たちよりはるかに目につくようになった。それ以前の人たちは、多少なりともワスプと呼ばれる「ふつう」の人に似た人たちだった。アングロサクソン系で新教徒の白人という支配的特権階級だったワスプは、すでに生産手段と、政治的決定機関と、社会機構を手中に納めていた。

より浅黒かった新しい移民たちは、イギリスの英語と分岐し始めていたアメリカ英語を学ぶ助けにならない外国語を話し、各自の風習どおりの野蛮な宗教を捨てなかった。かれらはたいてい貧しい国からきたので読み書きができなかったし、あらゆる理由から同化は困難に思われた。飢え死にしそうだった南イタリア人と、日光にあたって細々と暮らしていたギリシア人と、ついで中国人と日本人が緻密な群れをなしてひしめいていた。

一八七〇年に、五五六万七〇〇〇人の総人口にたいして、一八五万五〇〇〇人のアイルランド人と、五五万五〇〇〇人のイギリス人と、一六八万人のドイツ人がいて、その全員が外国生まれだった。一九一〇年には、一三五一万五〇〇〇人の総人口にたいして、一三五万二〇〇〇人のアイルランド人と、八七万七〇〇〇人のイギリス人と、二三一万一〇〇〇人のドイツ人しかいなかったが、そこに九三万七〇〇〇人のポーランド人と、四九万五〇〇〇人

図32　新旧の移民の変動

民　族	1870年	1910年
アイルランド人	1,855,000	1,352,000
イギリス人	555,000	877,000
ドイツ人	1,680,000	2,311,000
ポーランド人	———	937,000
ハンガリー人	———	495,000
オーストリア人	———	845,000
イタリア人	———	1,343,000
各年の総人口	5,567,000	13,515,000

のハンガリー人と、八四万五〇〇〇人のオーストリア人に、一三四万三〇〇〇人のイタリア人がくわわった。南北戦争の初期には、これら国民集団の海外居留者の数はまだそれほど多くなかっただけに、この変動には目ざましいものがあった。

南イタリア人が親族や近所の人たちに、アメリカへきてチャンスを試してみるよう勧めたのとおなじように、国民集団は一般に同国人の数が増えることを望んだ。入国した人たちは、アイルランド人が同国人を迎えるように迎えられ、同族制度を再構成した。近時点の移民は——現在もそうであるように——すでにアメリカ化したより少ない移民たちを脅かす危険を犯して、非常に有効な受けいれ集団を構成した。かれらは仕事を捜そうとする新来者を扶養すると同時に、保護しようとしたのである。さまざまな国民集団のリーダーたちはまた、誠実な有権者に変わる余地をもつ保護を受ける人たちの顧客層を編成した。自己主張をして、ワスプとほかの国民集団を脅かした影響力の大半は、以上のようなものだった。アイルランド人の「指導者たち」(ボスたち)と、イタリア人の親方たちは大都市の議員団を牛耳り、アイルランド人は一八六〇年代を中心とする長期間にわたって、ニューヨークの民主党の本拠タマニーホールを支配した。そのころの新大陸には、イタリア人やアイルランド人だけの村々ができたが、そうした家族的な結集は「古くから」のアメリカ人の不安をかきたてる問題を生みだした。それでも家族的な結集は、祖国を喪失した男性人口を安定させる大きな利点をもっていた。

アジア系の波

極東からきた移民は、一八四八年から印象的な波となって押し寄せた。その一方で併合したり、購入したりしたばかりの大陸の西端の領土が、幸いなことに新しい人口にはけ口を開き始めた。カリフォルニア州がアメリカになったので、かれらは太平洋側から直接、この国土に侵入することができるようになった。古いカリフォルニア人は、自分たちもおなじように近時点の移民か移住者だったことを忘れて、小柄の黄色い人間集団に対抗して立ちあがり、たちまちなぶりものにした。アジア人はとくに一八七三年と七七年に困難な時代と経済危機が突発したとき、完全なスケープゴートにされた。

数を増やしにきたアジア人を思いとどまらせるか、たしなめるために、ときどき暴力的な運動が突発した。やがてかれらの追放運動は、連邦的な広がりをみせるようになった。ほかの人のはいりこめない居住区につめこまれたかれらは、同化することもできず、惨めな給与で（クーリー）満足しながら、想像を絶する仕事の負担を受けいれた。そして伝統的な生活制度や、家族構成や、衣服や、風習をからかわれながら維持しつづけた。なかでもかれらの髪形が、たちまちのうちに嘲笑の対象になった。かれらは奇妙なブタのしっぽのような髪をつけていたのである。一八七八年に、カリフォルニアのチャイナタウンにたいする懲罰的な襲撃が発生し、クーリーとの接触が禁じられた。そして、この時代のかれらには、この国の大部分でほかの移民に認められていた選挙権が拒否された。

本質的に民族的な外国人嫌いの暴力を体験したのは、カリフォルニア州だけではなかった。一八八五年にはワイオミング州で、二八人の中国人が暗殺された。かれらは白人女性との結婚を禁じられ、カリフォルニアは一八七九年に、領内への中国人の立ちいりを禁ずる法案を提出した最初の州となった。一九代大統領ヘイズ［一八七七〜八一、アメリカの政治家］は、この採決に反対した。数多くの生得論者がいたが、まだ「黄禍」の前兆がそれほど強くなかったほかの地区に、人を迎えいれるというアメリカの長い伝統を無視する準備がなかったからである。くわえて東海岸では、かなり以前から小人数で暮らしてきた中国人が社会に十分に溶けこんでいたことや、かれらが少数派だったことや、持ち前の活力でこの地方の経済的発展に大きく貢献していたこともプラスしたのだろう。

ヘイズはまた一八八〇年に、中国とのあいだで移民の流れを抑制する協定に調印するだけで甘んじた。ほんとうの転換点は、中国人のアメリカ立ちいりを無条件で禁止した一八八二年だっただろう。かれらは南北戦争直後の一八六八年には、まだ喜んで迎えられていた。労働力が必要だったその時代には、中国人の入国が奨励されてさえいたし、入国者には特別の税制が課されていたのである。

一八六〇年代のアメリカには日本人はいなかったが、かれらは八〇年代の周辺で中国人のあとを追い始めた。当時の日本人の数の増え方があまりに目ざましかったので、アメリカ人たちは「黄禍」の第二波と感じとったほどだった。しかし、反作用があらわれるまでに時間がかかった。「ゴールドウエストの土地っ子連盟」や「アジア人追放同盟」が、とくに組合連合の積極的な支持を受けて、かれらの入国の制限に取り組んだ。アジア系を襲ったさまざまな形式の区別や線引きと、なかでもカリフォルニアで脅威をふるった社会的線引き（一九〇六）は、多くのアメリカ人――とくにかれらの住む場所から遠くで暮らすアメリカ人――に衝撃をあたえた。この線引きが、まだ南部の大半でアフリカ系アメリカ人の子どもたちを犠牲にしている線引きを、強く連想させたからである。

二六代大統領シーオドア・ローズヴェルト〔一八五八～一九一九、アメリカの政治家〕は、この悪習を終結させようとして介入したが、日本に移民の流れ自体を規制させるために交渉を重ねなければならなかった。一九一三年にカリフォルニアの土地を買えなくなった日本人は（外国人土地制定法）、もうこの法を破ることを許されなくなり、そのため社会的にうまくいくようになった。

日本が仕方なしに、自国の権限で出国人数を制限するという紳士協定を結んだ一九〇七年以後、日本人の入国数は少しずつ少なくなった。

それでも日本人は生得論者をかえりみず、これらの法と原則を迂回しようと試みた。かれらは家族の再結集に関する法律を利用して、たとえば「写真結婚」と呼ばれる方法を実行した。それはアメリカに住む日本人が、一枚の写真で選んだ女性と結婚し、そのあと完全に合法的に相手を呼び寄せる方法だった。

一九二〇年代のはじめに、導入人数制限法が東洋人と南欧人の大量の入国に終止符を打ったとき、移民はふたたび多様化した。第二次大戦の収束以後、南米人の大量入国と不法な移住が移民集団のバランスを乱し、人口統計を混乱させた。そして、このような多様性はいまもつづいている。

現代

一九六〇年代のはじめから移民の性質が変わり、中南米やカリブと、アイルランドからの移住者が大変な数ではいってきた。プエルトリコ人は一九二〇年代以後にこの隊列にくわわり、一九九〇年には二三〇万人になった。一九一七年以後にアメリカ国籍を取得した（アメリカがプエルトリコを買いとったのは一八九八年のことだった）非常に特殊な移民の波は、とくにサンファンからの空路が便利になったあとの一九四五年と六五年のあいだに増大した。サンファンは国家の領土の一部なので、かれらはアメリカ国内のどこかの都市とおなじように行き来するようになったのである。しかし、プエルトリコ人は市民権を理由とする特別の地位の恵みを受けても、肌のくすんだ色合いで極端に見分けやすく、ニューヨーク（スパニッシュハーレム）や、シカゴや、ボストンや、そのほかの大都市の特定の居住地区に集まると、とくに人目につきやすかった。映画『ウエストサイド・ストーリー』は、かれらの違いと、ぶつかる問題と、犠牲になる敵意と、ほかの集団や民族集団にたいして示す敵意の見事な証明だったのだ。

現地の人たちにとって、かれらはほんとうのアメリカ人ではなかった。かれらは季節労働者としての――「めったにない?」――活動期間をプエルトリコで配分しあうか、稼いだ金銭や「本物のアメリカ人からまもった」金銭を、より寛大な故国の空のしたで浪費するだけだった。かれらはプエルトリコという島と密接な関係を保ち、要するに「いちばんいいものをとって共同の責任を拒む」一時的な訪問者にすぎなかった。だから、勘違いして自国以上に寛大な社会保障を求めてやってくる人間としてだけでなく、本物の居住者の仕事を横取りする外国人として、ほかの国の人間以上に非難されてきた。かれらがほかの多くの移住者以上にアメリカ文明になじんでいることに異論の余地はないが、なによりもプエルトリコ人でありつづけることが望まれてきたのである。

ほんとうには存在しない国民であることを望まれたこの群島の人たちは、長いあいだ新しい異常と感じとられ、ついでヒスパニック禍という新しい災禍の偵察員とみなされた。現在でも、南米の全域からくる移民の侵入がひどく心配されている。一九九〇年に、アメリカにいたメキシコ人は一二六〇万人であり、そのほかのラテンアメリカ諸国出身の人間は二五〇万人だった。キューバ人は一一〇万人で、さまざまな国の非白人は一六〇万人であり、ここにはもちろん非合法の入国者ははいっていない。

メキシコ人はつねにアメリカに移住してきたが、最近になって数が増えすぎたので、今日では十分な解決策がみつからない大きな問題になっている。併合以前にはメキシコ人の領土だった南カリフォルニア、アリゾナ州、ニューメキシコ州、テキサス州は、アメリカのほかの州よりはるかにメキシコによく似ている。それは風景や、建造物や、カリフォルニア海岸に点在する「ミッション様式」のようなモニュメントや、一般的な雰囲気のせいであり、このため新しいタイプの移民たちは自国にいるように感じて、そこに住みつく気になってしまう。いままではかれらは危険を犯して、西の拠点からミドルウエストあたりまではいっていくようになった。ヒスパニック系はニユーメキシコ州の人口の三七%と、テキサス州の二一%と、カリフォルニア州の二〇%を構成する。テキサス州では、ヒスパニック系はエルパソの住民の六二%と、サンアントニオの住民の五四%を占め、ロサンジェルスでは二八%で、ニューヨークでは二〇%を占めている。かれらが目だちやすいのは、八四%が都市部に住んでいることにある。

キューバ人は何年もまえから、フィデル・カストロ〔一九二七〜、キューバの首相〕の体制をのがれるために脱出しつづけてきた。かれらもまた、マイアミを中心とするフロリダ州に目だちすぎるかたちで集中し、マイアミの有名なカール・オチョ（五番街）は実際に完全にヒスパニック化しているほどである。マリエルの港から逃げてきたキューバのマリエル難民のなかには、数多くのほんとうの政治的亡命者や、芸術家や、作家や、アメリカに金を隠したがる裕福な人たちと同時に、カストロがフロリダの社会秩序を乱し、国民的文化をむしばまそうとする願いから、一九七九年に釈放した普通犯の囚人たちのような正当な評価を受けた人たちがいる。バルセロスとばかにして呼ばれるカリブ海のべつの人たちは、キーウエスト島とのあいだの海峡を横断するために救命ブイ——バルサー——にしがみつくか、幸運の小舟にすしづめになるかする。ハイチ人のほうも、この運命的な渡航によくくわわって、自国の通貨の悲惨さと混乱をのがれようとするので、沿岸警備艦はかれらを故国に送り返すために、あらゆる努力をくり広げてきた。

こうして南米諸国は政治的・経済的理由から、しだいに多すぎる不幸のタネをアメリカにまき散らすようになった。

この南米の全域からの移住に、たとえばベトナムとカンボジアから出国するアジア

図33　現代アメリカの移民（1990年）

	民　族	人　数
中南米・カリブ	プエルトリコ人	2,300,000
	メキシコ人	12,600,000
	キューバ人	1,100,000
	その他のラテンアメリカ人	2,500,000
アジア系	中国人 ベトナム、カンボジア、香港、台湾の出身者	6,500,000
その他の非白人		1,600,000

系の人員の増加がくわわった。一九六五年以降、アジア系の移民はもう組織的に拒否されなくなっているし、家族的な結集は奨励さえされている。中国人の数もまた増加し（一九六〇年代に八三％増加し、一九七〇年代には八五％増加した）、それ以後、女性のほうが男性よりも多くなった。このことが出生率に影響しないわけはなく、ある意味で彼女たちは中国型の家族の核を再現して、同化のペースをダウンさせることがあった。かれらはほかの住民たちよりも若く、高学歴である（中国系の男性の七一％と女性の五八％が、ふつうのアメリカ人の三七％の男性と二七％の女性に匹敵する高等教育を受けている）。アメリカ人の八％にたいして、中国系の一八％が高学歴だから、かれらの同化はより満足できるかたちでおこなわれるだろう。また、まもなくかれらの集団からエリートが出現して、きっと社会と文化の発展に影響をあたえるだろう。

一九九〇年にアメリカに在住した六五〇万人のアジア系の大半は、香港と台湾の出身者だった。政治的亡命者という現象は、たとえばフランスの共産主義者がすでに政治的亡命者だったことを考えれば新しい現象ではないが、このことはボートピープルとともに鋭敏な問題となっている。移民の性質が二〇世紀になって大きく変わったとしても、移住は恒常的な一般的傾向だった。同化しやすかったヨーロッパ人は、しだいにアメリカにこなくなっている。かれらは一九〇一年から二〇年にかけて八五％だったのにたいして、一九八一年から九〇年には六〇％に下降した。アメリカに定住したがるイギリス人の数は、発給するビザの準備を下回っている。並行してこの数十年間に、アメリカ大陸にきた移民のパーセンテージの大半が南米出身だが、それは一〇％から三六％に移ったあと、三八％、四七％、四四％（そのうち一五％がメキシコ）となってきた。

二　特殊性

移住

この国の内陸部への移住は西側から始まるか、非常に人目を引くかたちで東側から始まった。当然のことながらこの移住を、とくに一九世紀のばあい、移民の特殊な形式として考えることができる。すでに東部に住みついていた人たちは、この国の広さや、風景と気候と資源と活動の多様性や、さらには文化の多様性から、西部に乗りだすときは、途中のミドルウエストのどこかで立ちどまったとしても、たいてい移住だと考えた。いわばかれらは移民の状況におかれたわけであり、新しい社会的・経済的・文化的構造に同化する義務があるかのように、すべてを構成するか再構成しなければならなかった。しかし実際には、そのような構造がないか、同化したくない構造があるかのどちらかだった。

当時のこの国の深部にはいりこんだのは第二次の移住であり、危険を伴う移住だった。こうした飽くことを知らない人たちは、大西洋側の地方の都市環境に住みつくと、ただちに以前にも増して激しく活動を再開した。かれらの資質と、先駆者がいなかったことを考えれば、この移住は広い意味で、いわゆる移民の延長だった。楽天的で、丈夫で、開放的なうえに、積極的で創意に富んでいたかれらは、東部よりはるかに敵意に満ちた環境に溶けこむために身をまもり、なんとか順応することができたにちがいない。かれらは移民とおなじように新しい個人的・社会的人格を形成し、新しい環境に適応して、新しい条件とおりあいをつけながら、ほぼつねに困難な努力目標をみつけなければならなかった。

東部の大都市の住民にとって、草原の冒険家は本物の外国人だった。多かれ少なかれ原始的な状態に取り囲まれていた嫌われ者は、移住者たちや、近隣の人たちとあまり共通点をもっていなかった。

くわえて海岸や町をはなれて西部の征服に乗りだした先駆者たちは、アメリカの市民権にたいする新しい立候補者たちのために風通しをよくすることになった。輸送手段が発達したので、求めて移住した人たちは北東部の工業の新しい市場を創出した。その結果、北東部の工業は新しい労働者を必要とするようになり、それが新しい移民の流れを加速して扶養するようになり、その流れが雪だるま式に肥大する過程に結びついた。

地理的分布

移民の中心がヨーロッパ人だったころ、大多数の移民は理論的にヨーロッパに向きあった東海岸から入国した。かれらがなにも知らないか、ほとんど知らないこの国に着き、到着地点のそばで、その場にいた何人かの同国人に会ったとすれば、少なくとも最初のあいだは、そのまわりに住みつくのが自然だっただろう。ニューヨーク地方は入国者たちの最初の波以来、特別の入植地帯になってきたが、そのあと中国人と、日本人と、南米人の上陸数が増えるとともにカリフォルニアに中心が移った。

南米と、中国と、日本に向けて広く開かれていたカリフォルニアはまた、この方面からくる移民を引きつけた。当時の中国人と日本人と、ついでメキシコ人はサンフランシスコやロサンジェルスのような大都市に集中した。

しかし実際には、それは一九世紀の二回めの移民のときにすぎず、大西洋側の新しい入国者たちは、ほぼもっぱら西部方面に進出した。北部はすでにヨーロッパ人とカナダ人に占められていたし、南部はごく少数の移民しか受けいれなかった。南部では盲従的な労働人口が、すでに無資格の外国人を要求するすべての雇用を独占していたからである。大農園主は良好な土地を分けあっており、そこに住みつく機会はほとんどなかった。それにたいして西部は、せいぜい放浪する先住民の集団が行き交う程度で広大な可能性があり、その土地は「住空間」として占有され、活用されることを待っていた。聖書によれば、土地は活用するものに所属したのである。

働き口がなかったり、軋轢から「道義的危機」が生じたりしたときの安全弁となったのは、まさに連邦政府が全員に広大な空間を提供してくれた西部だった（人頭権制度）。西部はとくに一七八七年の「北西条例」以後、吸いあげポンプのように機能した。この条例はまた、手つかずの地域や、わずかの人しかいない地域を連邦国家に統合できるように組織するための条例だった。

さまざまな地方が異なる移住者たちを引きつけた。ユダヤ人はすでに家族のメンバーがいた大都市圏にとどまった。イディッシュ［ドイツ語にスラブ語とヘブライ語を交えた欧米のユダヤ人が使うことば］を話したかれらは、移民にたいするように踏み切り板がわりになって競争相手の外国人から保護してくれる共同体や、すでに確立されていた集団に心やすくはいっていった。

移民たちはたいてい東海岸に再結集した。そこに仕事があったうえに、すぐに雇用主のまわりに町を組織できたからであり、雇用主が特権的な顧客層になっていた民主党員のばあいはとくにそうだった。イタリア人はアイルランド人とおなじく都市部に残留した。ほとんどがカトリックだったアイルランド人は、秘跡を施すことのできる聖職者のそばで暮らさざるをえなかったのである。イタリア人はすぐに一般に「リトルイタリア」と呼ばれる居住地区を形成し、アイルランド人は「シャンティタウン」（ぼろ屋地区）に集まり、日本人は「リトル東京」に集結した。都市の民族居住区は増加し、たびたび群居性という不気味なイメージをかきたてた。しかし、この群居性は仕事の世界に同化することに極度に臆病で、もっとも武装していなかった民族の心を引きつけた。

一般に農業の資格をもっていたドイツ人は、ネブラスカ州、ウィスコンシン州、ミネソタ州にいったが、ニューヨークにのこった人たちも多く、一八五六年には、ドイツ語の新聞が約五六紙もあったほどだった（一八七三年のこの領域の全体に、四七二の新聞があったらしい）。ポーランド人はシカゴを選ぶか、ニューヨークのいくつかの地区にのこったが、スカンジナビア人は気候がそれほどひどくないカナダとの国境地帯のダコタ州や、ミネソタ州や、ウィスコンシン州を選択した。ことばを使ううえで、すでに大きな利点をもっていたイギリス人は、資格や、利害関係や、定住用の金額に応じて、いたるところで再出発した。

群集性は一見すると冒険精神と矛盾するようだが、国民集団のなかで自分の根を再発見したいという欲求として説明できる。多くはこの群集性の帰結である地理的集中化で、移民はさらに目だつようになり、どうやら危険になったらしいこともあった。

職業的分布

国民集団はいわば職業上の専門知識をもっていた。たとえばスカンジナビア人とドイツ人の多くは、農業従事者か園芸家だった。ドイツ人は大都市のはずれに住んで野菜の供給者になるか、シカゴの近辺に住んだスイス人やオランダ人のように、牛乳とチーズの生産者になることが多かった。

イタリア人でも南イタリアからきた人たちは、ときには農業労働者になったが、たいていはドックか、建設業か、道路事業に就職口をみつけだした。英語をかなり習得したばあいのかれらは、下級事務職員になるかレストランで働いたし（こちらのケースが多かった）、比率からみて、多くが職業的音楽家になった。都市をつくった開祖たちはフランスの建築家を採用したが、フランゾーニのような彫刻家はほぼきまってイタリア出身だった。かれらは若々しい名声で真新しいモニュメントを飾りたて、集団に尊厳のしるしをあたえた。イタリアからはまた数多くの画家がやってきた。しかし、大半はドックか会社の従業員として働き、このふたつの領域で同種の仕事を求めるアイルランド人と衝突した。

実際にはイタリア人は、しだいにアイルランド人といれかわった。社会的段階にふみこんだアイルランド人は、湾岸労働者や坑夫になるか、中国人といっしょに鉄道の最初の路線を建設するかした。農業に関心をもつアイルランド人はわずかだったが、かれらはそれでもカリフォルニアでブドウ栽培の基礎を築いたし、モモの栽培に取り組んだ。

アイルランド人は鉱山、建築業、道路整備、運河の掘削、鉄道建設で働き、かれらの娘たちや妻は家事使用人として雇われた。かれらは一般に農家の出身だったが、農業に従事する人間はごくわずかしかいなかった。それはイタリア人とおなじく土地を買う方法がなかったせいだが、そのほかに農業の世界の新しい技術に適応できなかったことと、アイルランド時代の農業にあまりいい思い出がなかったことが大きかった。

それぞれの国民性がある職業に合うとまではいわなくても、中国人の料理店主の戯画化や、クリーニング業や、レールの敷設工がまったくの場違いでなかったことを認めなければならない。

「誘引力と反発力」という要因

アメリカ移住の候補者たちは、必ずしも、ひたすら新世界の誘引力に屈したわけではなかった。かれらはまた、なにかから逃げた人たちであり、誘引力と反発力（進出していく要因と自国から身を引く要因）という二重の現象が、出発をうながす効果とセットになっていた。

移住の動機づけに、新奇なものはなにもなかった。アマチュアの冒険家か職業的な冒険家や、運勢の改善に配慮する素朴な条件をもつ少数派の個人をべつとして、かれらの多くは好ましくない経済状態や、（飢饉の犠牲になったアイルランド人のような）劇的な経済状態や、ヨーロッパの戦争や、さらには宗教的迫害をのがれた人たちであり、宗教的迫害はとくにフランスと、ドイツと、イギリスを荒廃させた。イギリスの失業と貧困、アイルランドの地主の搾取、ユダヤ人迫害、あらゆる種類の迫害のために移住の継続的な波がおきたが、アメリカの危機のときには移民の数がへり、幸運な時期には増大した。

図34　アメリカの事件と移民の推移

年代	アメリカの事件	移民数
1840〜50		1,713,000
1850〜60		2,598,000
1860〜70	南北戦争（61〜65）	減少
1870〜80	経済恐慌（73）	5,200,000
1890〜1900	不況（90）	3,600,000
1900〜1910		8,700,000
1910〜20年代	第一次大戦（14〜18） 入国制限法（20年代）	減少
1929	経済大恐慌	528,000

以上のことを確信するには移住の流れと、アメリカと移民の輸出国との事件を比較してみれば十分である。たとえば一八五〇年と六〇年のあいだの移民の数は、それ以前の一〇年間にくらべて増大した（一七一万三〇〇〇人にたいして二五九万八〇〇〇人）。ところが一八六〇年と七〇年のあいだに、アメリカにきた移民の数は大きく減少した。ヨーロッパで知られていたように、アメリカの市民戦争が国土を荒廃させ、南部諸州の南北戦争でこの国の魅力が低下したからである。

おなじく一八七三年の経済恐慌は、出発しようとする移住候補者の漠然とした意志を鎮静化した。一八九〇年の不況も——さらにはっきりと——おなじような影響をみせた（移民の数は一八七〇〜八〇年の五二〇万人から、一八九〇〜一九〇〇年には三六〇万人に落ちた）。二〇世紀の最初の一〇年間にアメリカへ押し寄せた人の波は目ざましく、順調に八七〇万人に達したが、第一次大戦はこの伸びを粉砕した。一九二〇年代には、高まる世論の圧力で入国制限法（定員法）が採用された。一九二九年の経済大恐慌のときは、移民数が五二万八〇〇〇人に低下した。このニュースはたちまち大西洋を横断したが、ヨーロッパのほうは移民の大きな伸びにつながる状況ではなかった。

非合法な移住

ほかの国とおなじくアメリカでも、非合法な移住は傷口であると同時に万能薬であり、世論はかれらを危機の時代のスケープゴートに仕立ててきた。

万能薬であることが明らかなのは、歴代政府がかれらの過剰さに目をつむるか、ときどきうめき声をあげるだけで甘んじてきたことからもわかる。この万能薬は弱小雇用主と大会社の好みにあわせて労働者をひそかに有効に配置したし、労働者たちは労働条件や給与がどうであろうとつねに従い、つねに仕事を待ち構える理想的な養殖池になった。南カリフォルニアを中心とする中流階級の妻たちは、身分証明書のない（認可されていない）メキシコ人の女性を公然と躊躇もせずに雇いいれ、この使用人と話をするために、かなりなメキシコ語を学ぶこともいとわなかった。彼女たちは不法な移民がいなければ働き手を雇えなかったくせに、気にもせずに不法移民という災厄を嘆くことができた。

非常に従順で適応性をもつ密航者たちは、雇用市場に応じて移動した。このためかれらは――アメリカでさえ――もはやだまされやすい労働者ではなかったが、そうかといって集団でも組合でもなかった。かれらは法の目からみて実在しない人たちだったので、どんなばあいでも不平をいわなかったし、権利めいたものはなかったので、権利を主張することもなかった。かれらはもちろん、ほかの労働者より安く使われたが、それはかれらが社会的庇護をまったく受けなかったし、雇用側も責任を負わなかったからである。かれらは現実の利益も、企業のおなじレベルの労働者が受ける職種別の利益（付加給付）もまったく利用しなかった。解雇が必要なときがくれば、

「正常な」労働者をまもる組合が目を光らせていたので、かれらがまっ先に狙われることは明らかだった。たまたま、かれらに教育があったとしても、そうした教育や子どもの病気は、ばあいによって出身国が面倒をみたので、アメリカの社会にはなんの負担もかけなかった。

かれらは病気になっても、理論的には援助を求める権利をもたなかった。やがて子どもを入学させることができるかどうかという問題と、子どもを保健施設にいかすことができるかどうかという問題さえおき始めた。かれらは退職金を支払ってもらえなかったし、要するに働く権利と、口を閉ざしている権利があるだけだった。だからかれらは雇用主にとって貴重な戦力であり、そのおかげで国家の大きな経済に貢献することができたのである。消費者でもあったこれらの労働者は、資金力に限度があったが、いくつかの基本的な製品の需要を支えるために役だった。

かれらの給与は合法的な移民より安かったし、仕事がなくて可動的だったので、明らかに悪意のある目でみられることが多かった。かれらは行動で組合活動の基礎そのものを崩壊させた。

一九世紀の移民にすでに浴びせられていた同業組合の非難に、民族集団にたいする慣例的なすべての非難がくわわった。かれらの大半が（アイルランドから密航してきた移民の大集団を除けば）南のほうの国からきた非白人だったからである。順応しきれなかったかれらは、露見を恐れて、ときにはアメリカ国籍を要求することさえ嫌がった。そして、故国にのこした家族を扶養するために外国為替を送り、家族と緊密すぎる関係を維持して、奇妙な風習と宗教的慣行を捨てなかった。かれらは商品説明つきのカタログに通じていた。

かれらの数が肥大しすぎれば、遠慮がちに入国にブレーキをかける方策が試みられ、現在の南西部の諸州とフロリダ州にみられるように、実際に数が多すぎると判断されれば強権的な方法が採用された。

レーガン〔一九一一〜、アメリカの四〇代大統領〕は連邦レベルで非合法な移住と戦おうとして、国境パトロールの数を増やしたので、警備員はウェットバックス（濡れた背中）を追い払うことに疲れはてた――リオグランデ川を泳いで渡り、アメリカの太陽でからだを乾かそうとするメキシコ人や、夜になると大きな火のまわりに集まるブラセーロ〔メキシコ人の季節農場労働者〕や、キューバかハイチからきて、沿岸警備鑑の目と鼻の先のフロリダ海岸に集まるバルセロスのことが噂になった。

「シンプソン・マゾッティ」法（一九八四）と「シンプソン・ロディノ」法（一九八七）は、南側からくる人口圧に終止符を打つか、少なくとも緩和することを目ざしたが、楽園にいこうと決意した移住者からも、格安の労働力の源泉がつきることを望まない雇用者側からも、有効な適応方法のない当局からもあまり重視されなかった。こうした移住者は力ずくで送還しても、ときにはその日のうちにもどってきてしまい、その大半は目的を達成した。なかには密出入国の手引屋に頼って国内に連れていかれ、ときどき砂漠のなかで見捨てられる人たちもいた。

カリフォルニアの有権者はＳＯＳ（われわれの国家を救おう）の活動のもとに、一九九四年に一八七の提案を採択した。それは法を無視する非合法な移住者の数多くない利益を断ち切り、病院の緊急サービス部門への立ちいりを禁じ、学校当局に両親を告発して自国に帰るよう勧告させ、とくにほかの人たちをこれ以上呼び寄せないようにさせる内容だった。カリフォルニアの住民はメキシコ人たちが、とりわけ社会保護を求めてきていると確信していた。

改革者のなかには、メキシコ人に自国で仕事をみつけられるようにする経済援助を提案した人たちもいたが、連邦の決定は死文化しているように思われる。発展途上国に投資して長期的に自給できるようにするか、一九九五年のように破局の淵にある低開発経済を支援しようとする政策は、厳格な手段でこの流れをとめたいと考える世論には、生ぬるすぎるように思われてしまう。不法入国者を正確に数えることはできないが、その数は年に三〇万人前後だといわれている。一九七〇年には、身分証明書をもつ二五〇万人の労働者にたいして、もっていない労働者は六〇〇万〜一〇〇〇万人のあいだだと推定された。

三　移民と世論

移住の効果

移住者がどこからこようと、生産者であることは明らかである。かれらはまた消費者でもあるが、この二番めの役割のほうはたいてい無視されてきた。つまり、移住者は二重の意味で経済の好況時と不況時に参加する。かれらはどんな仕事でも受けいれるし、貧しくとも基本的な必需品を消費する。このことをよく知っている広告業者は、この潜在的な顧客層をターゲットにして、テレビの視聴者用や民族的な定期刊行物の読者用のメッセージを送りつける。

こうしたパブリシティは、好調時のアメリカ人になじみ深い民族的・文化的多元主義の補足的例証にほかならない。それはマイケル・カーメンのいった「不安定な多元主義」として定義できるし、その不安定性は移住の流れの変わりやすい性質の結果である。広告業者は羨ましがられる社会で生きるという集合的印象を強調する。それ以外の人たちはその社会に住んで、全世界の抑圧される人たちにたいする慈善的使命をはたしたいと思うからである。持続する移住の流れは、つねに受けいれ国の自尊心をくすぐる役割をはたす。

非合法の移住者はほぼつねに若いので、年齢のピラミッド状の構成にとって無視できないし、かれらは活力に富んでいる。そして、社会的段階の最下層に控えめに忍びこむ。アメリカに入国したときから、かれらに働き始める準備ができているのは、働くためにやってきたのだし、それ以外の選択肢はほとんどないからである。かれらに依存する人たちにたいする責任が一挙に満たされるのは、呼び寄せた家族といっしょになれたときにほかならないが、子どもたちはすぐに数多くの生産的なものに結びつくだろう。一般に家計には二重の賃金の支えが必要なので、かれらの妻はただちに仕事を捜すが、それはたいてい使用人か無資格の働き手向きの仕事であり、地元生まれのアメリカ人なら好んでかかわらないような種類の仕事である。かれらは学校に子どもを受けいれてもらって、子どもの生活を管理しなければならないので、サービス部門の雇用をつくりだす。

移住者は押しつけられた条件に失望したり、より古い時代の移民が享受した条件と比較したりすることがあっても、本来楽観的な人たちである。そして、はるか以前からアイルランド人につきものだったイメージと違って、義務には従順な姿勢をみせる。

移住者は社会的階層のピラミッドの下部に組みこまれることで、もっとも恵まれない階級を安心させ、かれらの価値を高めると同時に、伝統的な仕事に就業して不安に陥れる。そして、いつかは危険なものになると予想される下層プロレタリアートを形成し、平等主義者の伝統に反して社会を不安定化する。そのとき、かれらの欲求は大きくなり、「自分の位置」を維持しようとする。

新来者はほぼつねに社会階層の下部に統合されるので、流動的な要因となる。そしてこの点で、もっとも頑強な国民的神話を強化する。それはアメリカの社会構造は柔軟で可動的であり、国民はそれに値すれば、階段をのぼって頂点に達することができるにちがいないという神話である。たとえば、かれらは心ならずも年代ものの特権階級をつくりだし、もっとも古いものが、もっとも尊敬すべきものであると思いこむようになる。「アメリカ革命の娘たち」(初期の移民の女性の子孫)や「自由の息子たち」(独立のために戦った人たちの男性の子孫)は、もっとも高い頂点をめざして自分を投影する。移民のなかでも非合法な移民は、アフリカ系アメリカ人と貧困者のあいだに組みこまれ、一種の保護用の層を形成する。もっとも恵まれない階級にとって、自分以下のだれかがいればつねに安心できるし、それが順送りになっていく。

移民はつねに国民文化的特色を賛美してきた。それは運動、楽観主義、ダイナミズムという若さと、民族的・文化的・宗教的多元体制のことである。かれらは耐久性をもつ寛容さという神話を危険にさらしても、これらの伝統のいくつかを、ときには危険なまでに激化するように思われる。

移民の支持者たち

アメリカ国家の開祖たちと、それに近い継承者のほぼ全員が、当時のこの国にとって経済的・精神的に必要だった移民を称賛した。それは一七九五年以降、アメリカを「ほかの国の不幸な人たちの避難場所」と考えたジョージ・ワシントン〔一七三二～九九、アメリカの初代大統領〕にならったものだった。アイザック・ザングウィルは『融点』という劇作で、登場人物のひとりに「この大陸はひとつのるつぼであって、世界中の国民がアメリカにやってきて混ざりあい、新しい製品になるんだよ――アメリカ人という製品にね」といわせている。「アメリカという環境の錬金術」と「新しいいくつかのタイプをめざす古いタイプからの別離」について語ったマックス・ラーナー〔一九〇二～九二、アメリカの教育者、著述家〕は、アメリカ人が「生物学的・心理学的な大きな実験室」になって、抵抗しようもないほど民族と遺産を変え、新しい社会的総体をつくりだすと考えた。

反生得論者は必ず移民の経済的・人口的貢献を強調する。頑丈な性質をもつ移民には労働の備えがあり、活動的で適応性があって、つねに同化することができる。それは自己の起源を否認しないで新しい国民性を完全にとりいれた「イタロ‐アメリカン」や「ゲルマノ‐アメリカン」のような「ハイフンつきのアメリカ人」が示したとおりだというのである。

生得論

国家ができた初期の時代に移民は必要だったし、かれらはできのいい人たちだったかもしれない。ところが遅すぎる移民は同化できないか、同化しようとする傾向をほとんどもっていない。それに、かれらの役割はたちまち心配のたねになる。

かれらがつねにいくらか非難されてきたのは、移民に準拠してきた国では奇異な存在はつづかないからである。その相違点は日常的にあざけられ、戯画化されて強調される（アイルランド人は飲んだくれで議論好きであり、男性はパディで女性はブリジェット〔いずれもアイルランド人の愛称〕である。イタリア人はマフィアで、脂肪質のメキシコ人はチカーノ〔メキシコ系アメリカ人のこと〕と呼ばれる）。ついには鳥の名と、ののしりことばまでが使われる。イタリア人はスピックス（かれらはスピークという動詞を正確に発音できない）で、ウォプスで、ダゴーズであり、ポーランド人はポラックスで、ドイツ人はクラウツである。反ドイツの暴力的な十字軍は第二次大戦中に発展し、ときどき物笑いのたねになった。ニューヨークの歩道でプレッツェル〔塩味のクラッカーやパンと、ドイツ人かドイツ系の人のこと〕をみかけなくなったら、レストランでザウワークラウトのかわりにキャベツを注文すりゃいいよ、というわけである。

過去もいまも民族集団の量感が増大すると、生得論者の運動と市民集団が心配顔をし始める。人々はたとえば一九九〇年に、ロサンジェルスの三七%の黄色人種と、三〇%のアフリカ系アメリカ人とヒスパニックにたいして、

図35　多民族国家アメリカの「奇異な存在」

アイルランド人	“飲んだくれで議論好き”
イタリア人	“マフィア、スピックス、ウォプス…”
ポーランド人	“ポラックス”
メキシコ人	“チカーノ”
ドイツ人	“クラウツ、プレッツェル”
黄色人種、ヒスパニック	“渡り鳥”
カトリック教徒	“アメリカに対抗する圧力団体”
援助を求める人たち	2000人以上のボートピープル（1991）、
⋮	6000人のハイチ人（1992〜93）

白人が三三%しかいないという事実に基礎をおく。白人はほかの人たちとおなじく、少数派になったということになる。

ほかの国よりアメリカで移民に関して提示される問題は、この国の国民が移民からできていることと、移民が集団的哲学の一部だという意味で、つねにいくぶん両義的である。移民の出身地の記録が始まったのは、一八五〇年のことだった。この記録はある人たちにとって、国民の多元的体制を称賛する情報収集の努力だと思われたが、べつの人たちにとっては、生得論と外国人排斥運動の最初の示威行動のひとつだと思われた。

強圧的で自由な移住の敵対者は、福利厚生を中心とするサービスが税金を払う共同社会からみて高くつくのに、移民のほうはめったに税金を払わないという。また生得論者は移民がほかの人以上に、社会扶助、失業補償、社会保険（メディケード〔低所得者や身障者のための医療扶助〕、メディケア〔六五歳以上を対象とした政府の医療保障〕）、ソーシャルワーカー、食糧供給の好意や、あらゆる性質の援助に頼るばかりなので、かれらが返してくれるものよりずっと高くつくと反論する。

移民は同化を望まない新しい移住者のことでも非難される。たしかに新しい移住者の姿勢や行動は、先輩たちにくらべて大きく違ってきた。とくにヒスパニック系は、少しまえの中国人や日本人にいくぶん似ていて、帰化した国の生活様式や、思考様式や、文化をとりいれることを拒絶する。かれらのなかには、一九世紀半ばに併合されたメキシコ領土の「レコンキスタ」を口にする人たちもいる。そうなればアメリカは、カリフォルニア州を失うことになるだろう。かれらが異文化に適応し、「本物の」アメリカ人に変わるのは、多くは骨の折れる仕事だろう。かれらは自国語を長く使いつづけるし、自分で認めてきた美徳と、とくに生きて体験してきた美徳を、受けいれ国に合わせることを拒絶する。

非アメリカ的教会のメンバーであるカトリック教徒は、個人主義を弱め——強い枠組でできたカトリック教会は、階層制を尊重するよう促している——ローマ教皇という外国の王に従って、アイルランド人と、イタリア人と、ドイツ人の亡命者の指揮のもとに、圧力団体を形成しているとたびたび非難されてきた。この非難は今日、実際には少し違うかたちで、ヒスパニック系のようないくつかの少数民族に向けられる。かれらは責任者たちの管轄下に、たとえば投票のときとか、「本物の」アメリカ人やほかの国民集団に対抗して自国の文化をまもらなければならないときになると、等質的な諸グループや、「ひとつ」の等質的なグループさえつくろうとする傾向をもっている。

かれらはかつての中国人やそのほかの民族のように、「渡り鳥」だと非難される。つまりアメリカを愛さずに、アメリカから提供される利益と、仕事と、最上の生活条件と、社会扶助と、もちろん自由を利用しようとするというのである。かれらは故国に外国為替を送り、ときには故国に家を買ったり、かつてのイタリア人や中国人のように資産を持ち帰ったりして、先祖の土地に埋葬されたいと願うらしい。

二〇四七年には、アメリカの人口の四七%が白人でなくなるだろうと推定される。世論が新しい急変を問題にし始めたように思えるだけに、当局はこの問題が解決しにくいことを認めている。世論は恵まれない人たちを迎えるに必要な安定のためだけにでも、アメリカは白人でプロテスタントでありつづけなければならないという。すべての不幸な人たちを引き受ければ国家財政を危うくするかもしれないし、そうすれば信条が苦しまなければならないだろう。

社会の変わり方は非常に早いが、経済的・社会的危機のおりにはつねにスケープゴートが求められ、信条はそのために苦しむことになる。そのとき中流階級がもつのは、余計者を維持するために金銭を支出しているという感覚である。

移民にたいする姿勢に等質性が欠けていることと、賛否両論の情熱のあいだで板ばさみになった当局が強制する連邦の指針に極端な混乱があることと、さまざまな建国的原理のあいだに継続的なためらいがあることから、受けいれという使命と、多元的文化と、現実のあいだの矛盾が明らかになる。どのようにして不可欠な原理と決定を融和するのだろうか。伝統はこの国が、すべての抑圧された不幸な人たちを迎えることを望むし、世論は慈善的使命が文化的要請でもあることを知っている。つまりこの国の歴史的使命は、多民族国家だということにある。

たしかに「援助を求める人たち」の数は、不安をかきたてそうに思えるかもしれない。一九九一年には二〇〇〇人以上のボートピープルがフロリダ州に流入したし、九二年五月と九三年一月のあいだには、六〇〇〇人のハイチ人がポルトープランスに送還された。この地の難民キャンプは、もはやどうみても足りないのである。

圧力団体

圧力団体の数は極度に多いし、それらはたいてい特別に深刻な危機のときや、とくに過敏な州で誕生する。ここでは、もっとも強烈な団体だけをとりあげることにしよう。

一生得論は実際には一八四四年ごろに始まり、「ネィティブ・アメリカン・アソシエーション」ができたのは、一八三七年のことだった。この市民団体は一八五〇年代に非常に有力になり、そのあとを引きついだ「ノー・ナッシング党」は熱烈なアメリカ精神を強く勧告し、ときには暴力的に擁護した。

一八六五年に生まれた「クークラックスクラン」〔ＫＫＫ〕も、とくにアメリカ生まれのアメリカ人の擁護にとりくんだ。それは比較的静かだった長い期間のあと、一九二〇年代によみがえり、共産主義者とカトリック教徒と、近時点の移民にたいする熱心な戦いに着手した。かれらからみてこの人たちは、アメリカの基盤をくつがえそうとする外国の権力下にあるので、非常に危険だということだった。この団体はふたたび忘れられていたあと、つねに擁護してきた提案にかなり近い提案をもってカムバックしている。一九九五年にＫＫＫの公認候補ディヴィッド・デュークは、ルイジアナ州で四四％の投票率を獲得したが、これはこの州の白人の六〇％に相当した。

アメリカの労働組合のもっとも重要な役割は、つねに会員の権利をまもり、社会変革やイデオロギーの発展を試みないことだった。それらはほぼ一定して、すでに触れたような理由から、移民に公然と敵対する位置をとってきた。だから、労働組合も生得論的圧力団体にいれることができる。それらの関与の程度は明白に多様であり、もっとも冷静な思考派から、穏健だが断固とした生得論者を経由して、国家的・人種主義的な外国人嫌いの暴力派にいたるまでさまざまである。しかし、その動機づけはつねに少しは似通っている。つまり、移民は権利要求活動の企てを望まないし、スト破りのおりに役だつし、群がってアメリカのイデオロギーと無関係な「プロレタリアート」を形成するし、強調しなければならない責任という原則に応えないし、組合の正直な労働者のパンをたべるというのである。ユダヤ人でロンドン生まれだったが、アメリカのすぐれた労働組合の指導者だったサミュエル・ゴンパーズ〔一八五〇〜一九二四〕は、右の位置を熱烈に擁護した。

「カリフォルニア労働者党」（ＷＰＣ）のデニス・カーニーは、一八七八年に中国の移民に激しく対立し、ワシントンの国会議員にたいする支援活動を通じて、ある意味で中国人排斥法の原動力となった。ＷＰＣが行使した圧力は、たぶんもっとも目ざましいものだっただろうが、ほかにもたくさんの運動があった。

「ドイツ人連合労働組合」や、「ユダヤ人連合労働組合」や、「労働イタリア人会議」がいくつかの意味で模範的なのは、権利を有効にまもりたい移民が地元のアメリカ人の組合と並んで、独自の組合をつくる必要性を示したことにある。「民族的」と呼ばれたこれらの組合は、強固に根づいて影響力を享受し始めたときに、大組織の位置をとりいれ、おなじ国籍に属さない外国人の入国ばかりか、同国人の入国までを制限しだしたのである。それはとくに経済危機のおりに組合員が失業したり、給料をさげられたりするのを非常に心配したからだった。

労働者は階級意識をもつどころでなく、かれらの分裂は極端だった。異なる労働組合の組合員のあいだで、一八四四年にアイルランド人の労働者と「アメリカ人」の労働者が対立したときのように、乱闘は数え切れないくらい多かった。

社会主義者はこの問題では、どんな点でも譲らなかったし、社会主義者の下院議員ヴィクトール・バガー——しかし、かれ自身は移民だった——は一九一〇年に、移住を制限するために強力な行動をとり始めた。

一八八〇年代に「アメリカ労働連盟」の責任者テレンス・パウダリー〔一八四九〜一九二四〕は、新来者の加入を拒絶した。新来者を同化できない人たちだと考えたかれは、連盟のイメージが傷つくのを恐れたからである。連盟の組合員は支配的なイデオロギーに忠実な、良識ある市民として責任をもたなければならなかった。また「組織化労働同盟と労働組合」は、薄給の労働者——移民が暗示されていた——の雇用と、アメリカにくる以前に契約を結んだ労働者の導入を禁ずる連邦法を採択させようと計画した（一八八一）。この組織はこうして、すでに一八七八年に外国人労働者の導入に反対して戦った「労働騎士団」のあとに追随した。

国家主義的な団体の結成と小競りあいは、ほかの国とおなじく、アメリカにもつぎつぎと発生した。ときには攻撃的なかたちで集結したこれらの団体は、一九世紀後半に「一〇〇%のアメリカ精神」「アメリカ人のアメリカ」「なによりもアメリカ」「アメリカを愛するか、そうでなければ去れ」というようなスローガンのもとに暴力的行為を犯すこともあった。非常に目だつこのような位置が出現したのは、ふたつの決定的な要因が出会ったときのことだった。ひとつは生得論者の集団と組合の醸成した集団的不安の出現であり、もうひとつは経済成長と一般の幸せの確保のためには、外国人居留者はもう十分だという考えである。

反移民法

移民に関する法律が、現在までつねに注意深く抑えられ、つねに偽善的に曖昧だったのは、たぶん、この問題についての集団的な危機意識のせいだろう。

一七九〇年以後、法律——たぶん、その時代の文化的傾向に合致しなかったためか、この国の広さと地方分権化のために、現実には適用されなかったのだろう——は非白人の帰化を禁じてきた。しかし、この法律は消滅しなかったし、機が熟した一八七八年に、中国人にたいして適用された。

一七九八年には、すでに「外国人暴動法」が新来者の政治的権限を規制した。この新しい哲学は、とくに西部と、カリフォルニア州と、住民が外国人の氾濫を意識し始めた州で高く評価された。

一八八〇年代には、ドアを閉めようとか、移民を選別しようと明確にいうことははばかられたが、実際には、そのようなことがおきていた。

南北戦争の直前には、まだ契約を結んだ労働者の導入が奨励されていたが、一八八五年の「外国人法」——この種の法律は、一八八五年、八七年、八八年と連続した——は、雇用者に契約労働者を自国に送還することを義務づけ、外国人労働者の誘致を禁止した。そして実際には、人手不足の職業や、教員や、家事の使用人として、ある人数の特例を予測しながら、非合法な入国者を阻止して、強制退去させた。

一八八二年に連邦当局は、はじめて国民集団にたいする位置を明確にし、生得論者の運動と、労働組合と、一般世論の圧力のもとに「中国人追放令」を採択した。この法は一〇年にわたって領土内への中国人労働者の入国を禁ずるものであり、一八九二年には、それが永続的になった。かなり驚くべきある連邦法は、精神病者と、「ばか」と、国民の負担になりそうなすべての移民を追放した。そして、さらに入領のたびに、一種の通行税として五〇セントの税金を徴収した。

一八八五年には、精神病者と、犯罪者と……貧困者（しかし、このような移民の分類法は、それほど明白だったのだろうか）の入領を禁ずる一八七五年の連邦法が復活した。さらに一八八七年には、移民の所有権が制限された。一八八八年には、すでにかなりつづいた非合法の移民の問題に直面しなければならなかったので、かれらは本国に送還（つまり国外追放に）された。

一八九〇年に「アメリカ保護協会」は、アイルランドのカトリック教徒にたいするアメリカ人の擁護に着手し、一八九〇年以後は、一夫一婦制でない人たちが（それが探知できしだい）厳しく拒否された。この問題を国民に提示するきっかけになったのはモルモン教徒であり、当時、公然としたポリガミー［複婚制］だったかれらは、奇妙なことに移民に確実な影響をあたえたのだった。

一八九一年には健康に関する制約が規定され、貧困者と、ふたたび導入割当人数から排除されていたポリガミーの人たちに対処する方法が強化された。これは外国人労働者の求人を禁止したことを連想させたが、こんどは港で、この法を適用する検察官の団体が創設された。中国人の排斥は、一八九二年の「ギアリー法」で一〇年間延長された。

一九世紀最後の一〇年間に、生得論運動はさらに圧力を強め、一八九四年に「移民制限連盟」がその旗手となった。一九〇二年には中国人の入国を決定的に禁ずるために、非常に厳しい法律が採択された。

大統領たちは——国民の大きな理想のひとつを傷つけずに、避難場所としてのアメリカのイメージをまもろうとして——一八九七年と一九一二年のように、ときどき拒否権で議会に対抗し、無資格だが有用性の高い数多くの移民の入国を禁ずる識字テストの応用を拒絶した。

一九〇一年のマッキンリー大統領〔一八四三～一九〇一、アメリカの政治家、二五代大統領〕以後、アナーキストの入国が禁止された——しかし、どのようにしてアナーキストを見破ったのだろうか。

一九一一年に「ディリンガム委員会」は、移住に関する難解な一覧表を作成した。「褐色」とカトリックの新しい移民を中心とする移民たちは、たびたび健康状態が悪いとされ、暴力と軽犯罪に結びつくアル中になる性癖がほかの人より強いとされた。一九一七年には、ついに「読み書き能力テスト」が採択され、入国税が二倍になった。世界的な紛争と、とくにアメリカの大戦参戦後に生じた恐怖症のために、政治家たちは「暴動法」に投票するよう説得された。それ以後、国家の安全を犯す恐れのある人たちの入国が禁止され、ついで一九二〇年に、革命的傾向をもつ外国人の強制移送が明記された。

一九二一年に、集団的懸念を表現した非常に示唆的な目ざましい条項が議決され、二四年には「緊急割当法」と「移民制限法」が採択された。この二法は「人数制限法」として知られている。実際にはこれは、表面化させずに選ばれた層を選択する法律だった。アメリカは受けいれ国でありつづけていたし、世論はそのことを喜んだが、偽善的で有効な条項の影に隠れて、選択的な入国制限がおこなわれたのである。

図36　アメリカの反移民法

法律・運動	年	内容
非白人の帰化を禁じる法律	1790～	1878～中国人に適用
外国人暴動法	1798	新来者の政治的権限を規制
中国人追放令	1882	1892～永続化
外国人法	1885、87、88	外国人労働者の誘致を禁止
1875年の連邦法復活	1885	精神病者、犯罪者…貧困者の入領禁止
移民の所有権制限	1887	
非合法の移民の国外追放	1888	
アメリカ保護協会	1890	アイルランドのカトリック教徒、ポリガミーの排斥
健康に関する制約	1891	貧困者、ポリガミー排斥
ギアリー法	1892	中国人排斥を10年間延長
中国人の入国を決定的に禁じる法律	1902	
マッキンリー大統領以後	1901～	アナーキストの入国禁止
ディリンガム委員会の一覧表	1911	「褐色」とカトリックの移民排斥
読み書き能力テスト採択・入国税２倍	1917	
暴動法	1920	革命的傾向をもつ外国人の強制移送
緊急割当法・移民制限法（人数制限法）	1924	中国人、日本人などが不利になり、 東欧と地中海の移民ほとんど認めず
国家出身法、ジョンソン・リード移民法	1929	北欧の移民優遇、 カナダ人とポルトガル人の大量入国 ➡非合法移民の増大
ケネディとジョンソン大統領の政策	1968	人数制限法が消滅 ➡「分別のあるバランスのとれた移民」 を喜んで受けいれる現代の方向へ

これらの法の原則は人数制限だった。一九二一年には、一九一〇年にアメリカに住んでいた外国人居留者の三％という制限内で、一定の州が移住を受けいれた。このため移民数が制限されることになり、一九一〇年にアメリカにほとんど居住者のいなかった中国人や日本人のようないくつかの国民が不利になった。この原則は一九二四年に議決された人数制限法で裏づけられた。両方の着想はおなじだったが、こんどは東欧と地中海の移民をほとんど認めなかった一八九〇年の法令が参照された。それ以後、この比率は二％になり、効果はじつに確実だった。以上のふたつの法に、一九二九年の「国家出身法」や「ジョンソン・リード移民法」が後続した。この二法は（すでにビザがまったく使えなかった）北欧の移民を大きく優遇するとともに、カナダ人とポルトガル人の大量入国を認め、非合法な移民を増大させる結果となった。

たしかに一九二〇年には、大勢の移民と国民的少数派がいたが、かれらの数が全人口にたいして急速な比率で増えたとしても、たぶん、いわれたほどの数ではなかっただろう。一八六〇年には、アメリカ人の八人にひとりが外国人だったが、一九〇〇年には七人にひとりとなり、一九二〇年には五人にひとりとなった。一九二〇年には、アメリカ人の両親からアメリカで生まれた人間が五八〇〇万人だったのにたいして、独立の初期に三五〇万人しかいなかった住民の子孫が、四七〇〇万人になっていた。過去の世紀には、出生率がつねに重要だった。一九二〇年には一一〇〇万人の移民と、外国で生まれたか外国人の両親をもつ人間が三六〇〇万人しかいなかったし、その大半は比較的同化されていた。外国生まれのアメリカ人の人口は、一八五〇年から一九五〇年にかけて、まずまず一定だったのである（一八五〇年には九・七％で、つぎに一三％程度になり、そのあと一九三〇年に一一・六％に落ちて、一九五〇年には六・九％になった）。

ケネディ〔一九一七～六三、アメリカの三五代大統領〕とジョンソン〔一九〇八～七三、アメリカの三六代大統領〕の管理下に、家族の結集を容易にする決定がくだされたのは、一九六五年のことであり、六八年には人数制限法が消滅した。しかし入国資格者の総数は、一定の出身国にたいして一年に二万人をこえることはできなかった。

現在では、ほんとうの問題はいわゆる移住でなく、違法な移民労働者の抑制できない目ざましい増加であるように思われる。一九八七年にレーガン政権はある法律を議決させ、この問題を解決しようとしたが明らかに大きな希望はもてず、大きな効果もあがらなかった。

目下のところ連邦政府は、分別のあるバランスのとれた移民の流れを喜んで受けいれているように思われる。一九九一年に年間五〇万人だった導入割当数は、九四年までに七〇万人になり、認められた政治的亡命者は、一二万五〇〇〇人から一三万一〇〇〇人になった。目的は明白である。アメリカはとくに全体主義的体制に従う国からの移民の受けいれ国でありつづけたいと願い、ある国籍やある民族集団の急激で大量の入国を避けながら、流れの全体を調整しようと努めてきた。

アメリカは明らかに利益を見失っていないし、十分な資格のある研究者をより容易に受けいれて（一四万人）、特別な投資家に一万枚のビザをあたえてきた。たしかに必要とされる人たちを迎えなければならないし、これは送りだす側からみれば頭脳流出である。時代によって教育者や、聖職者や、法律家や、スケールの大きい科学者が歓迎され、必要でなくなれば、かれらの入国は拒否された。

「グリーンカード」（外国人にあたえられる永住許可証書）は物惜しげに交付される。そしていまだに、家族の結集と不法入国者という状況を規制しやすくする試みがおこなわれている。その戦略はかなり曖昧でありつづけているし、過去とおなじく現在も当局のジレンマは明らかである。

一九九〇年の法令にあわせて、数百万人の候補者に四万枚のグリーンカードが配布されている。ワシントンに近いアーリントンの郵便局で配布のための抽選がおこなわれるが、非常に正確な割当数が考慮される。このカードのおかげで不法入国者は、健康で前科簿に記録されていないうえに正規の仕事をもっていれば、状況を安定化することができる。奇妙なことに、カードの四〇％は優先的にアイルランドの不法移民にあたえられ（アイルランド人の圧力団体は、いまもおなじく有力なのだ！）、残りの六〇％はおもにヨーロッパ出身の希望者に配布される。その目的はヨーロッパ出身のアメリカ人と、そうでないアメリカ人の比率のバランスを、年とともに回復することにある。

しかし新しいのは、幸運な選ばれた人間を選定するいくぶん驚くべき方法である。申込があまりに多すぎるので、候補者たちはアーリントンの郵便局に、正確な日づけの正確な時間に登録しなければならない。このとき、その場で待つ何千人という候補者たちは、チャンスを試すためにいっせいに押し寄せる。郵便物で書類を送る人たちもいるが、それも正確な時間に届かなければならない。希望者の数だけ申込書がだされ、望ましくない人たちを除いたあとに抽選がおこなわれる。当局の困惑を考慮するところが、この措置の奇妙で驚くべき性格だろう。世論の望みを尊重すると同時に国家の利益をまもる当局は、この国に避難場所としての使命を維持させる方法がわからないのである。

四　同化か多元的体制か

今日、エリス島〔ニューヨーク湾の小島。一八九二～一九五四年まで移民局の施設があった〕は約束の地への受けいれを象徴する博物館になっているが、それはほぼつねにヨーロッパからきた落伍者の集団が通過する悲惨な選別キャンプにすぎなかった。そこではよい種子と悪い種子を選りわける選別がおこなわれ、かれらは雇ってくれそうな人か、その場かぎりの慈善家がやってきて、楽園の鉄柵を乗りこえさせてくれるのを待っていた。

すでに移住していた移民は、新しい階層が仕事につこうとするのを、たいていはためらいながら承認した。到着した人たちが違う国籍の人たちや、べつの民族だったときにはなおさらのことだった。たしかに指摘しなければならないのは、移民がひとつの階級や、連帯した等質的な集団さえ構成したことがないことであり、かれらのうちには、つねに現地生まれのアメリカ人とおなじ人種差別や、外国人嫌いの感情があったのである。アイルランド人とイギリス人は相互に嫌いあったし、イタリア人はギリシア人をあまり高く評価しなかった。またドイツ人はスカンジナビア人をばかにしたし、だれもがユダヤ人を好まなかった。ヒスパニック系は現在も、ライバルである韓国人やアフリカ系アメリカ人と戦っており、国籍対国籍の問題で相互間に引き裂かれている。

かれらにとって、おなじ国のおなじ「人種」の出身者の大量の入国は、たいてい脅威に思われた。それは中国人と日本人のケースだったし、イタリア人とカトリック教徒のあとは、今日ではヒスパニック系がそれにあてはまる。

理論と実際

ワスプの理論は、アメリカは白人のプロテスタントの国家であり、移民がほんとうのアメリカ人になりたければ、この事実を受けいれないまでも、少なくとも尊重しなければならないということにある。文化的な、たぶん急進的な混血は、例外的であればがまんできる欠陥か、寛容な精神の称賛でさえあるのだろう。そのとき、移民たちの独自の文化の漸進的だが急速な放棄と、受けいれ側の文化の摂取という文化的変容が原則となったにちがいない。

同化主義者が考えるのは、移民は適切なときに集団に溶けこむことを望み、それができるときだけ受けいれられるだろうということである。

これにたいして多元主義者は、アメリカ文化の独自性は多民族性と、さらには多文化性にあるのだから、外国人をあるがままに受けいれれば、みんなにプラスすることになるだろうと考える。相違点はかれらがいい市民になる邪魔にならないし、支配的な文化を豊かにするというのである。

移民から生じた国民集団と、民族の共存から生まれたアメリカ社会を説明するために、こうしたイメージがよく援用されてきたし、もっとも有名なのは、間違いなく「るつぼ」というイメージである。しかし、それは白人の自民族中心主義の力で強制されたイメージなので、満足できるかたちでただひとつ機能したのはアフリカ人のるつぼだった。奴隷としての年月のあいだ、アフリカのさまざまな地域からきた人たちの文化的差異が考慮されなかったので、すべてのアフリカ系アメリカ人が似かよっていたし、大農場の奴隷は未分化のアフリカ系アメリカ人として融合する以外の選択肢をもたなかった。たしかにザングウィルのいったるつぼは、非常にゆっくりとだったが、ほぼもっぱらアメリカ文化と、それほどへだたっていない文化をもつ人たちのために作用したのである。

このるつぼのイメージと並行して、ときどき不安定な多元主義を表現する「万華鏡」のイメージが、とりわけ移住者の子どもたちの特色をあらわしてきた。つまり、それぞれの破片は色彩と形状を維持しながら、アメリカ社会のように等質で多様な、変化する全体的なイメージをつくりだすというのである。べつの人たちは、似ているが不変で固定した現実を説明するモザイクのイメージのほうを好む。また「サラダボウル」のイメージは、さまざまな原料が混ざりあうが合体しない、この新しいるつぼを例証する。

こうした多様なイメージが示すのは、集団の精神生活にあっての移住の重要性であり、これらのイメージは明確に肯定的である。

民族意識は移住と直接的な関係にある。大統領選挙のための民主党の予備選で、アフリカ系アメリカ人の候補となったジェシー・ジャクソン〔一九四一〜、アメリカの聖職者、政治家〕もまた「虹の連合」と命名した統合組織のために、民族と国家の少数派を包含することを忘れなかった。移住はアフリカ奴隷売買とおなじく遺伝的・文化的多元主義をつくりだしたので、多元主義は歴史から生まれた現状である。

言語的多元制と、より正確には二国語併用は、今日、気がかりな問題を提示する。言語は文化的統一性の一要因であり、二言語使用はたいてい危険な現象とみなされるし、多言語使用にいたってはなおさらのことである。言語は実際に伝統的に共有される経験を表現し、全員に認められたコードの使用にさいして、暗黙の了解を表現する。数多くの少数派は学びたいと思わないような悪い英語を話し、その成員は共同体の成員と国を識別できるような会話しかしない。

たとえば、ほぼつねに「民族的」な地区で暮らす移民の子どもに、英語を外国語として強制的に学ばさなければならないのだろうか。あるいはかれらを、ほかの民族集団や地元のアメリカ人と自然な会話ができるような状況において、独断的に住民を混ぜあわすような多民族学校に転校させるか、あらためてカリキュラムを強制しなれければならないのだろうか。

一九六八年の「バイリンガル教育法」は、現状を承認して、この困難な問題に学校教育の領域で「多元主義」の解答をあたえる革新をおこなった。

この着想が生じたのは、アフリカ系アメリカ人の子どもが若いワスプほどいい結果をだせないのは、英語力が不十分だからだという確認からだった。かれらが数学や歴史で優秀でないのはＩＱが低かったからでなく、べつの理由からであり、とくに表現方法が劣ったからだったのだ。かれらにたいする誤りをくり返さずに、幼い移民の進路に補足的な障害物をおかないようにするには、もちろん英語を教えなければならないが、かれらの母国語でもべつのことを教えなければならない。

ある人たちは、おなじ学校のおなじクラスの言語グループに子どもたちを集めるのは、ハンディキャップだと考える。中国人の子どもに英語の力をつける授業を創設しただけでも（一九七四年の決定）、特定の居住地区の実在と、おなじ国籍をもつ移民の子どもたちを集める居住地区の学校を通じて、すでに避けられなくなっていた一種のアパルトヘイトになる危険性が生じたのである。

この問題はかれらの言語で科学のような「硬派の」学問を教えるときでなく、一九七二年の「アメリカ民族遺産法」が推奨したような、出身国の文化を手ほどきするときになると、いちだんと厳しさを増すようになる。すべての文化は等しく尊重されるべきであり、移民の子どもたちは先祖の文化を知って愛さなければならない。しかし同化主義者は、一八四八年に終わったアメリカ・メキシコ戦争を、ヒスパニック系の若者にいかに理解させるかを考えるだろうか。サム・ヒューストン〔一七九三〜一八六三、アメリカの政治家、軍人〕はメキシコ人を憎む残虐な狂人だったのか、それともサンタ・アナ〔一七九七〜一八七六、メキシコの軍人、大統領〕の独裁と戦った、短気で勇敢な民主主義者だったのだろうか。こうした子どもたちをどのようにして安定させ、ルーツをあたえ、しかもどんなルーツをあたえるのだろう。こうしたルーツはワスプの子どもや、中国人の子どもや、アイルランド人の子どものルーツと違うことで、問題が生じないのだろうか。

ここでほんとうの問題は、コミュニケーションの言語と共同体の言語の関係にあり、共同体の言語は道や時間を聞くときや、家族や友人と話すときに使われる。

一九九〇年のロサンジェルスでは、八〇のことばが話されていたという。アリゾナ州のフェニックスのアイルランド人の移民は、実際に故国との関係を感じとっているし、ボストンのアイルランド人の移民は「自国語」の日刊紙を読み、ゲール諸語の教育を広げようとする。民族新聞の購読層は幅広く、たとえばヒスパニック系は数多くの新聞（『エル・ガット』『エル・グリット』『ラ・ラザ』『エル・ヌエヴォ・ヘラルド』など）を選び、アメリカのメキシコ人はメキシコのメキシコ人とおなじように、よくメキシコ語で話をする。

根源的で国民的なアイデンティティの肯定は、まずアフリカ系アメリカ人と、ついでアメリカ先住民と、さらにはほかの人たちのあいだにしだいに激しくなってきた。大学は新しい民族性という名目で差異性を称賛し、つねに多文化に関する講座をより多く開設してきた。たとえばスタンフォード大学は、一九八九年から（アメリカ文化でなく）アメリカの諸文化に関する講座を企画してきたし、コロンビア大学は一九九〇年から主要な諸文化について教えてきた。アフロ・アメリカ文化と、アメリカ先住民の文化と、メキシコ文化に特化したすべての学科が、その最大のものである。自己の起源にたいするすべての幻想に反発してきた移民の息子たちは、しだいにそれに満たされて、記憶するようになった。かれらの起源となったハイフンつきのアメリカ人という現象は、たしかにつねに実在するが、それはたいていすでに同化するか統合された第三世代の現象である。

ことば自体が示唆的である。「民族」という用語は、現在では積極的な暗示的意味をもち、「人種」と、宗教と、もとの国民性は、逆にもはや欠陥とはみなされない。アメリカ人は地元生まれでないアメリカ人を指すのに、「フォレイナー」と「エイリアン」というふたつのことばを使うが、それらはここでは、ただひとつの外国人という意味しかもっていない。また「ストレインジャー」のほうは、未知の人を意味している。この最後の語はフランス語のエトランジェに非常に近く、つまり奇妙な人、興味をそそる人、ひそかに脅やかす人のことである。たしかにエイリアンは、疎外する、よけておく、締めだすという意味に近く、公的な用語がエイリアンだということは、とくにこれ以上エイリアンであることを望まない人たちにとって、フォレイナーより示唆的である。フォレイナーとはどのような特典も望まない、自分が外国人であることを主張する人のことである。

われわれにとって、やはり奇妙にみえる「政治的正当性」という運動は、そこに長く住んでいる人たちにとってふさわしい。これは実際には、かつて率直に、はっきりと呼ばれた古いものを示すために遠回しな表現方法や新語法を使う、主として大学の傾向である。それはもっぱら民族だけに応用されるわけではない。はるか以前から、議長職から女性を排除するかに思われる「チェアマン」より「チェアパーソン」が好まれてきたし、また「ミスター」がそのまま使われているのに、既婚と未婚を同時に示す「ミズ」のほうが好まれる。「インディアン」をさすのに「ネイティブアメリカン」が使われ、「黒人」をさすのに「アフリカ系アメリカ人」が使用される。話し手はこうしたことばを使うときに居心地の悪い思いをするが、これはたぶん話し手が無意識のトラブルを経験するか、恐らくは潜在的な人種差別や、女性差別や、外国人嫌いの感情を、ことばの悪魔払いによって明白に撤回しようと望んでいることを示すのだろう。

移住はアメリカにとってつねに必然であり、象徴であると同時に問題だった。移住は国民をつくりだし、人口を増やし、経済を活気づけてきた。

移住は国民の魂と同時に使命を明らかにするので、つねに必要だったし、たぶん現在も必要なのだろう。その意味で、この問題が差し迫りすぎているときに、たんなる行政府の決定にもとづいてそれを中止することはできないだろう。だから遠回しの手段や、まわりくどい表現を用いて危険を直視せずに、相いれないものを両立させる努力を払わなければならないのだ。空気をいれないでドアを開け、たとえアーリントンの抽選があっても機会の平等性を維持して、いい人たちを選別し、裏切られたり覆《くつがえ》されたりせずに世界の目と、たぶん、なにより自分自身の目にとって、この国が新しいエルサレムであると同時に、新しいオアシスでありつづけることが必要なのだろう。

［ジャン＝ピエール・フィシュ］

第10章　インドの移住

中東、ロシア、中国と接するインド亜大陸を一領域として論じることはむずかしい。前八〇〇〇年からあった北東文化圏の退行とともに、前二〇〇〇年の周辺で到来したアーリア人が先住民と融合して、インド的な基盤ができた。しかし、この広大な地域の動向は、統一化の動きが始まった前七世紀以降も、多様な民族的要素で混乱した。東南アジアを中心とする移住が始まったのは、キリスト紀元以後のことだった。

「インドの移住」という表現は、インドの住民——インド人——の国外への進展という明白な事実を想起させる。しかし、この事実を具体的に規定しようとすると、ただちにこのようなアプローチの単純さが、概念の抽象的な性格から強まる複雑さを処理できないようになる。「インド人」とはどんな人たちで、「インド」とはどこのことだろうか。

地理的な視点からインド亜大陸という広い定義をとれば、ほぼ明確な定義を確定することができる——現在、それは大きさの順番からいって、インド、パキスタン、バングラデシュ、ネパール、スリランカ、ブータンの六か国をふくむ。それに反して人間的な視点からすれば、問題はそう簡単には解決しない。これらの領土内の人類学的条件は、多様な現実に対応する。それは人間の多様性の簡略化を望んで、インドという概念の簡略化を望むようなものであり、それではほんとうにうまく定義することはできない。

また言語学的視点からすれば、インド亜大陸の住民は相互に無関係な四つの大きな語族に属している。その圧倒的多数がふたつの語族（インド‐ヨーロッパ語族とドラヴィダ語族）に属するとしても、この両方は（数十の「地域語」を計算にいれなくても）異なるアルファベットの筆記体をもついくつもの言語を内包する。宗教面では、インド人の大多数がふたつの中心的な宗教（ヒンドゥー教とイスラム教）を信じていて、そのすべてが対立しあい、多数の「宗派」に分かれることが認められるし、いっそう大きな多様性がある。インドで誕生したもっとも特殊なインドの宗教については、ジャイナ教（囲いこまれてきた）と、仏教（原則として閉めだされてきた）と、いわゆる部族的な宗教があるが、いずれもごく少数派である。たとえば社会的視点（カースト制という問題）や形質人類学的視点から分類の幅を狭めて、「インド人」という何千という面を何百かの概念に薄め、無視することができるかもしれない。

つまり「インド人の移住」という表現は、特定の集団の移住と一致しないだろうが、それでも広い不確実な定義をもつ多様な共同体の複雑な移住という動向を包含する。その動向は（ひとつの亜大陸という広がりをもつ）ある地理上の近さ以外に、真実の相互関係をもたないだろう。だからインドという概念の使用は、流動性と、並行する性格と、内容の不連続性からみて、いわば妥当ではないだろうし、ほんとうの「インドの移住」史をたどることは考えられないだろう。

しかし、一般に普及する「インドらしさ」という概念はあるので、「インドの移住」もあるわけであり、なにがその共通の流れを示すのかを見定めなければならない。

これらの共同体は兄弟間の闘争でたえず分裂する下位集団に分岐しながら、地理的多様性と、永続的に定義し直される言語的・宗教的共同体間の闘争をこえて、大なり小なり価値観を共有する。それはおなじ歴史感覚、ある美意識、料理と衣服と音楽の習慣、言語構造の特徴などのことである。つまり「インドの移住」という表現が多面的な概念だとしても、この表現は歴史的言語で規定される基準的な核をめぐって組織されている。それは前二〇〇〇年紀末にインドに到着した住民、アーリア人［インド-ヨーロッパ語族インド・イラン語派に属する言語を用いる人たちの総称］の言語と文化モデルが伝えたものとおなじである。

だから、インドの移住はアーリア人の移住と、かれらの継承者の移住として分けて考えるべきなのかもしれない。そこには、べつの文化モデルから借用した遺産を盛りこんだアーリア人の直接的継承者や、この遺産を非アーリア的な固有の文化に包摂した間接的継承者がかかわったのだろう。この「移住」の指標のひとつは、まさに「アーリア」モデルによる非アーリア集団の浸透であり、ついでインドの地理的概念に同化したアーリアという民族的概念であり、つまりインド人でない集団のインド化だった。

アーリア化やインド化という現象は、漸進的であると同時に一様ではなかった。この現象はインド化した言語的・文化的に非インド-ヨーロッパ語系に近縁の集団（パキスタンのドラヴィダ語のブラフイ、インド東部のアウストロアジア語族のムンダー）のなかに存続しつづけながら――スリランカの大半の住民の言語であるシンハラ語が、ドラヴィダ族の住む南の半島では孤立したインド-ヨーロッパ語となったばあいのように――インド化からはずれた、かなり完全な先端部分を突出させることができた。（大ざっぱに見た）パンジャブより遠い地方にいくにつれてしだいに表面的となるインド化という問題では、四段階に対応する四つの地帯を定めることができる。

第一は北インドに相応し、そこではアーリア化が進んで、以後、住民がインド-ヨーロッパ語を使うほどになった。

第二の地帯は南インドに代表される。その文化は（とくに言語面で）土着の能力を保有しながら、「インド人」として識別されるまでに深くインド化した。

第三はいわゆるガンジス川の向こう側といわれるインド（東南アジアの大部分）のことであり、より根源的な状況を示す。「国民的」アイデンティティを保持する社会は、いくつかの上部構造（公式的宗教、文字、権力の象徴など）でインド化した。いくつかの社会はそれを「アーリア人の法」である「サンスクリット」という新語法を使って、文明化の概念を特定しながら驚くべきほどに表現した。

第四はディアスポラという現象に典型的な極端な状況を示す。（ときにはたんに「インド化」したにすぎない）「インド人」は、もはや文化的・国民的総体のなかの「近縁者」にすぎず、インド的なものをなにももたないでインド人を疎外し、さらに外国人として拒絶しさえした。

「インドの移住」の分析を、現代のディアスポラの分析に矮小化しないために、以上のさまざまな段階を生かしつづけることにしよう。

一　アーリア人

アーリア人は先史時代末期に根をもつ先インド人の宿命である。第一に言語的基準から把握できるこの民族は、インド‐ヨーロッパ語の支流を形成した。それをインド‐ヨーロッパ語族の枠内に正確に位置づけるには、まだ論議の余地がのこる。しかしアーリア語を地理的に、東方の語族に結びつけることができるように思われる。この語族は「バルト‐スラブ‐ゲルマン」語群と「イタリア‐ケルト」語群をふくむ四つの語群に対立するのだろう。この東方の語群から、「ギリシア語」「アルメニア語」「インド‐イラン語」という三つの亜群が分離したらしい。この最後の亜群のなかから、のちに「インド人」の言語になったもっとも東方の言語が、われわれが最終的な運命を追う全体を構成した。

口承伝承で伝えられたこれらのインド語の最初の証明は、前二〇〇〇年紀末のヴェーダサンスクリットである。中間の証明は古典サンスクリット――ヒンドゥー教の言語――とパーリ語――仏教の言語――であり、どちらも

図37　インド - アーリア人の形成と移動

時　期	民　族	移動と経済
前12000～前8000年（旧石器時代）	最初のインド - ヨーロッパ語族（マドレーヌ人）	ヨーロッパ北方で形成（狩猟採集）
前8000～前4000年（中石器時代）	インド - ヨーロッパ語族のある集団（プレ・インド - ヨーロッパ語族）	ヨーロッパ北方→東欧の森林→ウクライナのステップ➡クルガン人（放牧）
前4000～キリスト紀元（新石器時代）	クルガン人の集団➡アーリア人	（遊牧）中央ユーラシアのステップ→インド➡インド - アーリア人
キリスト紀元～現代	インド人	インド洋横断→世界へ

――かつては学識豊かな言語にほかならなかったとしても――そのようなものとしては死語になっているが、非常に重要な文化的言語でありつづけている。現代の証人は五億人以上の人が使うインドの現在のインド - ヨーロッパ語であり、ベンガル語（一八〇）、ヒンディー - ウルドゥー語（九〇）、パンジャブ語（八〇）、マラーティー語（六五）、グジャラート語（四〇）、オリヤー語（三〇）、アッサム語（二〇）、シンド語（一三）、シンハラ語（一三）、ネパール語（一二）などがある。

「アーリア語」と、べつのインド - ヨーロッパ語群からさえでた言語群は、たぶん前三〇〇〇年紀以前にはかたちを成していなかったのだろう。それでもその一〇〇〇年以前にインド - ヨーロッパ語の全体が、インドの移住という説明に包含されるべき驚異的な運命をたどったのは、いわゆる「アーリア人」の移住が、かれらの発展のひとつにすぎなかったからである。最古の時代にたいしては、とくに年代と位置決定の問題で、いくつもの仮説がぶつかりあっている。われわれは移住の論理をもっともよく展開できる仮説の集成を選択するが、それはのちにアーリア人と後継者たちが証明してくれるだろう。

いまのところ、以下のことを心にとめておかなければならない。すなわち、年代はたんなる目印にすぎないこと、説明する動向は明らかに地域的に発展した集団や、べつのマイナーな移住の道を選んだ集団を無視していること、そして、こうした移住につれてほかの集団が吸収されたことである。下流では制度や社会組織などの面の変化につれて、しだいに多様化する文化の流れが問題になる。

この移住の歴史を図式化するために、四〇〇〇年ごとの大きな四段階（完了していない最後の段階はべつとして）におき直すことができる。

前一万二〇〇〇年～前八〇〇〇年の「旧石器時代」にあたる第一段階は、ヨーロッパ北方地域の西欧の旧石器時代最終期のいくつかの集団に結びつき、そこでかれらは「最初のインド－ヨーロッパ語族」を形成した。

前八〇〇〇年～前四〇〇〇年の「中石器時代」にあたる第二段階では、この「最初のインド－ヨーロッパ語族」のあるものたちが東欧の森林を横断してウクライナのステップに到達し、そこで「クルガン人」に組織された。

前四〇〇〇年からキリスト紀元までの「新石器時代」の展開がみられた第三段階では、「アーリア人」に変わった「クルガン人」の集団が、中央ユーラシアのステップを横断してインドまでいき、全体をひとつのように組織化した。

キリスト紀元から始まる第四期には、これらのインド人は海に乗りだし、まずインド洋と、ついで世界を横断して広がった。

二　インド－ヨーロッパ語族の移住の三段階

インド－ヨーロッパ語族は、最後の氷河期であるマドレーヌ期のもっとも寒冷だった、現在のフランスの国内として規定される旧石器時代最終期の文化に由来するのだろう。この文化は芸術作品（動産としての芸術、ラスコーやアルタミラの洞窟の絵画など）と技術的創造性を誇りとして、地域的に五〇〇〇年間（前一万五〇〇〇年～前一万年）にわたってつづき、そのすばらしさがやがて西欧に広がった。しかしこの影響力以外に、べつの理由に応じたもうひとつの動きが確認される。実際に前一万二〇〇〇年から始まって現在の気候につづく温暖化につれて、いくらかの「マドレーヌ人」が寒冷で乾燥した気候を好むえもの（トナカイなど）の北上を追って北東ヨーロッパにはいりこみ、移住の広大な過程を開始したのである。

北欧のステップを横切ったマドレーヌ人の継承者たち

移住のこの初期段階は一連の技術的適応力をもっていたので、かれらは移住をつづけることができた。初期のマドレーヌ人は文化的経験を発展させただけだったが、中石器時代の薄刃の道具を進歩させ、しだいに新しい技術的効果をあげるようになった。「ポスト・マドレーヌ人」の先端部分が形成中のバルト海を迂回して移住しつづけたのにたいして、北欧の現地にのこって、のちに南のべつの集団に結びついたらしいマドレーヌ人の後継者たちは、北方と北東の「文化圏」といわれる新しい文化様式を具体化した。それは中石器時代様式と形容される。そのもっとも知られた構成要素は、前九〇〇〇年紀の北欧の平原のスウィデリアンと、ついでラトビアとエストニアのクンダ文化などである。この移住の先端部分は北の地域にたどりつき、そこでたとえば極地の昼と夜のいれかわりにもとづく二元的な象徴的要素をもつ「プレ・インド‐ヨーロッパ」と形容される文化の最古の諸要素を具体化したのだろう。たとえかれらの生態的脈絡が根本的に変わったとしても、これらの要素は多くの後継者たちにこうした文化を伝えつづけたようである。

しかし、マドレーヌ期の慣習だったこの移住運動にたいして、極圏地方は地理的・生態的に克服できない条項を印していた。そのうえ、前四〇〇〇年紀から求められてきた「えものに追いつくこと」という様式は、完新世（前八〇〇〇年か前七〇〇〇年）の最適の気候の接近によって決定的に不安定になった。完新世は相対的な人口過剰を生みだしたマドレーヌ期の慣習だった、狩猟採集者の伝統的な生態的基盤を悲劇的に制限した。いくらかの残留集団をべつとして、大半の北方集団は旧石器時代終期から継承した生活様式の維持が不可能になったので、より適切な生態的地平を求めることになった。

東欧の森林の「インド‐ヨーロッパ語族」

プレ・インド‐ヨーロッパ語族は新しい生態的条件から逃げなかったが、それを先取りもせずに南のほうに向かい、移住運動の第二段階に着手した。かれらは当時の東欧をおおっていた森林に、決然としてはいりこんだのだろう。約四〇〇〇年のあいだ、そこに居住したかれらは森林のなかの生存様式を規定し、北極周辺の滞在期間中から萌芽状態にあった「インド‐ヨーロッパ」文化を集成する諸要素を明確にしたようである。そのとき、たぶん社会秩序の選別機能的分析と、インド‐ヨーロッパ語という強力な潜在的可能性をもつ言語的道具にもとづく、とりわけダイナミックなモデルが具体化したのだろう。文化モデルと同時に森林の生存モデルは、言語古生物学の研究を通じて見分けることができる。以上に説明した空間は――人によってはインド‐ヨーロッパ語族の発祥地としてとりあげる――東ポーランドと北西ロシアに相応するのだろう。

こうしたインド‐ヨーロッパ語族のあるものたちは、森林のなかで実力や先例となった移住の論理を追求して、森林の広がりぞいに進出したあげく、木の生えたステップ地帯にたどりついたらしい。それはクイビシェフとサラトフあたりのヴォルガ川中流域に広がるステップのことであり、このステップはウクライナのステップに連続して、たぶん川岸の土壌まで占拠していたのだろう。かれらはこの川のおかげで、森林にあわせた生活条件にもっとも近い生活条件を維持することができたのだろう。これらの集団は生態的にいり混じったこの地帯の多様な資源と、たぶんドナウ川流域のヨーロッパからカスピ海まで広がる南の新石器時代社会の経験とのおかげで、漁業と、森林の小動物の狩猟と採集に基礎をおく捕食経済から、陶芸や動物の飼育のような技術的進歩にもとづく生産経済へと移行し始めたのだろう。

この段階は前六〇〇〇年紀の流れのなかで、最初の村々の出現に対応する。ステップに接触したインド－ヨーロッパ語族は、最初に食肉用に利用したウマに慣れ始めたようである。そしてそのあと、かれらの文化モデルの主要な構成要素のひとつとなった飼育技術を獲得したのだろう。

ユーラシアのステップの騎手クルガン人

移住の第三段階は、インド－ヨーロッパ語族がウマの乗り方を学んだ、ウマの馴化の終期にあたる前五〇〇〇年紀のどこかで始まった。技術的な新しい段階に突入した当時のかれらは、金属を使用し始めた。そのころ、族長の首長制の支配を受けた強力な社会構造が出現し、族長たちは塚を意味する「クルガン」という、現代スラブ語でいう丘形の墳墓をつくり始めた。現代の科学的研究は、ウクライナに二〇〇〇年以上にわたって中心をおいたこの集団を指すために、好んでこの用語を用いるようになっている。馬術の制御のおかげで移動の性質を変えたかれらはウクライナのステップに広がり、しだいに最初の基盤から遠のくような方法を使って、放牧に基礎をおく新しい生活のバランスをとり直した。

たしかにウマの数の増大は、南ロシアのステップの飼料の生産能力と、急速に増えた群れのえさの要求という自然なバランスを崩すことになった。新しい飼い葉を求めたクルガン人は、ウクライナのステップの向こう側までいって、ユーラシア大陸を横切る広大な拡張運動に着手し、とくにバルカンの農地社会と対立した。

このような進歩した集団と接触したクルガン人の騎手は、銅の冶金法を完成し、車輪を使うようになったおかげで新しい活動力を手にいれた。荷物の大きな運搬能力をもつ車輪つきの運搬具を使用したかれらは、複雑な社会集団（女性、子ども、親族など）の移動ができるようになったのである。それと並行してクルガン人は、ヒツジを飼う文化の最初の基礎（乳の消費など）を確立し、こうして中央アジアの大遊牧生活の最初の形式を形成した。つまり、クルガン文明は前四〇〇〇年紀のはじめ以降、ドニエプル川流域からカザフスタンのステップまで広がる東側の広大なテリトリーで成立した。

クルガン人の地理的拡張は言語的分離を引きおこし、人々はまもなく共通の運命と、言語と、文化を背負った厳密な意味のインド‐ヨーロッパ語を話せないようになった。この区切りは前三五〇〇年と前二五〇〇年のあいだにおこり、前三〇〇〇年紀に自主独立の民族群が輩出した。なかでもイラノ‐アーリア族が目についた（科学的再構成）。

三　インド‐アーリア人

だから、全体的な言語基盤で規定されるインド‐ヨーロッパ語族と、地域的基盤で規定されるインド人とのあいだの移行集団が出現するのは、移住の大きな第三段階（前四〇〇〇年からキリスト紀元まで）のことである。このイラノ‐アーリア集団によって約二〇〇〇年間に、カザフスタンのステップからインドの南端までアーリア人が広がった。

カザフスタンのステップから南の山岳障壁まで

インド - ヨーロッパ語族のさまざまな集団はユーラシア大陸に広がったあと(前二五〇〇年ごろに西のオランダから、東はバイカル湖近辺にまで広がった)、南をめざして拡張しつづけ、生活様式を継続できそうなのこりのすべての空間を占有しようとした。かれらが占拠したのは、ヨーロッパの牧草地をもつ森林地帯と、中央アジアの乾燥したステップであり、広い意味でアルプスとチベットに横たわる山岳地帯の障壁の北側にあるユーラシア大陸の内陸部分だった。イラノ - アーリア人のほうは、ロシアのトルキスタンのような知られた地帯を占有した。かれらの拡張が新しい技術の取得(青銅と戦車)で容易になったことは、考古学的にかなりな数の主軸化石(黒色陶器など)で突きとめられる。

最初のステップが山岳障壁にもっとも近かったあたり——黒海近辺——では、前三〇〇〇年紀の終わりごろに、かなりな数のインド - ヨーロッパ語族が、南の定住社会との境界となっていた山岳障壁をこえ始めた。最初に目についたヒッタイト族は、前二〇〇〇年紀のはじめに小アジアを占拠した。

そのころ、南の定住社会にたいする中央アジアのインド - イラン族の圧力が、前二〇〇〇年紀はじめの気候の悪化で大きく増強した。それを証明するのは、フタコブラクダが家畜の仲間いりをしたことである。インド - イラン族の一部は地域的にしだいに粗放な牧羊経済に適応し、このため何世紀かのあいだ、中央アジアの集団がヒツジによる遊牧生活に結びついた。そのあいだにトルキスタンの最南部にいた人たちは、イラン高原にくさびのように侵入し、そのあと三つの分枝に分裂した。ひとつめの分枝は西方に向かい、ミタンニ王国の主導権を掌握した。またイラン人がイランに落ち着いたのにたいして、アーリア人はインドのほうに向かった。

北インドの占拠

前二〇〇〇年紀の半ばにアーリア人がインダス川流域にたどりついたとき、この地方は文化的な意味で処女地ではなかった。実際に北東インドは前八〇〇〇年紀から、農地をもつ新石器時代の最大の極のひとつだった。そしてそこでは前二六〇〇年と前二五〇〇年のあいだに、都市文明の形成にまで達した近東の文化路線に比較すべき路線が推進された。インド－ヨーロッパ語族のルートがアフガニスタンの鞍部をすりぬけ始めたとき、この都市文明は激しい退行状態にあったが——その理由はまだうまく説明されていないが、中央アジアの騎馬遊牧民を通じたイランとの交易の崩壊をあげなければならない——前一〇〇〇年ごろまで継続した。

つまり、アーリア人がインダス川流域に散らばったころに衰えかけていた都市は、少しずつ小さな町に変わり、そのあと農村経済のために消滅した。ヒツジ飼いの半遊牧生活をつづけてきた部族的で好戦的なアーリア人は、おもにパンジャブ地方を占拠した。インダス文明を継承する定住生活者との大なり小なり攻撃的な共存期間ののち、文化的統合過程の第一歩である妥協方法が確立され、そのためインドが「インド化」すると同時に、アーリア人は「土着化」して、地方の現実により適応しやすくなった。前一〇〇〇年紀の直前に、ふたつの集団の統合がおこり、以後、インド－アーリア語が使われるようになった。

前一〇〇〇年紀のはじめに、鉄の冶金技術を習得したインド－アーリア人はパンジャブの枠をはみだし、ガンジス川流域に侵入した。当時のかれらは領土的連合のために部族的段階を放棄し、複雑な宗教形式をつくりあげた。ヒンドゥー教の起源になったそれらの形式は、かれらがつぎつぎと征服し、統合した住民のインド化の過程を加速した。創設神話がヒンドゥー教の聖地となった中心地（現在のハリヤナ州）に新しい秩序を根づかせ、インド－

アーリア人の社会はこの地を統一の象徴とした。ガンジス川流域の植民地化のペースにあわせてクランの首長制が出現し、古いパンジャブ地方とガンジス川流域の開拓前線のあいだに定着したクル族［前一〇〇〇年～前六〇〇年ごろの古代インドの部族］が、『マハーバーラタ』［古代インドの叙事詩で文化と政治の根本聖典のひとつ］で賛美された支配的位置を認められた。ついで北インド世界が地域的実体として組織され始め、クル族は「大王国」（マハジャナパダス）という原則をめぐって象徴的ヘゲモニーを行使しつづけた。

インドという統一的組織

新しい変化がおきたのは、前七世紀のことだった。社会・政治組織が複雑になり、首長たちのなかには本物の君主になるものがでた。つぎに前六五〇年ごろに、北インドで第二の都市化が始まった。ガンジス川流域の掌握は前七世紀末に完了し、都市化の波は「インド人」のインドの中心となったマガダにまで到達した。当時のアーリア人はデカン高原を組織的に支配し（それを表現したのは、デカン高原の中心地アッサカのマハジャナパダスの設立だった）、まだ部族社会が支配する南インドのほうに向かった。この大冒険は『ラーマーヤナ』［『マハーバーラタ』と並ぶ国民的大叙事詩］の叙事詩を借りて伝えられている。それはインド化を示す叙事詩になった。以後、一体とみなされるようになったインドで、前六世紀から事実の史実性が確証され始める。前六世紀後半から小王国と共和国が合併し始めると同時に、インドの震央が東方に移り、そこでは要塞化した中心地のまわりで構造化された権力が、ガンジス川の航行の管理をめぐって対立した。そのころハリアンカ（前五七五～前四一〇）のもとに歴史的に証明された最初の王朝が出現し、ビンビサーラ［前五四四～前四九三］が即位した前五三八年以後、インドではじめて秩序と税金の徴収を確保した階層的な行政機関があらわれた。こうしてマガダの地位は向上し、北の諸州の中心となった。

拡張運動と社会—政治的再定義という脈絡で、ヒンドゥー教から釈迦（前五六三〜前四八三）の仏教とマハーヴィーラ（前五四〇〜前四六八）のジャイナ教というふたつの改革がおこり、カースト制の構造の枠組の超越と、修道者の共同体による「インドらしさ」の普及が可能になった。それと並行してインドの古典的風格が、パーニニ［前五世紀後半のサンスクリット文典家］によるサンスクリットの成文化とともに定着し、インドの政治的空間が、インド南部をふくむ王国のなかにしだいに組織されるようになった。

冒険家チャンドラグプタ［在位前三一六〜二九三頃、インド最初の統一者］は前四世紀末に、アレクサンドロス大王から刺激を受けて政治的過程に着手した。その過程はアショカ［前二七二〜前二三二、マウリヤ王朝のマガダの王］とともに頂点に達した最初の汎インド帝国マウリヤに通じ、アショカは仏教の力を借りてインドの統一を計画した。言語的アーリア化の前進がデカン高原の途中で停止したとしても、それ以後のインドは少なくとも文化的一体として存在し、帝国のヘゲモニーの期間と、より地域的な役割をもつ王国間の分裂の期間が交錯した。

四　インド人の海上の移住

しかし、インド人になったインド－アーリア人は領土的なインドの占有と、文化的なアーリア化では満足しなかった。かれらはまた海の世界に向かい、移住の最後の四番めの段階（キリスト紀元から現代まで）に着手した。

東南アジアへの最初の侵入

つまり、ガンジス川のデルタに港が開かれるとともに、北インドは東インドの海岸と交流を始め、インドの征服を推進すると同時に、東南アジアに向けた海を渡る拡張運動を開始した。インド‐アーリア人の原資料では、この拡張運動の最初は黄金の国「スヴンナブミ」という神秘的な地名にすぎないが、ついで『ラーマーヤナ』のいくつかのリライトに少しばかりの言及があらわれる。東南アジアの地理は「スマトラ」という新しい地名で確定されるが、それはアラカン〔ミャンマーのベンガル湾北東海岸の州ラキンの古名〕の海岸のことだったようである。しかし、本来のインドで最初の帝国が形成され、仏教に改宗したアショカが海外に派遣隊を送りだして、インド‐アーリアの伝統をつぐインド人が東南アジアと直接的に接触するには、さらに待たなければならなかった。

しかし、最後の第四段階の移住が実際に始まるのは、キリスト紀元以前のことではなかった。海上空間の掌握は少しずつ進行したのである。考古学的なかなりな数の証拠（彫像や碑文など）で具体的にわかる東南アジアのインド化の進展と同時に、クラ地峡〔タイ南西部のマレー半島のもっとも狭い部分〕を経由したインド―中国の海上交易路の長さと、スンダ海峡〔ジャワ島とスマトラ島のあいだ〕をめざすスパイスロードの長さを追跡することができる。インド人が内陸地域の支配地点と海上の中継地に設置した海外支店は、まもなくインド化した王権の基盤として役だった。以上のような活動が、まず遠洋航海の商人たちの手でおこなわれたことは、ヘレニズム・ローマ期の事物の出現が証明するとおりであり、それらの事物は「統一された」インドがヨーロッパ世界と、東南アジアと、中国の中継点として使われたことを明らかにする。この活動はそのあと初期のディアスポラの始まりのように、インドの冒険家たちの手で完了された。原史〔文献的歴史時代の直前の歴史〕時代の地域の首長制に準拠したかれらは、そこで同盟関係を結び、南インドで経験ずみの過程に従って、少なくとも表面的にインド化できたインド文化を配置した。東南アジアのインド化した王権の創設神話は、この歴史を喜ばしげに伝えている。

東南アジアのインド化の過程は、インドの新しいクシャン帝国崩壊後の三世紀中に大きな意味をもつようになった。中央アジアの騒乱で弱体化したクシャン朝は、ササン朝のイランのために（二四二）世界貿易の極点という位置を手放した。しかし本来のインドの極は、東南アジアとの交易にかかわる東の諸州に移り、このためインド人の東南アジアへの移住が加速した。

一方、東南アジアのほうでもインドのインド化の過程に似た過程が進展し、インド化した諸国の構造が強化された。このような成功がみられたのは、スカンダグプタ（四五五〜四六七）［四〜五世紀のグプタ朝の王］が白人のフン族の圧力に屈し、インドの新しい帝国の試みが挫折した直後のことだった。このインド帝国の象徴体系を引き継いだのは、南インドネシアに集中した大海洋国家フナンの君主である東南アジアの「インド人」の王侯たちだった。しかし、フナンの成功自体がその消失に結びついたのは、それがこんどは周辺の部族のインド化に貢献し、これらの部族がまもなく自主独立を主張しだしたからである。インド化した東南アジアの社会には、インドで失脚した王侯とバラモン［インドの最高階級である司祭者層］が、王の庇護を求めて亡命してきていた。こうした社会の「帝国然とした」増殖は、北インドの永続的な政治的分散状態や経済的不況と対照的だった。

右のような状況は、海洋貿易で資産を築いたインド南部のドラヴィダ族の王国にとって好都合だった。チョーラ朝とともに優位を主張することに成功したかれらは（一〇〇五〜一〇七〇）、スリランカからベンガル［インド東部とバングラデシュを占めるデルタ地帯］までの航海を制覇したあと、インドネシアの海峡を支配していたスリビジャヤ［七〜一三世紀に栄えたマレー半島の海洋帝国］を隷属させ（一〇二五）、インドとインド化した東南アジアにまたがる「帝国」を建設しようとしたほどだった。

この試みはイスラム教の庇護を受けながら挫折した、もうひとつべつの試みの先駆けとなった。かれらのインド諸国での活動は、さしあたりインダス川地方に先端部分（七一二年のシンド［インダス川下流のパキスタン南部の州］の征服）をおく程度にとどまっていた。しかし、その存在が引きおこした宗教上のバランスの乱れの余波を受けて、インダス川地方とラージャスターン〔インド北西部のパキスタンと接する州〕との境界で遊牧生活を送っていたクランのトゥシガン族が移住し始めた。インド‐ヨーロッパ語――ロマニー語〔ロマ民族のインド語系統の言語〕――を話したかれらは、建設されたばかりのイスラム帝国に侵入して大型の移住運動を開始したが、この運動のために五〇〇年後の一四世紀から、かれらはヨーロッパに結びつくことになった。

インドのイスラム化から英領インドへ

チョーラ朝が南インドと西東南アジアを連携させようとしたころ、公国に細分化されていた北インドは、イスラム教化したトルコ人の集団の圧力に服従した。一一世紀はじめのガズニ朝のマームゥドの第一波に、一二世紀末のゴール朝のムハンマドの第二波がつづいた。かれの後継者が基礎を築いたデリーのスルタンの治世は、北インドの輝かしいヒンドゥー文明を一三世紀中に消滅させ、ついで一四世紀に、インドのほかの土地の征服にとりかかった。しかしスルタン位の特権化（とイスラム教の相関的なインド化）のおかげで、一三三六年にインド南部でヒンドゥー教の大権力が復興し、マイソール〔インド南部の市。旧マイソール州の州都〕にヴィジャヤナガル王国が創設された。そして、それは二世紀以上にわたってイスラム教と対立した。

イスラム教の活動はインドにあっての相対的な挫折にもかかわらず、インド化した東南アジアにとって悲惨なものであることが明らかになった。交易網を逆にたどったイスラム教は東南アジアに侵入し、一四～一五世紀からこの群島をイスラム化した。当時、インド化していた君主国はインドの後背基盤から分断され、勢いをとりもどす能力を失って、ある国（半島の国）はセイロン仏教に移り、またある国（群島の国）はイスラム教に移行した。この後者の地帯では、ジャワ島で勝利をおさめたイスラム教がモジョパヒットのヒンドゥー帝国を打倒したとき（一五二〇）、インド化の運命が強化された。

この「イスラムのインド化」は東南アジアだけでなく、インド洋の周辺のイスラム化した商人の共同体の設置でも表現されたし、そこに現代のディアスポラの新しい始まりをみることができる。これら「インド人」の共同体――西欧の資料では、よく「ムーア人」という呼称で、ほかのイスラム共同体（ハドラミ、ペルシアなど）と混同された――が、それらの時代に大きな役割をはたしたことには変わりはない。しかし、こうした共同体については、現在もなおよく知られていない。

また、この脈絡でフェルガーナの小さな王子が、デリーのスルタンを破ったイスラム帝国の新しい秩序の新しい基礎を築いたときに（一五二六）、インドとインド化した群島の政治的協力の設定を考えることができたかもしれない。実際にかれの系列の王侯たちは、かれの息子のハマヨウン（一五五五）と孫のアクバル（一五五六～一六〇五）の人柄で頭角をあらわし、アクバルは南インドのヒンドゥー帝国ヴィジャヤナガルの最後の権力を打倒した（一五六五）。しかし、大ムガール人たちによるインドのほぼ全体の寛大な統治の一世紀後、オーレングゼブ皇帝（一六五八～一七〇七）は帝国の政治を信心家の尊重の方向に変え、帝国を弱体化するイスラム教に不寛容になった。この帝国は皇帝の死後、継承者の争いで分解した。

ムガール帝国が細分化したので、こんどはイギリス人が自国の利益をはかってインドの帝国を相続した。イスラム教のインドのページは、一九世紀はじめにイギリスのインドへとめくられたのである。

五　近代と現代の状況

インド化したほかの世界（東南アジア、アフリカの東側）は、たちまち西欧の植民地化という拡張運動の支配下におかれた。逆説的にいえば、イスラム教にたいするインドの服従より、はるか外側にあった外国にたいする服従のほうが「インドらしさ」の新しい拡張運動に好ましかった。イギリス世界という震央があったので、実際にインドがイギリス人に掌握されたことは世界的な規模につながる結果となり、以後の世界は、人口的・地政学的理由からインドに集中したにほかならないのだろう。こうして急にインドがもった新しい国際的次元のために、まずインド洋にたいする支配力が強まり、ついで新しいディアスポラがおこることになった。

実際にはインド人は、帝国を手中にしたイギリス人の完全な補佐役であることが明らかになった。それまで、主として商業的か「政治的」（「王朝」の同盟関係など）だったインド人のディアスポラに、イギリスの植民地化の航跡をたどったインド洋の周辺で、基礎的な軍事的・行政的次元がくわわった（インド人の兵士、公務員、従業員など）。かれらは植民地化された社会で、中間管理職として奉仕したのである。さらにこの現象は、イギリス人が存在するようになった初期の時代に始まった。ポルトガル人はインドの軍隊を頼ってマラッカ諸島を奪取したので、すでに一六世紀はじめから存在していた。そのポルトガル人の政治を引き継いだイギリス人は、インド人の徴集兵を使って七年間の戦争でマニラを攻撃し（一七六二）、そのあと動員解除された何百人かのインド人がそこに住みついた。一七八六年以後のマレーシアについても、おなじことがいえる。

このような慣行は副次的な領域にとどまった。それに反して、肉体労働に結びついた移住はディアスポラに新しい広がりをあたえ、一九世紀前半にイギリス帝国内（一八三三～三八）とフランス帝国内（一八四八）でおきた奴隷制度の廃止のあと、インドの影響力は世界的空間を占めるほどまでに拡大した。砂糖によって始まり、輸送手段の機械化とともに拡張の途上にあった農工業経済は、現実に奴隷労働者を失って深刻な窮状に陥り、引き継ぎの働き手を必要とするようになった。インド人の労働現場にいた西側の強国は、たちまちインド人の集団が汲みつくせない養殖池であることに気がついた。

こうして伝統的な大農園用のインド人の労働力の輸送が組織され、かれらはアフリカ出身の奴隷集団と交代した。この動きはまずインド洋方面――モーリシャス島（一八三四より）――でおこり、ついで南アメリカ――英領ギニア（一八三五）――と、さらにはアンティル諸島――トリニダード（一八四四）とジャマイカ（一八四五）――で推進された。フランス人は仏領植民地の奴隷制廃止のあとイギリス人の作戦を多元化し、インド人の徴集者にレユニオン島と、仏領ギアナと、仏領アンティル諸島の仕事を引き継がせた。

この移住の過程は、最初は少しずつ始まった。たとえば、二〇〇〇人以下のインド人がカルカッタをはなれてモーリシャス島に向かったのは、一八三四年から三七年のあいだのことだった。ついでそれが加速し、一八五一年のレユニオン島には、二万三〇〇〇人のインド人労働者たちがいた。最初のうちの旅行条件はひどく悪く、死亡率が高かった。労働条件のほうもあまりよくなく、原則として一時的契約制度で規制されていた。この契約はほとんど資格のない安価な労働者をさすのに使われる、有名なクーリーということばの原因となった。それはボンベイ北部のグジェラートで労働力を供給した民族のクリという名称から派生し、日常語になった表現だった。この時代にはまだ西洋の精神構造の持ち主のなかには、奴隷制度を黙認する人たちがいたのである。

右の移住は国内的な面では、クリミア戦争からもどった部隊が鎮圧した一八五七年のセポイの大反乱［インドの兵士と農民の民族的反乱」のあと、ムガール帝国が封鎖されただけに――この帝国は一八五八年に正式に消滅した――強い印象をあたえた。こうしてインド国民の潜在能力は、一世紀にわたってそのようなものとして、近代国家との協調を排除する政治的少数派の位置におかれた。国外的な面ではビルマに手を広げた大英帝国が、一九世紀後半に新しい移住を呼びかけた。

インド人たちは地方の住民が資本主義的な給与生活にあまり魅力を感じない地帯で、航海技術の進歩（蒸気船）に結びついた（工業生産のプランテーション、森林の開発、鉱山などの）西側の新しい植民地を利用した。そして南アフリカと、ナタール（一八六〇）と、ボルネオ（一八六〇）と、フィジー（一八七七）に「輸入」され、一八八〇年代からはマレーシアなどに大々的に導入された。この成功の大きさに刺激を受けたオランダ人は、スリナムにインド人の移住を促進する気になった（一八七三）。

こうした移動は本物の植民地の確立に結びつき、これらはついには、インド人がいずれにしろ半数を占めるいくつもの地帯――一九二〇年代のマレーシアのセランゴルの人口の三分の一、おなじ時期のフィジーや英領ギニアの半数、モーリシャス島やトリニダードの三分の二以上――で、社会的なむずかしい問題を引きおこすことになった。そうはいってもインドと最短距離にある地域――スリランカ、マレーシア、ビルマ――では、住民の移動が重要だった時代でさえ、流動的で、情勢しだいで国から国へと渡り歩き、インドにもどって出直したりする集団のことがよく問題になった。

二〇世紀はじめに東方をめざしたこの移住は、当然のことながら太平洋を渡って、アメリカの西海岸と、さらにはカナダをめざして継続し、カナダではイギリスのパスポートをもつかなりな数のインド人の公務員が働く機会をみつけだした――しかし、この動向はまだ数千人にしか関係しなかった。

一世紀間に進行した多様なタイプのインド人の移住を、一覧表にすることができる。それらの特徴は以下のとおりである。

●まず、この移住は無条件で相対的にあまり重要でなかった。その人数は約三五〇万人で、スリランカに向かった大陸のインド人の動きをふくめて四〇〇万人以上だったと推定される。その一％以下が当時のインド亜大陸の住民であり、それはべつのディアスポラとくらべて無視される。

●つぎに、その配分はおもに「国境地帯」だったので、一〇〇〇年の移住の必然的発展ほどには本来の意味のディアスポラが問題にならなかった。三分の一が狭い意味のインドの出入口に住みつき、最大の共同体だったビルマでは一一〇万人のインド人がいた。

●最後に、この空間を陸づたいか海路のディアスポラの全体の直接的な地政学的地平に広げれば、マレーシアの七五万人（全人口の九％）と、モーリシャス島の三〇万人（島の人口の七〇％）のインド人からなる一〇〇万人という三分の一の人数になる。

つまり、いわゆるディアスポラという現象は、つねに理論上のディアスポラの最後の三分の一にすぎなかったのである。この三分の一を共同体のふたつの型に分割することができる。すなわち、重要な共同体は絶対的価値である大きさと、受けいれ側の人口との関係という相対的比率によっていた。その共同体には五つのものがあった。

（1）　南アフリカの二〇万人のインド人（ナタールのインド人は白人と同数だった）。

（2）　トリニダードの一一万人のインド人（人口の七五％）。

（3）　英領ギアナの一五万人のインド人（人口の四四％）。

（4）　付随的な意味のオランダ領スリナムの四万人のインド人（人口の二四％）。

（5）　フィジーの八万五〇〇〇人のインド人（人口の四二％）。

のこりは右の全体の反映として、いくつかの小さな共同体を形成した。ビルマとマレーシアの背景には、東南アジアの全域を通じて香港にまで拡散したインド人の小さな共同体があった。モーリシャス島、レユニオン島、南アフリカでもおなじことだった。東アフリカののこりの約一五万人のインド人は、無視できない経済的役割をはたしたとしても、受けいれた領土の人口の一％を占めなかった。最後にアンティル諸島に、数万人のインド人が分散していたことがわかる。

このインド人のディアスポラのイメージは、第二次大戦直後にふたつの理由から大きく修正された。それは非植民化と、石油産業の発展のことである。

外国人としてと同時に植民地化の先駆者とみなされたインド人は、たいてい植民地化されたいくつもの古い国から逃げださなければならなかった。

●ビルマは一九六〇年ごろにインド人を強制退去させたが、数万人のインド人しかのこっていなかった。

●小さな共同体しかつくっていない人たちがいた。かれらは東アフリカと、とくにウガンダで一九七〇年代に追放された。ケニアとタンザニアには、わずかな少数派がいたにすぎない。七〇年代にはまた、仏領インドシナのインド人も逃げなければならなかった。

現在では、インド人のディアスポラは八〇〇万～九〇〇万人だが、このような調査結果をあげることには注意しなければならない。なぜなら、考慮される分類の性格に応じて、地域的に推計が大きく変わることがあるからである（同化、混交、違法な一時的移住、公的な国籍、現在の言語習慣、宗教など）。たとえばタイのインド人の人口については、平均的推定は約五万人を提示するのに、いくつかの資料はこの数字をためらわずに二倍にする。もうひとつべつの例として非常に正確な人口調査をとりあげれば、ブルネイの明細は三分の二の比率で解釈される。それによれば、一般にヒンドゥー教かイスラム教の二〇〇〇人の「インド人」が実際にブルネイで働いており、さらにグルカ族の連隊からなるタントラ教を信ずる四〇〇〇人のネパール人が追加される。スルタンの衛兵を構成するかれらは連隊の兵舎で暮らす傭兵であり、住民とほんとうの接触をもっていない。

右の八〇〇万～九〇〇万人という評価のおかげで、まず最初の総括表を作成することができる。最初に、移住の流れが中断したように思われる。なぜなら、一九五〇年代以降のインド人のディアスポラの実数の増加は、たんなる自然な増加に対応するにすぎないように思われるからであり、それは広い意味で人口のこのサンプリングに対応する二%以下の年率を基本とする。そうとすれば、この評価は実際にはふくみをもつはずである。

図38　インド人の世界への拡散

		地　　域	規模（人）	全人口に占める比率
19～20世紀（350万人）		狭い意味のインドの出入口（ビルマに110万人）	350万の$\frac{1}{3}$	
		マレーシア	750,000	9%
		モーリシャス島	300,000	70%
	いわゆるディアスポラ	南アフリカ	200,000	ナタールで白人と同数
		トリニダード	110,000	75%
		英領ギアナ	150,000	44%
		オランダ領スリナム	40,000	24%
		フィジー	85,000	42%
		小さな共同体（東南アジアから香港、アンティル諸島など）		
現代		石油産出国（一時的移住）	約2,000,000	
		南アフリカ、イギリス、アメリカ、カナダ、西欧など	数十年間に2,000,000以上	

●第二次大戦直前に推計されたインド人の四分の一が、それ以後、新たに独立した国のほうに向かわす措置の対象になった（ビルマ、東アフリカなど）。

●戦争直前にそのようなものとして識別された不確定な数のインド人は、（結婚、宗教的改宗、地方の異文化への同化などによってか）西洋の生活様式や現代的生活様式によって、まわりの住民に溶けこんだ子孫たちをもった。このような過程は、ときには三世代をかけてなしとげられる。第二次大戦以前に東南アジアに住みついた正統的なグジャラート人の小売店主の祖父が、地方文化に同化した有名な、しかもナショナリストの孫をもつことになったのだろう。べつのこのような祖父は、それに反して大都市と、研究と、西洋の様式のるつぼにひたってヨーロッパ人の女性と結婚し、フランス人や、イギリス人や、オーストラリア人になった孫をみたのだろう。アンティル諸島のプランテーションに働きにきて結婚したこのようなクーリーは、アンティル人の孫をもち、孫のほうは人名のスペルでしかインド出身であることがわからないのだろう。

要するに第二次大戦直前に調査されたディアスポラの実数の三分の一は、そのようなものとして消失したと推定することができる。つまり、この欠損は亜大陸の諸国からきた新しいインド人の血の注入で埋めあわさなければならなかったのである。それは第二次大戦以後に移住した「インド人」の数が二〇〇万人前後にちがいないということであり、この数字は新しい移民が人口増加の独自の潜在能力をもつことを考慮にいれている。ところで一九九〇年代のように、約二〇〇万人のインド人が石油産出国との契約で一時的な労働力として働いており、かれらはつねに送還される寸前の状態にあるので、現実の移住者とみなすことはできない。これはインド人の実際の移住が、五〇年間にほぼ二〇〇万人弱に高まらなければならなかったということであり、それは年に三万人という比較的限られた数の域をでない。たぶん、この問題はとくに西洋諸国で進展しつづけているが、統計的にいえば、まだわずかに感じとれるにすぎないのだろう。

それに反して、一種のブラウン運動がたえず進展しつづけてきた。かなりな数のディアスポラのインド人が、新しい受けいれ国を求めて内部で移動するのである。そして、かれらは「西側」の諸国に向かう傾向がある。つまり南アフリカ、イギリス、アメリカ、カナダ、西欧は、数十年間に二〇〇万人以上のインド人を受けいれたのだろう。この移住の様式はどうやら発展途上にあるらしい。

しかし、この数字が重要にみえるとしても、「インド人」は中国人が形成しようとするかもしれない有機的な共同体を形成しない。かれらは言語的・宗教的・カースト的基盤などにもとづいて交錯する多様な区分に分割される。その結果、つねにこの実数の重要さの背後にかかわる多様な共同体の現実を考慮しなければならない。現代のインド人の移住の重要性を評価するには、共同体による誤差を覚悟しなければならないが、これはつねにむずかしいことである。

［ジャック・ヌポト］

第11章 中国の移住

✣中国大陸内の移住の第一段階は、漢民族が出現して拡張しだした前二〇〇〇年紀から始まった。三世紀からはステップの圧力が強まり、その勢力の盛衰に従って、中国帝国の人口分布は揺れ動いた。交易ルートぞいの移住が始まったのは一〇世紀以後のことであり、最初の動向は東南アジアに向かったが、それは大した人数ではなかった。中国人の移民は地域的に集中したため問題化したが、移住者は本土の人口の二・五%にすぎない。

現在、地球の端から端まで分散している中国人と、中国人の総数（二〇世紀末には一二億六〇〇〇万人）を照合してみると、移住という傾向は中国国民の文化的特質のひとつのように思えるかもしれない。しかし、これは中国人の移住者が約三〇〇〇万人（中国人全体の二・五％たらず）であること以外、ほぼなにもあらわしていない。この状況をどのようにして説明するのだろうか。

その答えは、問いの立て方が悪いということにつきる。中国人の移住を「大陸」中国（中華人民共和国、香港、マカオ、台湾）と、移住した住民の対立として読むのは現代の定式化にすぎないし、その反対に中国人の移住現象が流動的空間と、非常に長い時間をかけて担ったことがらからみれば、これは不十分な定式化にすぎない。実際にはこの移住の過程を、三段階にわけて把握することができる。

●第一段階（前二〇〇〇年紀の後半から後一〇世紀まで）は中国（漢）[1]民族の出現と拡張の段階であり、かれらは最初の一〇〇〇年紀の末に、中国人としての明確な空間の構成（現在の中国と内陸地域の丘を横切る大河のある平野）にたどりついた。

（1）　中国民族というラベルは現実には、少なくともラテン世界という概念と、さらにはインド‐ヨーロッパ語という概念に比較できる民族言語学的多様性をカバーする。実際に今日、中国民族の内側では、北部と内陸部の「標準中国語」の話し手と、南部と沿岸部の非標準的な

「地域語」の話し手という、ふたつの大きな言語集団が識別される。それらは雑多な集団を形成し、相互理解は成立しない。この強度に不均質な基盤に立つ言語の特徴を示す特質は、音でなく意味を示すことによって話し手の多様性を越えることのできる、文字化されたコミュニケーションを発達させたことにある。

●第二段階（宋代から一九世紀はじめまで）では、いわゆる中国として定まった空間からはみだす中国人の移住がみられた。人口的見地からすれば、この活動は量的に無視できるものであり、東南アジアで目だったにすぎないと理解される。

●阿片戦争（一八四〇）と同時に始まった第三段階は、とくに運送技術の改革と労働市場の世界化に結びついた。それ以前の動向を地球規模で継承したこの段階は、数的には些少でありつづけている。

一　中国的空間の設定と移住の下準備

中国の人口拡散の始まり

以後に理解される意味で中国民族の始まりの兆候があらわれたのは、前二〇〇〇年紀の前半のことにほかならない（それは前一六〇〇年の最初の歴史的王朝である殷《いん》の出現に相応する）。この兆候は黄河下流域の黄土の平野という狭い空間で出現した。たぶん、いくつもの民族言語集団に属する不均質な住民としての中国人の世界を形成した核は、そこで交易と、戦争と、相互的同化の過程を通じて文化的集成——中国文明の基礎を構成するもの——をつくりあげたのだろう。その集成は宗教と表意文字にもとづいて定義される。考古学のおかげで、この活動が支配的な社会・政治集団の移動をともなっていたことが確認できる。しかし、この集団が殷の最初の領土から黄河の平野に広がり、文化的に均一化したとしても、まだ厳密な意味で移住について語ることはできない。

いまだ漠然としていたこの文化的空間は、西周（前一〇二五年に基礎を築いた）という第二の歴史的王朝のもとに明確になった。周は封建的王権のまわりに黄河の住民を構造化したあと、前八世紀から黄河流域の南の中流域（淮河《わいが》流域）のほうにはみだし、ついで長江の下流域の方向に先端部分を進めることができた。しかし、この活動の根底としての中国民族の拡張のいくぶん重要な最初の証拠は、せいぜいで約三〇万平方キロに数百万人の人員という、あまりに少ない総人口と狭い領域にしかかかわっていなかった。

この比較的限られた空間内での一〇〇〇年間の成熟のあと、急進的な政治的変動がおきた。紀元前の最初の一〇〇〇年紀の半ばごろ、それに先だって構成されていた全体が、周の王権の崩壊で動揺し始めたのである。それは実際に、一連の小さな政治的実体の創出に結びついた。これらの政治的実体は、相互間のもっとも周辺的な地域にたいして外部の未開集団に向けた拡張運動を始め、また相互間の対抗的関係に突入した。こうして前五世紀末に、これらの王国間の競合の結果、渭河《いが》（黄河の主要な支流）流域に位置する秦が出現し、二世紀にわたって中央平野を支配した。

秦は敵対しあう段階の最後の前二二一年に、中央平野の諸王国を奪取して統一された全体を構成し、中国帝国という中央集権的・統一的な政治的枠組をつくりあげた。秦王朝に規定された帝国は、外部世界にシナという名称で知られるようになった。政治的なことばで定義されたシナという観念のあとにあらわれたシナ人という観念は、つぎの王朝の名称によって文化的なことば（漢民族）で規定された。そして、中国世界のこのふたつの定義から、帝国の本物の拡張計画の基礎ができた。

最初の帝国の統一とステップの圧力の高まり——漢（前二二一～二二〇）から隋（五八一）へ

帝国の最初の具体化❖　そのころ始まった新しい発展段階は、紀元後の最初の一〇〇〇年紀を通じて推進され、それ以後、しだいに移住の勢いが明らかになった。そして、その勢いは長期的展望からみて、中国史の決定的要因となった。実際に西欧の同時代の事例と対照して評価すれば、アレクサンドロス大王とかれのエピゴーネンたちのヘレニズムでは、征服は持続的な文化的同化を生みださなかった。それに反して中国の征服は、たんなる軍事力の行使ではなかった。それは中国の住民の移住過程を活用した征服であり、住民たちの移住は軍隊が統率する帝国の秩序の体制告発者たちが形成した、植民地化の前線となった国境周辺への入居を基本とするものだった。この過程は二世紀中に組織化された。さらに帝国の統一を脅かしそうな中国領土の比較的急速な発展の悪質な影響を防ごうとするかのように、中国当局はこれらの植民地と支配下にある地域内への住民の移動を制限した。移住民はまた中国化の過程を開始したが、こうした運動は主として中国—タイ集団に属する定住民のなかでおこなわれた。

　しかし住民の移動と、さまざまな民族の漢の風習の導入については、逸話的ないくつかの情報以上に、ふたつの現象を区別することはむずかしい。人口調査によれば課税できる人数が増えたので、移住現象が発展したものと推測することができる。

　中央平野から始まった帝国の拡張の目的は、川という主軸と沿岸地方の支配にあり、その最終目的は北の渤海湾《ぼっかい》と南のトンキン湾という、中国の海上空間をかこいこむふたつの大きな湾に到達することだった。帝国の権力はふたつの湾のあいだに

図39　中国的空間の形成

時　期	王　朝	中国民族の拡張
前2000年紀前半	殷	黄河下流域に中国民族形成
前８Ｃ～	西周	黄河流域→淮河流域→長江下流域
前５Ｃ末	秦	中央平野の支配
２Ｃ	漢	住民の移住を活用した征服、南下
１Ｃはじめ	後漢	中国帝国に6000万人の住民 漢民族の$\frac{1}{4}$が長江の南側に定住
３Ｃ～	後漢～東晋	遊牧民の圧力→中国北部の住民が南部に大量流入
５～６Ｃ	北魏～随	中国住民とステップの住人の同化・融和→人口再安定化
1000年紀末	唐	漢民族、平野部全体を占拠

関連する内陸地域を結びつけるために、それに応じた新しい移民の波の便宜をはかる道路網を発達させた。北方と朝鮮半島をめざす活動はほとんど成果があがらなかったが、それに反して長江の中流域から支流をさかのぼって珠江《しゅこう》のデルタ（広東《かんとん》地方）にたどりつき、さらにホン川のデルタ（前二世紀末から帝国に統合されてきたトンキン）に達する南の方向の活動では、持続的な成功が明らかになった。

中国の人口の中心は、黄河流域の伝統的な中国の歴史的空間に集中しつづけた。しかし六〇〇〇万人に少し満たなかった住民がいた中国帝国内の帝国の計画の結果（一世紀はじめ）〔後漢〕、漢民族の四分の一が長江の南側に住みつくようになった。

ステップの圧力の上昇❖　三世紀から中国北部のステップの遊牧民の圧力が大きくなった影響で、五〇〇年にわたって中国人の拡張運動に立脚してきた帝国のバランスが崩れ始めた。中国の権力は揺らいで細分化したあと、もう中国北部を防衛することができなくなり、侵略にたいして無抵抗になった。当時の中国北部の住民は、まだ中国の行政機関の強固な統治下にあった中国南部に撤退し始めた。そこで大量の人口流入がおこり、帝国の分裂以後、もっとも長くつづいた中国南部の帝国・東晋《とうしん》（三一七〜四二〇）は、古くからの住民と新来者を区別する登録制度を制定しなければならなかった。こうした移住集団の原型のイメージは客家《はっか》のイメージだっただろうし、この民族的呼称は現在も移住者の特殊性をとどめている。

ステップの圧力は最終的に勢いを失い（五〜六世紀）、中国北部は未開人の北魏《ほくぎ》王朝の保護のもとにふたたび安定した。そのころ移住現象の一種の逆転がみられ、黄河流域の衰退しかけた中国住民に組みこまれたステップの住人たちが、それ以後、同化し融合して、中国北部の人口の再安定化に貢献した。当時、この安定化は一〇〇〇年まえに成果をあげた帝国の構成過程を可能にし、六世紀末には隋（五八一〜六一八）という統一帝国がつくり直された。

帝国の再構成と経済的展開への準備（五八一〜九六〇）

帝国の枠組の再配置のおかげで、つぎの唐王朝（六一八年に創設）は移住という制度を再制定できるようになった。しかし、それまで帝国の主要な関心が南に向いていたのにたいして、唐の出現とともに西の方向と、国境ぞいの地帯と、シルクロードという交通路のほうに関心が寄せられた。広い範囲の移住を再開させたかのように思えるこの活動は、それ以前の数世紀間の事業だった長江南部の植民地化の段階のあと、西安の向こう側までの黄河の西の植民地化に到達した。しかし、中国人たちはステップを原因とする新しい難局にぶつかったので、この地帯は周辺的で一時的な領土でありつづけた。かれらは農地の中国と牧羊のステップが対立した経済的・文化的モデルの差異という障壁を乗りこえることができなかったため、西に向かう拡張運動は現実には始動できず、八世紀後半から実際に減速することになった。

それに反して漢民族は南部を占拠しつづけ、移住過程のはてに長江中流域と広東のあいだをふくむ地域を決定的に漢族の世界に統合した。最初の一〇〇〇年紀末に、その二〇〇〇年まえから始まっていた中国人の移住の最初の大段階が、まさに潜在的な目標に到達したのである。つまり黄河下流域と、渭河流域と、ホン川のデルタとのあいだに位置する、中国人の生活の定着に使用できる平野と丘のほぼ全体が中国化され、山岳地帯には非中国系の民族が住みつづけた。

二　交易ルート沿いの移住

考古学的・口承的情報源を信ずれば、移住の第二段階は、主として海の交易ルートぞいに何世紀もまえから稼働してきた。そして、このようにして移住した中国人のなかには、受けいれ側の社会集団にずっと溶けこんできた人たちがいた。そのかわり「移住」ということばで示される動向の規模が、それ以前の移住にくらべてあまりに小さかったが（以前の移住が一〇〇万人桁で数えられたのに、それ以後は千人桁にすぎなかった）、それは中国—タイという脈絡と中国の空間からでていくという、いわゆる移住した中国人がいたという意味で根本的な変化となった。この移住は手近なところに拡散した先行の期間と反対に、外部世界の不連続な地理を描き、局限された流動的で一時的な大陸の政治権力から自立した、中国人の施設を形成するほどになった。

予備的段階

宋（九六〇～一二七九）と蒙古帝国（一二一四～一三六八）の大交易の最初の発展❖　宋朝から発展した東南アジアに向かう海路が重要になった時代は、沖にでるジャンクを建造できるようになった航海技術の進歩と一致する。モンゴルの征服（一三世紀）によって中国商人は、まず中国南部や海路網を活用する世界貿易を再開し、日本から東南アジアに広がる交信組織に組みこまれる脈絡で、こんどは陸路による第二の交信組織を利用できるようになった。かれらはモンゴルの庇護を受けた時代に、タイガ［北半球亜寒帯に分布する針葉樹林帯］の周辺をめぐる北のルートと同時に、イランをめざすシルクロードの南の支脈にそったキャラバン網の連結点に住みついた。最初にモンゴルにたどりついたかれらは、そのあとエニセイ川の上流に到達し、数十年のちに黄金の軍団のハーンの領土の西側の周辺と、モスクワと、ノヴゴロドにたどりついた。しかしまた中国にモンゴル人が移住したため、海路の移動に新しい衝撃がくわわった。中国人は海峡に定着し（中国とアラブの原資料は、中国人が現在のシンガポールのことであるトマセクのマラッカ海峡にいたと記している）、なかにはアジアのべつの港に移って、インドの東海岸にいく商人を仲介した人たちもいた。この移住は一四世紀後半には、多少とも自主管理的な中国政治のミクロ構造の出現と、パレンバン（スマトラ東部）の自律的な中国人の小さな「海賊」国家に結びついた。しかし、この中国人の共同体は知られた後継者を欠く一時的な進出にとどまり、つねに受けいれ側の社会に融合される傾向をもっていた。

明と海路の移住の発展❖　海の交易路ぞいに中国人の共同体を配置した流れは、蒙古帝国の末期（一三六八）にまったく違うかたちをとった。実際に陸上のルートはふたたび分断され、新しい明《みん》王朝は交易が減速したことを除けば宋とおなじ位置にあった。明は一五世紀はじめに（一四〇五～三三）、中国人にとって海の重要性が増したことを証明する七度の海路の大遠征を計画した［鄭和の南海遠征］。事実上、商人の小さな共同体の移住がつづいたとしても、こうした共同体は海外の東南アジアにしかできなかったことを強調しなければならない。

たしかに明は最初から商取引を奨励しようとしたが、この動きは政治につきものの不測の事態のために、短期間しか本物の対外的な移住現象につながらなかった。海賊行為の再燃をまえにした中国当局は、一六世紀のあいだ私的な対外貿易を禁じたので、その結果、陸路でもっとも近づきにくい広東や福建のような港での私的な交易は、不法となって制限を受けることになった。こうして商人の移住は、広東、客家など四つの民族言語集団の住む、経済面ではもっとももろい約十か所の沿岸地方に縮小された。そして、海外の中国人の共同体の民族的な内容は、第二次大戦まで固定された。

移住の流れがつづいても、これら共同体は消滅せざるをえなかったのだろう。それはヨーロッパ人の到来という外的・偶発的事件がなくても、結婚や地域的な宗教をとりいれた結果だったかもしれない。外国人の到来は中国人の共同体の組織化に貢献し、その役割を変えることになった。実際にアジア間の交流が促進されたことは、一六世紀に到来したヨーロッパ人にとって通気作用となった。ヨーロッパ人の存在は、最初はもっとも重要な部分でなにも変えなかったが、中国人の存在は、中国と日本までのヨーロッパ人の特権的な交易の接点となったという意味で重要だった。中国人はヨーロッパ人が基礎をつくったマニラ（一五七一）や、バタビア（一六一九、現在のジャカルタ）のような新しい都市と海外支店に定着し、自立的な共同体を形成しようとした。マニラで地方の職人と商人の不足を考えて、基本的な経済活動を保証したのは中国人だった。つまり、ヨーロッパ人と中国人の共同作用のおかげで、すでにのべたいくつかの情報の欠落はあっても、一七世紀以降は連続的に目途をつけるための情報源を配置することができる。

清と政治色をもった移民の出現

右のようなすばらしい補足的関係は、一六四四年の清《しん》という満州族の王朝の到来で非難の対象になったように思われる。清朝は表面的に中国人の移住に好都合な段階を経過したあと、移住を決定的に問題にしたようである。一六世紀中に発達した海賊組織は明を味方につけ、一六五〇年代の半ばに長江下流を略奪して脅かしたので、満州族は海外貿易を禁止し、ついでこの措置の失敗に直面して一六六一年に、山東から広東までの海岸からの退去を決定した。この焦土政策のために移住せざるをえなくなった数十万人の人たちは、敗れて台湾に撤退した明の軍隊にく

図40　交易ルート沿いの移住

時　期	背　景	中国商人の移住先
13C	宋と蒙古帝国 世界貿易の開始	日本から東南アジアに広がる交信組織 タイガの周辺をめぐる北のルート、シルクロードの南の支脈
	モンゴル人の移住	海峡やアジアのべつの港に移るものも出現
15C~	明の交易重視 海賊行為の再燃	東南アジア（短期間・小規模） 約10か所の沿岸地方に移住先縮小
16C	ヨーロッパ人の到来	マニラやバタビアに定着
17C後半	清と明の争い	数十万人の住民が台湾へ逃亡→台湾、ハティエンなど栄える
18C半～末	ヨーロッパ人の要求 西洋の産業革命	ボルネオ南部のスルタン領（客家の商会） マレー半島のペラのスルタン領（広東人が錫鉱開発） ジャワ（客家が砂糖生産開発） フィリピンなど東南アジアに中国人共同体が定着 クーリーの輸出（シンガポール、ペナンなどの中国人人口が増加）

わわった。

中国人の移住は、この逃亡と強制された移住というふたつの流れで活気づき、軍事計画を介して、商業的基盤に立つ自立したいくつかの一時的な中国人の「公国」が出現した。たとえば、二〇年間にわたって鄭成功《ていせいこう》［一六二四～六二、明末清初に台湾と大陸沿岸で活動した海上勢力の支配者］の指導のもとに海上国家の中心となった台湾や、カンボジア南東のハティエン（一六七一年創設）などがそうである。

しかし、こうしたすべてが実際の連続的な移住でなく、これら「軍事的植民」は数十年後に中国帝国に併合されたり（台湾、一六八三）、地方の権力に懐柔されたりした（ハティエン）。中国人の新しい移住者は、それ以後、東南アジアの共同体がつくりだす対立の中心地との接点となることができたし、これらの共同体は日本が一六三九年に中国貿易に課した制限以後、明の体制支持者の唯一の逃げ道になった。清はそれを避けるためにすべての移住を禁止したので、中国人の海外の共同体は受けいれ側の社会に決定的に溶けこまざるをえなかった。

ところがヨーロッパ人の存在が、ふたたび中国人の移住を具体化したため、実際におきたのはその逆の事態だった。アジアの産物にたいするヨーロッパの要求は増大しつづけたので、中国人は新しい生産活動を展開するようになり、その仕事が交易の仲介という伝統的な活動にくわわった。こうして海外の中国人は、農業や工業の独占的開発権という地方の権力と、土着の権力と、西洋の権力を手にいれた。一八世紀半ばにボルネオ南部のスルタン領で、客家の後継者が、中国大陸の家族との提携を回復する商会という特殊な構造を通じて自己管理を許された。一八世紀末（一七七七）のマレー半島のペラのスルタン領では、広東人が錫鉱の開発を引き受けた。ジャワでは客家が、オランダ人の庇護のもとに砂糖の生産を開発した。海外の中国人の共同体が、内部の結びつきを強めることでしか国際的な交流機能を発展させることができなかったように、これらの共同体は中国人としてのアイデンティティを再主張することで存続したにほかならない。経済を介した海外の中国人の共同体組織は、地方の権力と反復的な紛争を引きおこした（一七～一八世紀を通じたマニラの緊張状態、一七四〇年のバタビアの大量虐殺など）。北京が外国の中国人を明らかに無視しただけに、地方の権力は競合が激しくなりすぎたときは軍事力の行使もいとわなかった。

この一八世紀末には、海外の中国人共同体のほぼ全体が東南アジアに所在し、港湾や主要な河川ぞいに住みついた。それらはふたつのカテゴリーに分割される。ひとつは広い領域に散らばる農地共同体であり、それらは同化しようとする傾向をもっていた。フィリピンはこの過程のもっとも注目すべき実例のひとつである。ここでは一七六四年から地方にいくことを禁止された中国人は、中国人とフィリピン人の混血者に仕事を引き継がせ、この人たちは農工業の基本的な生産物の生産と流通を発展させた。もうひとつは都市や鉱山の共同体であり、このばあいは中国人の（商業的・技術的）ノウハウが経済面で重要だっただけに、受けいれ側の社会と融和しようとする傾向はいっそう強かった。

右の移住の人口統計上の重要性を無条件で評価することがむずかしいのは、文化的アイデンティティの解体と保存というふたつの過程を包み隠す二重性のせいである。実際には女性の移住はわずかだったので（妻たちは中国にのこった)、「中国人」というラベルは多様な状況を隠すことになった。それはアイデンティティに関するおなじ意識をもって、「一八の州」という先祖の誕生の地を家族的・王朝的基準にする中国人たちから、強度に混血した共同体にまでおよんでいた。中国人と東南アジアの「中国人」は、中国帝国の人口の〇・五%以下にあたる一〇〇万~一五〇万人を占めていた。

ところで、これらの共同体は西洋の新しい呼びかけのもとに成長し始めたし、産業革命の開始でも中国人の移住現象が当てにされることになった。西洋人は実際には、一八世紀末に「生産」の植民地化に移行した。この植民地化は自然資源の開発の合理化をめざし、したがって労働力を必要としたので、クーリーという契約労働者の輸出の開始を意味することになった。イギリス人は地方の生産物を商品化できる仲介者を配置するために、ペナン、マラッカ、シンガポールというマラッカ海峡の要地を支配し、それらを通過貨物免税港にした。その結果、中国人の移住は増大し、たとえばシンガポールとペナンの中国人の人口は、この二〇年(一八二〇~四〇)で三倍になり、マラッカでは四倍になった。

三　中国人のディアスポラ

一九世紀はじめに加速したにすぎない以上の傾向は、中国人の移住の規模と重要さという新しい変化に結びついた。西洋の植民地や古い植民地で奴隷制の廃止とセットになった西洋諸国の工業的発展は、実際に中国政治の危機的状況に出会い、とくに阿片戦争(一八四〇~四二)と太平天国の乱(一八五一~六四)にかかわった中国南部で、数の増えた中国人を移住に駆りたてた。たとえば一八四〇年代から一九世紀末にかけて——香港、マカオ、台湾のような中国世界の南の周辺部への移動を計算にいれないで――約二五〇万人の人間が中国を離れている。この移住の流れは目だちすぎたので、西洋人に「黄禍」という神話を吹きこむことになった。

この流れは過去の世紀以上に明白に重要になったが、現代の移住という国際的な脈絡におき直されて、より縮小しつづけた。たとえば、それはアメリカに向かったヨーロッパの移民（同時期に一八〇〇万人）の七分の一にすぎなかったし、それにたいしてヨーロッパの人口は中国の約三分の二にすぎなかった。さらにこれらの移住者の全員が、厳密な意味の移民ではなかった。それは西洋人の労働力の要求に結びついた一時的な移住だったからであり、西洋人はしだいに公然としたかたちで輸送方法の進歩を利用して、アジアの労働力の大きな養殖池から契約労働者を徴集するようになった。

しかし、こうした労働力の一時的輸出は、たまたまではあっても残留者をのこすことになり（一時的な流出の約三分の一）、かれらは最終的に受けいれ側の地帯に住みついて移民のカテゴリーにはいることになった。それでも、これら契約労働者の大部分が最初から定住を求めた人たちでなかったのは、かれらの目的地が自発的な選択ではなかったからである。また受けいれ地帯はあまり魅力的でなく、このことは当然ながら、この種の労働力の要求の質を証明した。それに受けいれ地帯はまた、インド洋と太平洋をこえて広い範囲に分散していた。

移民の流れの地理的な分散――一八四〇～一九〇〇年

それでも受けいれ地帯は、増大する移民の流れで整備された。この流れの主要部分は東南アジアという伝統的な受けいれ地帯に向かいつづけたが、実際には四分の一という最大部分（七〇万人）が新しい目的地をめざしたのである。

新しい目的地に向けた中国人労働者の移動❖　ふたつのタイプが明らかになった。

❖もっとも大量で、もっとも継続的な第一のタイプの移住は、この「新しい」移住の半数以上を占めていた。それは一八四〇年代に始まり、八〇年ごろまで継続した。中国人の労働力はインド洋の島々と、一部の砂糖の島々で奴隷の労働力と交代した。そうした地帯の中国人の人数はわずかであり（モーリシャス島とレユニオン島には数千人のクーリーがいた）、主要な場所はカリブ（一二万五〇〇〇人で、その四分の三はキューバ）と、南アメリカの鉱山（ペルーの銅とグアノ、一二万人の中国人移民）だった。これら移民の最大部分にとって（キューバとペルーはこの代替労働力の四分の三近くを受けいれた）、労働条件はあまりに長期的に悪かったので、中国政府は中国の移民史上はじめて自国の海外居留者のために介入し、そのあと一八七四年に、この二国への労働力の輸出を全面的に禁止した。こうして労働者たちは一九世紀末に、振り分けされることになった（たとえば第一次大戦時のキューバには、一八八七年の約四万五〇〇〇人の中国人のうち、四分の一しかのこっていなかった）。

❖右の第一のタイプの移住者に一八五〇年代から、まったくべつの性質をもつ第二のタイプがくわわった。おもにオーストラリアと北アメリカの太平洋側で、現代経済が飛躍の最中だったからである。この移住の半分以下というかなり少ない数を占めた移動の第二のタイプは、異なる重要な三つの集団に分岐した。末梢的でありつづけた先端部分（新しい目的地に向かった中国人移民の約六分の一）は、金の探索者という個人的冒険者たちの集団であり、かれらは一世紀以上まえからボルネオでつづけてきた活動を太平洋の両岸の鉱脈に拡大した。かれらは北アメリカの西海岸（一八四八年のカリフォルニアの鉱床と、一八五八年のイギリス人のコロンビアの鉱床は五万人の鉱夫を引きつけただろう）と、オーストラリア（一八五一年と七〇年のあいだに約七万人）に向けて出発した。第二のタイプの移住のほんとうの発展は一八六〇年代に始まり、現代経済の望む移民という徴集者の最大部分を供給した（新しい目的地をめざした中国人移住者の四分の一以上）。また、もうひとつべつの契約労働者集団が形成され（二〇万人の中国人のうち、かなりな人数が金の探索者に転職した）、かれらは北アメリカの太平洋側の鉄道の建設に従事した。

この「工業」型の活動は、植民地型の活動と違って中国人の労働にじつに適していたので、移住者たちは最終的に成功の犠牲者になった。実際に中国人は、アングロサクソンの地方の労働力にたいする脅威を増大させた。こうした移住の開始後の二〇年以内に、政府はこの「脅威」のためにアジア人の移民禁止法を発布し、差別的な手段をとらざるをえなかった。(2) つまり中国人は一九世紀末から、しだいにオーストラリアと、ついでアメリカから追放されたが、一八八〇年と一九〇〇年のあいだに中国人の共同体が三分の一になったオーストラリアより、アメリカのほうにはるかに好機に恵まれたものが多かった。のこった中国人たちは、太平洋岸の都市部のいくつかの狭い場所に集中した。それらの場所は一九世紀末に、中国人の共同体の五分の四（約七万人）を収容し、その残りは大西洋に分散した微小な地区に集まった。

（2）これらの法律はまた、一八九八年にアメリカの支配下に移ったハワイでも適用された。

だから、この種の移民は一八八〇〜九〇年代から、パナマ運河やアフリカ南部（モザンビークと、ベルギー領コンゴと、マダガスカルの鉄道）のようなアングロサクソンの地方の外側にあるいくつかのインフラストラクチャーの工事現場では、もはや先端部分としてしか機能しなくなった。またそうした現場では、中国人は契約が切れしだいでていったので、一時的な労働力でありつづけた。

つまり、この運動は太平洋の両側の往来が増えたにもかかわらず、移住の過程に副次的にしかかかわらなかったのである。合計して約二〇万人という小さな共同体が、あちこちに存続しつづけた。

伝統的な地帯への移住の加速❖ 一九世紀の中国の移民は、現実には東南アジアという伝統的な受けいれ地帯に限定されていた。東南アジアは移住の波の四分の三近くを受けいれ、住みついたすべてのクーリーの九〇％以上が古い移民を圧倒した。たとえば、一八四〇年と一九〇〇年のあいだの中国人の人口はフィリピンでは二倍になり、インドネシアとタイでは三倍に、オランダ領インドでは五倍に、ビルマでは一〇倍になった。

しかし、中国人の共同体の相対的影響力は無力でありつづけ、五～一〇％のあいだを揺れ動いていたので、右の増加ぶりが人目を引くはずがなかった。それはこの地方自体が、強い人口圧を体験していたからにほかならないだろう。たとえば東南アジア北西部の大部分と東南アジア諸島で、中国人の人口は五％以下だった。一九〇〇年には、ビルマに約四万人、フィリピンに六万人、ベトナムに二二万人、オランダ領インドに五〇万人の中国人がいた。つまり現実に、伝統的な人口バランスは変わらなかったのである。しかし、中国帝国との政治的・商業的結びつきがもっとも強かったタイは、一八四〇年と一九〇〇年のあいだに、東南アジアの中国人移民の波の約四分の一を受けいれた。そのタイでさえ中国人の人口は、最大で総人口の一〇％にすぎなかった。

ところが、西洋の圧力のもっとも目だったマレー半島が、このルールの例外だった。実際にイギリス人がじかに鉱物資源と農業資源を開発したこの地域では、中国人労働力の要求が増大し、全般的に都市構造が発達した。すでに多かったマレー半島の中国人人口は、一八四〇年と一九〇〇年のあいだに八倍になり、一九〇〇年には約六〇万人になった。そしてシンガポールでは、一七倍（一九〇〇年の中国人の数は約二〇万人）にもなった。つまり一九世紀末に、マレー半島という小さな地区が海外の中国人共同体の四分の一以上を収容していたわけであり、世紀の変わり目には、中国人はマレー半島の西岸とシンガポールでマレー人より多くなった。

一九〇〇年の総括❖　一九世紀末の中国人の移住の波がいかに大きかろうと、一九〇〇年の海外の中国人共同体は約五〇〇万人という、つねに微小な勢力だったにすぎず、それはアメリカの一州の人口か、中国帝国の人口の約一％にほかならなかった。地球の民族地図を変えた移住の全体的な拡散にもかかわらず、アフリカと、オーストラリアと、南アメリカの中国人は、一九〇〇年にはディアスポラの六％にすぎなかった。また海外の中国人共同体の九〇％は、東南アジアに住みつづけた。

だから中国人の移住の問題がおきた唯一の場所は東南アジアであり、ここでは受けいれ側の社会と中国人共同体の融合が、政治的・技術的理由から減速しただけでなく、逆転する傾向にさえあった。実際に海外の中国人の共同体は、政治的多数派を構成した。労働力の変転という一時的性格から、移住者は中国に向けて視線を固定しつづけたし、植民地の権力がかれらを劣等な位置におきつづけただけに、移住者たちはいっそう中国人としてのアイデンティティを主張した。つまり、移住者たちは満州的秩序に異議を唱えるナショナリストの養殖池のひとつとなり、一九一二年に清帝国を崩壊させた革命運動の主要な資金源となった。さらに中国人の移民は、工業化の発展に結びつく労働力の要求に応えたので新技術（輸送、重工業など）に結びつき、それが中国人を西洋化の媒体とする結果になった。つまり中国人の共同体は、受けいれ国との関係では二重の意味で社会的ギャップのなかにおかれ、人口面で重要だっただけに人目につくようになった。

二〇世紀の中国人移民と脱植民地化

一九〇〇〜一九四五年――移民の性質の新しい変化❖　二〇世紀の前半のあいだ、中国人の移民は西洋のテクノロジーの発展のペースで職種を多様化した点を除いて、それ以前の半世紀の勢いを持続している感じだった。

移住現象はこの明白な連続性をもちながら、現実には人口面でも地図のうえでも根本的に性質を変えた。この動向が些細ではあっても、一時的な移民はヨーロッパではまずイギリスとオランダに達し、ついで第一次大戦中にフランスに到達した。その一方で、女性の移住が始まった。一九世紀末（一八九三）から中国側で始まったこの女性化は、外国で小金をためた男性に出身地の共同体に妻を捜しにいくことを許可した、中国帝国の行政機関の帰国禁止令の解除に呼応した動向だった。女性化は数十年後に強まり、そのころ植民地側のマレーシア（一九三〇）やシンガポール（一九三三）のような初期の移住地帯では、中国人男性の労働力が制限されたが、女性の労働力はそうではなかった。つまり、移民の流れはしだいに一方的に女性化し、東南アジアの中国人共同体の中国人女性の比率は四倍になった。このため一九四〇年代のはじめには、海外の中国人共同体で、中国出身の女性は男性とほぼ一対一になった。

この女性化は一九世紀から始動していた中国人の共同体の活動力を変え、それを後退できないようにした。それ以後、中国人移住者の文化的アイデンティティの再適応には、生物学的な民族性を保障する方法がつきまとった。この過程のすえに、中国人の共同体が比較的大きく集中するすべての地域で、かつて混血化した共同体の「再中国化」の運動さえみられるようになったが、それは東南アジアだけでなく、インド洋とポリネシアの島々でもおなじことだった。その動向は文化的結びつきの進展（新聞、映画など）に準拠し、その最重要な結びつきは中国人学校だった。この同化の拒否は非常に強力になり、地域の権力の心配のタネとなった。たとえば一九三二年に国民政権が樹立され、矛盾することに中国人のクォーターだった指導者のひとり（ピブン）が一五年にわたって権力を握ったタイでは、中国人学校という問題が、中国人の共同体と政治権力とのあいだにくり返される争点となった。

一九四五～九五年――中国人の統一性と脱植民地化❖　第二次大戦と西洋の脱植民地化につづく移民の論理の変動にかかわったのは、中国のルーツにたいする海外の中国人の再集中化と、共同体の潜在的な発展という活力だった。中国大陸という発生源は枯渇し、移民を引き継いだのは、大なり小なり東南アジアで混血した中国人の共同体だった。一九四九年に到来した共産主義者たちは、実際に王朝の変わり目ごとにおきたことを反復する結果となり、数百万人の人たちが中国世界の南の周辺部に移動したので（二〇〇万人の体制支持派は台湾へ向かい、約一〇〇万人の「資本主義者」は香港にいった）、中華人民共和国は国境を閉鎖し、大陸からの移住を中断した。

東南アジアでは状況は反対だった。脱植民地化の過程を利用した土着のナショナリズムの高まりは、中国人の共同体の漸進的な融合に立脚してきた受けいれ側の社会と、中国人の移民との長年の契約を混乱させた。中国人が潜行したかに思われるタイとフィリピンという東南アジアの二国を除いて、数十年早くアイデンティティの自覚という代価を支払った中国人たちは、しだいによそ者の位置に身をおくようになり、最後には部分的に受けいれ側の社会から拒絶された。

東南アジアの中国人住民の拒絶には、国内の定着拠点への集中化と、大量虐殺と、いわゆる追放という三つの形式があった。

この動きが始まったのは、一九六〇年代のマレー世界でのことだった。マレーシアのほうでは、マレー人とのあいだにくり返される緊張関係の結果、住民の七五％を中国人が占めるシンガポールという都市国家が独立した。つまりシンガポールは現代的な意味で、はじめて持続的成功を明らかにする、商業的基盤に立つ海外の中国人国家の創設という、先例のある試み（一四世紀のパレンバン、一七世紀のハティアン）を再開せざるをえなかったのである。またインドネシアでは、中国人の共同体を中華人民共和国（ＲＰＣ）の道具にするのではないかという、共産主義国家の衝撃にたいする脅威を口実にして、五分の一に近い中国人の共同体が破壊され、生き残った人たちはすべての文化アイデンティティの表示を放棄せざるをえなかった（インドネシアの氏名の採用、中国人学校と中国文字の禁止など）。

この運動は一九七六〜八五年の一〇年間に、頂点に達して終結した。そのころ、一九七五年の共産党の勝利の影響を受けた地域的ナショナリズムの高まりから、中国人共同体は集団として追放された。たとえば、ベトナムの中国人共同体は半減した。中国との国境に隣接した北ベトナム地方に住む中国人（約二六万五〇〇〇人）は、先祖たちが乗りこえてきた陸路の国境をふたたび通りすぎた。南部の中国人（約七〇万人）の半分以上は海路で出発し（ボートピープル）、もっとも幸運な人たちは難民キャンプに収容された。カンボジアでは、大量虐殺の影響で四分の三に縮小した共同体の数十万人の生き残りが、タイにたどりついた。ラオスの数千人の中国人も、タイの集団にくわわった。

こうして中国人は四分の一世紀のあいだ（一九五五〜八〇）、マレー半島近辺で存在感を強めるにつれ、東南アジアのもっとも周辺的地域で後退するという傾向をみせてきた。アジアの東南部の中国人移住者は、たいていその地域の国籍をもつので移民数を正確に見積もることは困難だが、三〇〇万〜五〇〇〇万人のあいだだと推定される。アジアの東南部の中国人移民は、長いあいだ、ふたつの地域をめざしてきた。第一に、一九世紀に配置された近代的な経済ルートを再活性化し、第二に、かつての植民地の支配力の連係網をさかのぼったのである。たとえば、二〇世紀はじめにほとんど消滅していたオーストラリアの中国人共同体が急に八万人以上になったとき、北アメリ

図41　中国人のディアスポラ

◆1840年代〜19世紀末／一時的移住

移　動　先	規　模		
東南アジアという伝統的な受けいれ地帯 （フィリピン、インドネシア、タイ、オランダ領インド、ビルマ、ベトナム、マレー半島）	250万×$\frac{3}{4}$		250万
インド洋の島々、一部の砂糖の島々 カリブ（215,000人）、ペルーの鉱山（120,000人）	70万×$\frac{1}{2}$	70万人	
北アメリカの西海岸（金鉱、1848年と58年で50,000人） オーストラリア（1851〜70年に70,000人）	70万×$\frac{1}{6}$		
現代経済の望む移民先（1860年代〜）	70万×$\frac{1}{4}$ 以上		
北アメリカの太平洋側の鉄道建設	？		

◆20世紀／移民の性質の変化

時　期	背　景	中国人共同体の帰結
1949	中華人民共和国の成立	体制支持派　200万人→台湾 資本主義者　100万人→香港
1955〜80	東南アジアの脱植民地化と中国人拒絶 （300〜500万人の中国人移住者）	シンガポール：住民の75％が中国人 インドネシア：$\frac{1}{5}$に近い中国人共同体の破壊 ベトナム：北ベトナムの26万5000人→追放 南部の70万人→ボートピープルに カンボジア：大量虐殺、数十万の生き残り→タイ ラオス：数千人→タイ

カとヨーロッパ（イギリス、フランス、オランダ）の中国出身者の人口が一〇倍以上になった。一九九〇年代のはじめには二五〇万人の人たちが、ふたつの大陸に等しく配置された。

　しかし、東南アジアからきた中国人移民がどんなものだったかを明らかにすれば、かれらは根底では中国人の移民という地図学を大筋では変えなかった。一九九五年末の東南アジアは、相変わらず海外の中国人共同体の約八五％を集め、中国人はマレーシアとシンガポールを除いて、つねに受けいれ国側の人口の数％を占めてきた。せいぜいでアジア東南部の共同体の一部が、西洋で確立された共同体のために少し縮小した程度だった（西洋の共同体は、海外の中国人の一〇％を占める傾向にあった）。そのほかの世界に住む中国人の影響力は、つねに無視できるレベルをでなかった。

　中国人の移民は、ふたつの性格を通じて根本的に変化した。第一に、移住者は現実にはもう厳密な意味の中国人ではなかった。かれらはそれ以前に通過した地域の文化的水準を身につけていたし、一九九五年の約三〇〇〇万人の海外の中国人の大半は、第二世代か第三世代の移住者だったからである。第二に、移住者の社会学的内容が根本的に変化した。しだいに社会の上層部に属するようになった中国人移住者は、政治的変化にもっとも脅かされるようになった。つまり、かれらはもはやクーリーという移民でなく、大小の政治家になったということである。だから、この移民はもう受けいれ国の社会的下部構造でなく上部構造を占めており、このため質的な意味で、その影響力ははるかに注目され、はるかに目につくようになった。

この移民の「地位の高さ」という性格は、こんどは一九七〇年代末の人民中国の資本主義にたいする開放とともに、中国大陸からやってきた移民の再開によって強化された。この移民もまた上層の社会的カテゴリーにかかわっており、つまりは共産主義のノーメンクラトゥーラ［幹部、特権階級］だった。これらの移住の流れはいかに数少なかろうと、RPCからきたのである。それでも（一九九〇年代に年に約一〇万人だった）かれらが、社会学的な面で二重に重要だったことには変わりはない。ひとつはかれらがRPCと受けいれ側の社会のあいだに高水準の媒体を配置したからであり、もうひとつはかれらが、もはや南中国の伝統的な移民共同体（それらははじめは東南アジアの中国人に属していた）に限定されずに、それ以後、大陸の漢民族の全体に及んだからである。

ディアスポラの構成❖　企業家的・エリート主義的な新しい論理と、中国人移民の脱属領化の高まりが合流したため、後者は国際的な組織網というディアスポラの方向に進展し、そのメンバーはもはや領土的な所属でなく、社会学的な定着によって識別されるようになった。それ以後、中国人のディアスポラに中国的性格ということばで規定される全体的整合性をあたえたのは、一九世紀末から始まった海外の中国人のアイデンティティの再取得と、そこから展開された再中国化の過程だった。しかし、この整合性は統一的世界でなく、分節化した世界に作用した。分節化した世界とは、すべての受けいれ国で出会う中国人の共同体の結びつきである言語的・氏族的・領土的基盤にもとづいて（つまり、一族の中国の出身地に応じて）おこなわれる、親族の再結集の世界のことである。

しかし、この分節化という論理は、海外の中国人の全体的整合性を狭めるどころか、その反対に、しだいに統合される超国家的な構造の発展に貢献した。実際に、親族の分散の広がりは企業の領土的・職業的な多様化に結びつき、企業はその兵站的基盤を構成した。そしてこの多様化は、相互的な防御システムを構成する中国人の結びつきの作用で社会学的に保障されることができた。つまり、多様化は経済面ではメンバーの活動を（財政的・商業的・人間関係的意味などで）相互に結びつけ、政治面では地域の権力にたいする防御体制を管理した。現在、こうした結びつきは地域的・国家的・世界的レベルで組織されているので、それが規定する「保障」システムは五大陸で作用している。つまり海外の中国人は、この伝統的な保障機能によって、とくに第二次大戦以後の貿易の世界化の加速に適した道具（資本へのアクセス、リスクの保障）の恩恵を受けてきた。だから経済面で、中国人のディアスポラの目を見張る高揚がみられたのである。

この強烈な高揚は、海外の中国資本の多国籍企業の出現が始まった一九六〇年代半ばから注目されてきた。東南アジアという海外の中国人の安全な複合的定着地帯で、「竜」や「虎」という新しい工業国が出現する原因となったのは、この企業組織の発達だった。つまり、これら諸国の離陸は年代的に総人口中の中国人人口の役割に対応しており、こうした国の中国人たちは相対的にもっとも数が多い。シンガポール（総人口の七五％）にマレーシア（三五％）がつづき、そのあとがタイ（一〇％）などである。

さらに海外の中国人網が、一世紀以上の歴史をもつ有機的共同体の構成を通じて、中国大陸の親族の定着を保護してきたので、海外の中国人は経済的な意味で、アイデンティティという意識をもちつづけることができた。つまり、かれらは事業の成功に比例して母国に活動の方向を向け直し、ＲＰＣに地方の発展に結びつく兵站を供給したのである。かれらの大半は浙江から広東までの南の地方の出身者だった。つまり、かれらは今日、ＲＰＣの最初の外国人投資家となっており、開放以来積算される投資の半分以上を占めてきた。この資本主義的テクノロジーの貢献度は、中国のほかの地方からきた、おなじ手法による中期的な操作を準備中のエリート移民に役だっている。つまり中国人のディアスポラを、こんどは母国との関係から、領土的な定着という意味で再定義できるし、このためディアスポラは二〇世紀末には、逆説的に「移民」にもどることになった。この中国人のディアスポラは、機能と活動力に関しては、経済による特別の方法で把握される。そこで確認されるのは、受けいれ国に住む海外の中国人と、かれらの投資が中国大陸（香港と台湾を除く）で生みだす生産が、一九九四年の「連結」ＧＮＰで約六〇〇〇億ドルを占めることである。つまり二〇世紀末の中国人移民は、世界で七番めの経済力をもっている。

〔マリ＝シビル・ド・ヴィエンヌ〕

第12章 オセアニアの移住

✣現生人類に先立つ人類の移住から始まったオセアニアは、何万年にもわたる海洋冒険の舞台だった。この世界は民族学的関係から、メラネシア、ミクロネシア、ポリネシアという大きな集合体に編成された。ここにヨーロッパ人がやってきたのは、一六世紀のことだった。それ以後、交互にやってきたかれらは、住民たちの災厄のタネとなった。二〇世紀になってからの外部世界の政治的・経済的動向は、オセアニアの歴史を支配した。

広大な太平洋では人間の移住は、つねに距離と期間を理由として特殊な性格を帯びてきた。住民の大部分は八世紀以降に到着したにほかならない。移住者たちはイースター島のような隔離した島々では、たいていハワイのような広大な距離をへだてた群島に結集し、島々は二六〇〇キロにわたってのびている。

約五万年前、ひどい寒さにせきたてられた小部族が、ニューギニアとオーストラリアに到達できる初歩的な小舟に乗って、より温暖な気候をめざす移住を決断したように思われる。その一万五〇〇〇年後に、身元のまったく違う小部族の重要な移住がおこり、約八〇世紀のうちにオーストラリアとアジア大陸のあいだの小さな島々を占拠した。この人たちは漁業と耕作で暮らしていた。かれらに追われた先住民たちは、さらに北方の小島や地域にいって住まざるをえなかった。そのあと、約三〇〇〇年前のオセアニアに新しい侵入者がやってきた。現地の住民と混交したかれらは、違う種類の人類を形成した。

よりすぐれた技術を身につけたかれらは、太平洋の全域を征服した。これら一五〇世紀にわたる移住のおかげで、われわれはオセアニアをメラネシアと、ポリネシアと、ミクロネシアという三つの大きな地帯に区分することができる。

ロベール・ラクール＝ガイエは一九七三年に、オーストラリアの最初の人類の移住を前三万五〇〇〇～前二万五

○○○年のあいだだと推定した。このような大きな数値は、新しい住民の到来を前提とするかに思われる道具の技術的変化で裏づけられたようである。しかし実をいえば、タスマニアはこの見地を複雑化する。なぜなら、オーストラリアのアボリジニーの忠実な友だったディンゴを知らなかった初期の住民たちの道具は、たぶんさらに古い、いずれにしてもオーストラリア人の道具と違う起源を推測させるからである。タスマニア人は東のほうのたぶんニューカレドニア島からきたのだろうし、それにたいしてアボリジニーは、当時、オーストラリアとひとつながりの島嶼《とうしょ》群にすぎなかったインドネシアとニューギニアを経由して、東南アジアからやってきたのだろう。

　オーストラリアは氷河の溶解につづいて増水した大洋のために孤立し、何千年かのあいだ「アウストラロイド」〔オーストラリアの先住民と、かれらと人種的特徴を共有する周辺の諸族〕は、世界最大のこの島の唯一の占有者でありつづけた。

　オセアニアを占拠した最古の移住者は、たぶん最後の氷河期に南アジアから追われたネグリト〔東南アジアとオセアニアの身長の低い準黒人種〕であり、要するに赤道の森林生活（狩猟と採集）に適応したアフリカのピグミーと類縁関係にあるのだろう。もうひとつの仮説は、かれらがより強力な隣人に駆逐されたというものである。マレーシアのある領域を占拠したネグリトは、さらに一連の海峡を渡って、ニューギニアと、オーストラリアと、近くの島々の森林地帯に、より密度の高いかたちで住みついた。ネグリトの島々はのちにアジアからきたべつの移住者に侵入され、先住者たちはニューギニアと、メラネシアの島々の近づきにくい山岳地帯に閉じこめられた。かれらはより進んだ近住者の道具と農業経済をとりいれたにちがいない。

　はるかのちに、こんどはインドネシアに閉じこめられた「メラネソイド」というべつのネグロイドが西太平洋に広がった。かれらの足跡はインドや、東南アジア北西部や、マダガスカルだけでなく、アメリカのさまざまな地方にもみいだされる。太平洋では、ニュージーランドとハワイ諸島でネグロイドの特質が維持されていることが証明されたので、かれらはポリネシアとミクロネシアに分散したものと推定される。

一　インドネシアの植民

ポリネシアの植民は、最後に連続的な三つの波に従っておこなわれた。それはメラネソイドと、ユーロポイドと、インドネシア語派のことである。主要なふたつの経路をたどったかれらは、一方はパラオを経由して赤道北方のカロリン諸島、ギルバート諸島、マーシャル諸島にたどりつき、他方はより南のニューギニアからサモア諸島にまで到達した。サモア諸島は、トンガとクック諸島への移住に重要な役割をはたしたように思われる。のちのフィジーやニュージーランドをめざす出発と、とくにイースター島や、たぶんアメリカ沿岸にまでに達した東ポリネシアをめざす出発がおこなわれたのは、トンガとクック諸島からだったのだろう。

中部ポリネシアからきたべつの航海者たちは（直接か、ソシエテ諸島やマルキーズ諸島を経由して）ハワイ諸島にたどりつき、また赤道の北に位置する島々からきた西の移住者たちは、たぶん、すでにハワイ諸島に達していたのだろう。

このような旅行の規模を説明できるのは、航海にたいするポリネシア人の好みと、経済的状況や偶然を排除しない水夫の技術の巧みさである。資源の限られた島々では、ポリネシア人の社会は人口過剰の危機に直面せざるをえなかったし、独身、中絶、新生児殺し、人身御供も、この問題を解決できなかっただろう。プラトン〔前四二七〜前三四七、ギリシアの哲学者〕がギリシアの植民者の集団移住を説明したのは「土地の狭さ」と「もはや住民を養うのに不十分な領地」というドラマだった。各部族は利用できる島々を奪いあったし、敗者は「波の恵み」に頼らなければならなかったのだ。

ガンビエ諸島のマンガレバ島のふたりの脱走者のことも、おなじように表現される。かれらは半隷属を受けいれるより、「敗者の屈辱が公然とのしかからない、もうひとつべつの島を捜そうと決意した」。ときには連結したカヌーの本物の小艦隊が新しい島々を求めて、聖職者の歌につきそわれて出発した。移住者たちは必要に迫られて、ニュージーランドやチャタムのようなより遠い寒冷な土地を、渡り鳥のあとを追って捜さざるをえなかった。一二世紀は移住の盛期であり、かれらはマンガレバ島や、ハワイ諸島や、ニュージーランドと、たぶんイースター島にもいっただろう。よくみられたのは、何百キロという海流や風に導かれた丸木舟が未知の島にたどりつき、そこで定住が始まったことである。

オセアニアの島々は地理的データより民族学的データにもとづいて、メラネシア、ミクロネシア、ポリネシアという三つの大きな集合体に再編成される。住民のダークな肌色から命名されたメラネシア〔「メラ」は黒いという意味〕は、オーストラリアの北からマレーシアの東にかけて弓状に位置する諸島群のことで、ビスマーク諸島、ソロモン諸島、バヌアツ、ニューカレドニア島、フィジー、ニューギニア島をふくむ。小さな島々からできているミクロネシア〔「ミクロ」は小さいという意味〕は、ニューギニアの北と北東にマリアナ諸島、パラオ諸島、カロリン諸島、マーシャル諸島、ギルバート諸島などという花飾りを描く。ポリネシア〔「ポリ」は数が多いという意味〕のほうは、オーストラリアからアメリカ大陸の沿岸部近辺に位置し、サモア諸島、マルキーズ諸島、ソシエテ諸島、トゥアモトゥ諸島やトンガと、ずっと離れたニュージーランドとハワイ諸島をふくむ。アウトリガー〔転覆を防ぐために船外につけた浮材〕つきの丸木舟に乗ったポリネシア人は、前二〇〇〇年紀から前一四世紀にかけてフィジー、ソロモン諸島（前八世紀）、サモア諸島とマルキーズ諸島（前五～前二世紀）、タヒチ（一〇〇〇年ごろ）、ハワイ諸島（一二五〇年ごろ）にたどりつき、最後に一二世紀と一四世紀のあいだにイースター島に到着して、ニュージーランドには一〇〇〇年から住みついた。

二　ヨーロッパ人の到来

トルコ人が極東からのシルクロードとスパイスロードを閉鎖したあと、ポルトガルの王子エンリケとヨーロッパ諸国の王族は新しいルートをみつけようと試みた。ポルトガルの船長たちが、ケープタウンを越えてインドに到達したのは、一四九八年のことだった。ポルトガル帝国は一五一一年に東インド諸島にまで広がったが、マラッカ海峡の征服は、たちまちスペインの異議をかきたてた。コロンブスの発見の二一年後に太平洋を発見したバルボアは、自分の到達したすべての海岸が、スペイン王の支配下におかれるだろうと宣言した。そして、このことがトルデシーリャス条約に結びつき、世界の西半分がスペインにあたえられ、東半分がポルトガルにあたえられた。スペイン王のための奉仕に転じたポルトガル人マゼランは、一五一九年にスパイスの島々にいく最短ルートの発見を命じられた。かれは一五二一年に自分の名がつくことになる海峡を通過し、この年の三月にマリアナ諸島と、ついでフィリピンに到着した。そして一五二二年に、実際にはポルトガル領にあったモルッカ諸島に到達した。定期的にメキシコ海岸とフィリピンを結ぶスペインのガリオン船が、途中で出会ったのはグアム島だけだった。スペインの植民地になったグアム島は、一八九八年まで、その状態を持続した。そのあいだにスペイン人とポルトガル人がニューギニア島を発見し、ともに権利を主張した。地図学者のなかにはニューギニア島を、伝統的な「未知の南の大陸《テラ・アウストラリス・インコグニタ》」の北の部分だと主張する人たちもいた。一五六七年に、ペルーの総督は甥のメンダナに二艘の船を託し、未知の大陸を発見して施設を創設することと、すべての先住民をキリスト教に改宗させる任務を一任した。遠征隊はなにも発見できずにマルキーズ諸島とトゥアモトゥ諸島のあいだを通りぬけ、最後にソロモン諸島のサンタ・イサベル島にたどりついた。そこに半年間滞在したスペイン人たちは、略奪行為と血という慣例的な足跡をのこした。その二五年後にふたたび航海にでたメンダナは、植民地を創設して煉獄［死者が浄化と償いをはたす場所］の火で魂を救うために、女性と、士官と、何人もの修道士を同行した。マルキーズ諸島を発見した異様な組み合わせの冒険家たちは、かなり長く滞在し、十字架を立てて二〇〇人の先住民を虐殺したあと、サンタ・クルーズ諸島とマニラのほうに再出発した。

一六〇五年に、メンダナの信心深い副官ペドロ・フェルナンデス・デ・キロスは、伝説の大陸を発見して何百人という異教徒を救うための新しい旅行を計画した。かれは最後に大陸を発見するまでに長い時間をかけすぎたので、その大陸に「聖霊のアウストラリア」と命名した。この新しいエルサレムの地で盛大な感謝の祈りの式典がおこなわれたが、キロスは先住民の敵意と乗組員の反抗に会ってメキシコに引き返さざるをえなくなり、発見した土地を放棄した。それはニューギニアという島にほかならなかった。

それ以後、太平洋にあってのスペイン人の使命は、改宗の願いとともに消滅した。かれらは一五八一年に勝ちとった独立と、スペインのフェリペ二世の無敵艦隊の敗北で勢いづいたオランダ人に譲歩したのである。時間をむだにしないオランダ人は、一六〇二年にインドを手にいれた。商人だったかれらは、魂を救うことにエネルギーを浪費しないで、金かスパイスというかたちのより明白な利益を求めた。オランダ人が創設したオランダ東インド株式会社は、富裕な商人の出資と王室の支援をうけて、この地域の交易の独占権に恵まれ、マゼラン海峡とケープタウンという二本のアクセスルートを活用した。この会社の独占権は、ときどき独立派の商人に侵犯された。独立派の商人たちは旅先で、数多くの島々（トゥアモトゥ諸島、ウォリス諸島、トンガ、フトゥーナ諸島など）を発見した。しかし、オランダ人は帝国の開発に気をとられるあまり、こうした地理的な発見にほとんど関心をもたなかった。

そのあと、イギリス人が太平洋遠征に乗りだした。実際にはそれは、キャプテン・ドレイク［一五四〇頃～九六、イギリスの軍人、航海者］が一五七八年から八〇年のあいだに始めた、スペインのガリオン船と施設の略奪をめざす海賊行為の旅行の成果だった。しかし、イギリスとフランスが名誉をかけて南の海の探検に乗りだしたのは一八世紀のことであり、この遠征のリーダーたちは、バイロン［一七二三～八六、イギリスの提督。詩人バイロンは孫］、ウォリス［一七二八～九五、イギリスの探検家］、カータレット［?～一七九六、イギリスの航海士］、ブーガンヴィル［一七二九～一八一一、フランスの航海者、数学者、軍人］、クック［一七二八～七九、イギリスの海洋探検家］たちだった。ただひとつの事件は、ハワイ人のクック暗殺だったが、かれらは非常に心のやさしい人たちだった。太平洋の島々の探検は、クックの業績で完了した。しかし、ナポレオン戦争でオセアニアに小休止が訪れ、イギリスとフランスがほかの地域に気をとられているあいだに、アメリカの捕鯨船が太平洋にあらわれた。イギリスは一八一二年の戦争で、アメリカ人を撃退することができた。ところがイギリスはこの勝利を、徒刑囚を送りこむために選んだオーストラリアに定住するためにしか生かさなかった。受刑者の最初の輸送隊がボタニー湾に上陸したのは、一七八八年のことだった。その願いは新しい領土の獲得よりも、好ましくない人間たちを厄介払いすることだった。イギリスがオーストラリアとニュージーランドの定住をしぶしぶ受けいれたのは、フランスの定住を妨げるためと、初期の入植者の圧力があったせいにほかならない。しかし、ヴィクトリア王朝の治世下のプロテスタントの任務は、方針を引き継ぐことだった。この福音の伝達という使命に、たちまち経済的出来事がからまった。それはイギリス人の捕鯨が特典制度の優遇を受けて復興し、ヨーロッパがクジラのみごとな皮の価値に刺激されたことである。そのため捕鯨熱が高まり、鯨油の取引がそれを激化した。イギリス人と、ロシア人と、アメリカ人が強力に捕鯨をリードし、さらに毛皮や、ビャクダンや、真珠や、トリパン（ナマコ）のようなものを好む中国の需要に応えた。アメリカの商人はこれらの産物を絹や茶と交換したが、捕鯨はほかのすべての企てを帳消しにするほど強力だった。何百艘という捕鯨船と、何千人という水

図42　オセアニアへの西洋人の到来

時　期	国	到　来　し　た　地　域
16C	スペイン	マリアナ諸島、フィリピン、モルッカ諸島到着 グアムを植民地化
	スペイン、ポルトガル	ニューギニア島発見、権利争奪
	オランダ	トゥアモトゥ諸島、ウォリス諸島、トンガ、フトゥーナ諸島
	イギリス、フランス	太平洋の島々
	アメリカ	太平洋（捕鯨船）
	イギリス	オーストラリア、ニュージーランドを受刑地に
	イギリス、ロシア、アメリカ	捕鯨熱高まる タヒチ、マルキーズ諸島、ニュージーランド、ハワイに水夫がおしよせ、密貿易人、刑務所脱走者、砂浜の放浪者など住みつく
	イギリス	プロテスタント宣教師→オーストラリア、ニュージーランド、トンガ、フィジー、ロイヤルティ諸島、バヌアツ、ソロモン諸島
	アメリカ	プロテスタント宣教師→ハワイ、マーシャル諸島、カロリン諸島、ギルバート諸島
19C	フランス	カトリック宣教師→タヒチ、マルキーズ諸島、トゥアモトゥ諸島、トゥブアイ諸島、スー・ル・ヴァン諸島、ニューカレドニア島、フィジー、サモア諸島

夫が派遣された。オセアニアは一七七六年から捕鯨船の好みの漁場となり、一八五〇～六〇年に最盛期を迎えた。乗組員は聖歌隊の少年ではなかったし、タヒチ、マルキーズ諸島、ニュージーランド、ハワイの避難港では大量のラムの小樽が空にされ、大勢の女性が拉致された。それと並行して、大挙して住みついた思慮深い商人たちが、アメリカとヨーロッパの商品と、中国の絹や茶や磁器を交換した。いたるところで密貿易人が、植民地史上のもっとも黒いページに記される略奪や、暴力行為や、犯罪を犯しまくった。だから宣教師が、「不親切」になった現地人のことを語ったのも驚くべきことではない。島々はまた植民地の刑務所の脱走者や、あらゆる種類の密売人や、捕鯨船と商船からの逃亡者や、砂浜の放浪者を受けいれた。女性の拉致や、現地人にたいする侮辱的行為や、太平洋の反対側にあるプランテーションへの現地人の強制移送に、多少なりと儀礼的ないくつかの殺人と、何人かの略奪者の「犯罪的行為の遂行」と、さらに無分別な旅行者がくわわった。

それに反して宣教師は道義的見本を示したので、ポリネシア人たちは女性も資産も奪わない白人をみて、心地よい驚きを経験した。タヒチの風習の単純さと、かれらの恒常的な裸体は、最初のうちは明らかにヴィクトリア期の衣服に関する義務と合致しなかった。助成金を受けなかった多くのプロテスタントの宣教師たちは、島の仕事に大きな関心を示すようになり、農夫や商人になった。かれらのなかには白人の全員を有害で、現地人の指導者たちにたえず圧力をかける人間だと考える人たちもいた。一七九九年にイギリスで組織された教会宣教師協会は、オーストラリアのニューサウスウェールスに配され、ついで一八一四年にニュージーランドに配置された。かれらのニュージーランドでの活動は熱烈さを特徴とし、宣教師たちはマオリ族の近くの土地を手にいれて、イギリスのすべての独占化と、いくつかの権力の支配に反対するキャンペーンを推進した。たとえば、一八一四年にイギリスで設立されたウェズリー派宣教師協会はニュージーランドに代表団を設置し、活動範囲をトンガと、フィジーと、ロイヤルティ諸島に拡大した。バヌアツのプロテスタントの宣教師の仕事は、放胆な長老派から始まった。かれらは現地人の容赦のない反目にぶつかり、数多くの殉教者を代償にしてしか施設を維持することができなかった。ニュージーランドとオーストラリアから支持された英国国教会は、バヌアツとソロモン諸島に移住した。ハワイのプロテスタントは、アメリカのボストン宣教師団の宣教師の手で一八二〇年に樹立された。最終的に大多数の住民を改宗させたかれらは、地元の公務にたいする大きな影響力をもった。この組織はまた、マーシャル諸島や、カロリン諸島東部や、ギルバート諸島にも手を広げた。

実をいえばオセアニアでは、カトリックの宣教師がプロテスタントより何世紀も先んじていた。スペインの司祭たちが初期の探検家たちを同伴したのは、一六世紀以後のことだった。スペイン人たちは一八世紀に姿を消し、それと同時にカトリックの布教の試みも中断した。カトリックの布教団は一九世紀に、フランスのおかげで復興した。それはイギリスの影響力とプロテスタントという異端と戦う意志のもとに、フランスの王政と協会が結びついた結果だった。しかしハワイでの設立の試みは、一八二七年にカトリックの宣教師たちが、この島に上陸した時点で明白に挫折した。かれらの七年前からいたボストンの宣教師たちが、ポリネシアの指導者たちを改宗させ、教皇絶対派の危険性にたいする防衛策を忘れずにとっていたからである。イエズス聖心会とマリア聖心会というフランスのふたつの宗教団体が結びついた「オセアニア布教団」が、高名なプリチャードの支配するタヒチに上陸したのは、一八三六年の直後のことだった。このときフランスの艦隊が介入し、カトリック側が優位に立った。タヒチはマルキーズ諸島、トゥアモトゥ諸島、トゥブアイ諸島、スー・ル・ヴァン諸島にカトリックを広げる中心地となった。カトリックは一九世紀半ばにニューカレドニア島、フィジー、サモア諸島で再出発し、マリスト修道会会員は一八五三年に、フランスとニューカレドニア島の結びつきを援助した。

二〇世紀になってからも、外部世界の政治的出来事と経済的変化がオセアニア史を支配しつづけた。捕鯨はペンシルヴェニアの石油の出現と、コルセットにクジラの骨のかわりに鋼鉄が使われるようになってから凋落した。おなじ時期に、増大しつづけるヨーロッパの住民に、石鹼と化粧品用のオイルを供給するヤシ油産業が発展した。西側の世界の農業科学の進歩が生みだした肥料の需要のために、島々のリン酸肥料の備蓄が激しく開発された。鉄鋼産業はニッケル、クローム、コバルト、マンガンのような稀少な金属を重要視し、このため、ニューカレドニア島の鉱床の集中的な開発がおこなわれた。

オセアニアにたいする外部の影響力のもっとも重要な帰結は、プランテーションの経営者や、使用人を奴隷扱いする雇用主や、大型の取引会社を導入したことだった。半世紀前の捕鯨家や、放浪する密貿易人や、砂浜の放浪者や、宣教師にとってかわって主役を勤めたのは、プランテーションの経営者たちだった。

砂糖は最重要な産業になったが、プランテーションの経営者は砂糖を要求する組織のために、ほかの場所で労働力を調達しなければならなかった。現地の住民たちが逃亡したのは、たぶん強制的に連行されて、五年後に何千キロと離れたべつの島に「送還」された志願者たちのことを記憶していたからだろう。ハワイでは中国人、日本人、フィリピン人が導入され、フィジーではインド人が導入された。ヤシ油と綿と砂糖の生産が発展したためにやってきた投機家たちは、植民地では避けがたい存在だった悪質な人間のリストにくわわった。少数の現地人の暗殺は、つねに何千ヘクタールの土地の横領以上に深刻に思われたので、投機家たちの活動は過酷な雇用主の活動以上に重視され、新聞だねになった。メルボルンの高名な会社は、危うくフィジー王の八万ヘクタールの土地を詐取するところだったが、かれの島々の総面積は一〇〇万ヘクタールにすぎなかった。

南の海の気候を「耐えがたい」と形容した白人たちは、農業と鉱業の開発のために大勢のアジア系の労働者を使用すると同時に、取引契約という名目で、ときには非常に遠い島々から運んできた現地人を採用した。本物の奴隷商人だった労働力の募集人が出現し、指導者と家族を拉致して、契約書にサインする頭数が十分にそろうまで人質にした。雇用主たちはたいていこの契約に従わず、とくに契約期限の切れた労働者の送還を拒絶した。ミクロネシアとポリネシアの住民はまたメキシコとペルーに連行され、プランテーションの経営者やグアノの堆積の所有者に買いとられた。このスキャンダルで列強の大使館は警告を受けるほどになったが、イギリスなどの強国は一八七二年の有名な「誘拐条例」の制定にもかかわらず、交易の停滞に直面して注目すべき無気力さを露呈した。

白人の移住は一七八八年にオーストラリアのボタニー湾で始まったが、このばあいの入植者は徒刑囚だった。つぎにべつの人たちが到着し、ほぼ全員がイギリス人だった。農耕と牧畜が発展したが、とくに一八五〇年の金の発見は何千人という移民を引き寄せた。かれらは一九三九年に七〇〇万人に達し、その九五%がイギリス人で、ほかに少数のイタリア人と、ドイツ人と、スイス人と、数千人の中国人がいた。そのあと「白豪主義」政策で有色人種の入国が妨害された。ボタニー湾の最初の移住が始まったころのアボリジニーは三〇万人だったが、一九三九年には六万人にすぎなくなり、三万五〇〇〇人から四万人が中央の砂漠で旧石器時代の生活様式をつづけていた。また数万人が保護キャンプに集められ、同数の人たちが牧畜施設で働いた。約二五万人がアルコールや病気の犠牲となり、また白人の土地所有者が組織した大量殺戮の敗者となって消滅した。この悲劇はタスマニア島の末端にもおよび、一八四七年には二〇〇〇人の住民が殺された。生き残った人たちも病気とアルコールで消滅し、最後のひとりが死んだのは一八七六年のことだった。

一六四二年にタスマン［一六〇三～五九頃、オランダの航海士］が通過し、ついで一八世紀にクックが通りすぎたあと、急速にイギリス人と、ニュージーランドの先住民のマオリ族とのあいだに交易が始まった。初期に上陸したヨーロッパ人は、明らかに密売人たちであり、かれらはラムや、しだいに銃と交換するようになったリネンや木材で船倉をいっぱいにした。しかし一八三〇年から四〇年にかけて宣教師たちが、先住民の放置する広大な土地にひかれた入植者をつれて上陸した。一八四〇年二月六日に、イギリスの統治権を認めたマオリ族の首長たちが、ワイタンギ条約に署名した。この非常に美しい文書は善意に満ちていたが、あらゆる種類の乱用を引きおこし、一八六〇～七〇年に非情な戦争が勃発した。ニュージーランド株式会社は、マオリ族の首長たちに「かれらの土地の全面的で完全な所有」を保証した条項を考慮しないで、一八四四年に一万五〇〇〇人の新しい入植者を導入し、さらに約四万ヘクタールの土地を入手して、施設の数を増やした。乱用が重なったため、一八五三年に全体的な反乱がおこり、多数の先住民が死んだ結果、クックの時代に二五万人いたマオリ族が、一九〇〇年には四万二〇〇〇人になった。イギリス政府は平和がもどったので、一九〇七年にニュージーランドに自治領の地位をあたえた。マオリ族にたいするすべての人種差別が廃止され、かれらは議会に四人の代表を送りだすようになった。現在のニュージーランドの人口は三四五万人になっており、そのうちの五〇万人がマオリ族である。

ダントルカストー〔一七三七〜九三、フランスの航海者〕が、一七七四年にクックが発見したニューカレドニア島を踏査したのは一七九二年のことだったが、デュモン・デュルヴィル〔一七九〇〜一八四二、フランスの海軍司令官、探検家〕は一八二七年に、捕鯨家や、ビャクダン商人や、オーストラリアとのあいだを行き来する密貿易人が盛んに立ち寄っていたこの島を特定した。現地人（カナク人）はポリネシア人を熱烈に迎えいれなかったし、フランス人はナポレオン三世が普通犯の徒刑囚用の徒刑場の設置を決定した一八五三年まで、この領土に関心を示さなかった。一八七一年に反逆的なカビリー〔アルジェリアの高地地方〕人が送りこまれ、一八七二〜八〇年にはパリコミューンの反乱の一味と政治犯が厄介払いされた。この刑務所の植民地のおかげで、入植が始まったのは一八六三年のことだった。初期の一八七七年に、この徒刑場にいたのは一万一〇〇〇人の受刑者と、自由な住民たちだった。一〇年後にもまだ、九七〇〇人の刑事犯にたいして、五〇〇〇人の住民がいたにすぎない。自由な植民地化は、一八九四年六月のフェイエ総督の到着から始まった。かれが決断したのは、仕事に耐える子どもの多い農民を呼び寄せようということだった。そこでかれは植民地化用の土地を広げるために、カナク人の三二万ヘクタールの土地を不毛の一二万ヘクタールに縮小したので、かれらの人口が減少した。農村の植民地化は土地の横領と、メラネシア人の保護区への収容と、血のなかで鎮圧された多数の人命を奪った反乱で彩られたが、もっとも恐るべき事件は、軍人が耕作地と村々を荒廃させた一八五八年の事件だった。一〇年間に数多くの反乱がおこり、カナク人は労役を拒絶した。首長たちは追放され、部族民は領地が国家に移行するのを目撃した。厖大なヒツジの群れを放牧する新しい土地を略奪しようとした大会社の植民地化の圧力に応えて、ふたたび反乱がおきたのは一八七八年のことだった。一九一七年におきた新しい反乱は特別行政制度の軟化に結びついたが、カナク人は全体的に衰退し、ヨーロッパ人にあたえられた土地の全体は、メラネシアの部族にのこされた区

図43　オセアニアへの移住と先住民

地　域	時　期	移住してきた民族	先住民人口の推移
オーストラリア	1700年代末 1850〜1939 (金の発見)	イギリス人 イギリス人(95%)、イタリア人、ドイツ人、スイス人、中国人　7,000,000	アボリジニー　300,000 → 60,000 (1700年代末)　(1939年)
ニュージーランド	1844	入植者　15,000	マオリ族　250,000 → 42,000 (18C 後半)　(1900年)
ニューカレドニア	1871 1872〜80 1894〜 ニッケル	カビリー人 パリコミューンの反乱の一味と政治犯 フランス人侵入 アジア、インドネシア、ポリネシア、ワリー島の住民、ヨーロッパ人	カナク人が激減（20C 末に回復） ◆20C の人口構成 カナク人　42.6% ヨーロッパ人　37% ワリー島人　8.4% タヒチ人　3.8% ベトナム人　1.6% インドネシア人　3.7%
ハワイ諸島	19C	日本人　156,000 白人　115,000 フィリピン人　115,000 混血者　48,000 中国人　28,000 朝鮮人　6,000	330,000 →消滅 (18C 後半)　(19C) (ハワイ諸島出身者14,000人)
フィジー	1872〜	インド人　1939年… 94,000 ↓ 1953年…340,000	

域の二倍にあたる二五万ヘクタールになった。カナク人の人口にたいする結果は惨憺たるものだった。ヨーロッパ人がやってきたときに五万人だったメラネシア人の人口は、一九八三年には三万一〇〇〇人に落ちこんだ。ヌーメア[ニューカレドニア島の都市]と「ニッケル」は、アジアやインドネシアやポリネシアと、とくにワリー島の大勢の住民を引き寄せた。

ハワイ諸島の住民たちは、一一世紀と一三世紀に中部ポリネシアから始まったポリネシア語を使う小部族の一連の移住の結果だった。キャプテン・クックがきたころのこの諸島に住んでいた三三万人の先住民は、一九世紀の経済的変動の結果、一五万六〇〇〇人の日本人、一一万五〇〇〇人の白人、一一万五〇〇〇人のフィリピン人、四万八〇〇〇人の混血者、二万八〇〇〇人の中国人、六〇〇〇人の朝鮮人のために消滅し、ハワイ諸島の出身者は一万四〇〇〇人だけとなった。これらの住民たちがやってきたのは、アメリカと中国に向けた活発な貿易のせいだった。最初の経済革命は開発と、一七九〇年に発見されたビャクダンの木の交易であり、これが一八〇五年から非常に盛んになった。

そのあとにやってきた捕鯨家との接触で、先住民の社会生活の崩壊が早まり、その解体を完了したのは製糖革命だった。サトウキビはほかのすべての活動を停滞させ、プランテーションの経営者たちは七万人しかいなくなっていたポリネシア人の労働拒否にあった一八五二年から、中国人のクーリーを導入せざるをえなくなった。一八七八年から一九一三年にかけて二万人のポルトガル人が導入され、ついで一八九四年から一九三九年には、一八万人の日本人とその家族が導入された。しかし、プランテーションでもっとも重要な労働者集団となったのは、一九〇五年から最後にやってきたフィリピン人（一一万五〇〇〇人）だった。パイナップルの缶詰産業は遅れて始まったが、砂糖がたどったルートに追随した。一九三九年に、ハワイ諸島は世界の缶詰生産の八〇％を供給し、その労働者は主として日本人と、フィリピン人と、ポルトガル人だった。

フィジーの島々も一八七四年のイギリスへの併合と、とくに一八七二年の製糖産業の導入以後に変貌した。フィジーの人たちはポリネシア人とおなじく欲望をもたず、バヌアツとソロモン諸島に労働力を導入せざるをえない白人の支配者の製粉所で働く必要性も感じなかった。そこでフィジーの労働者は送還され、製糖業者たちはインド政府と労働者の派遣に関する協定を締結した。そしてインドの労働者たちは、一〇年後に送還してもらう確約をえた。この契約制度が一九一六年に廃止されたおり、フィジーにいた五万人以上のインド人の半数以上が、契約期限が切れたのに残留するほうを選んだ。一八八四年の砂糖の価格の下落ですべてのプランテーションが倒産し、存続したのはオーストラリアの「植民地製糖会社」だけだった。

インド人の労働者は妻と家族を呼び寄せた。一九三九年には九万四〇〇〇人のインド人が、現地人とおなじようにフィジーに住みつき、ほかの住民の総数の五倍以上になった。一九五三年にはフィジーの三四万人のインド人が、製糖経済の核心部分を支配した。一九七〇年の独立と、八七年のクーデターで妥協案がはかられたが、政党は議会の過半数を占められず、九二年六月二日にラブカ将軍（メラネシア人）が首相に指名された。三六万八〇〇〇人のフィジーの出身者が、土地の八〇％と政治権力を掌握した。

オセアニアの一方の端のニューカレドニア島は、英領オーストラリアとおなじく、フランス人の徒刑囚の受けいれ地となり、まともな植民地となったのは一八九四年からのことにすぎない。本物の保護区に追いやられた先住民は、「特別行政制度」という植民地の身分規定に従わされ、かれらの土地の大半は広大な田園の所有地に変貌した。一九二一年に二万七〇〇〇人に落ちこんだカナク人は、八三年に六万一八七〇人に回復し、島の総人口の四二・六％になった。総人口の三七％に達したヨーロッパ人の八〇％がヌーメアに集中した。フランスの植民地化は鉱山業（ニッケル）と商業にひかれた結果であり、住民の大半が旧帝国の土地からきた多民族で成り立っている。つまりワリー島人（八・四％）、タヒチ人（三・八％）、ベトナム人（一・六％）、インドネシア人（三・七％）のことである。しかし、民族と文化の調和のとれた混交がおこなわれたことはいちどもない。

カナク人の独立派の運動はつづいているし、一九五八年から事件が多発してきた。しかしイエンジェーヌとウベアの大量虐殺をきっかけに、一九八八年にトジバウ・ラフルール条約に道が開かれた。そして、マティニヨン・ホテルで調印されたこの条約で暫定的な分割が配備され、独立をめざす国民投票を待つことになった。

［ギ・リシャール］

	＊フランス大統領選。移民排除を主張する極右の国民戦線党首ルペンに対し、極右台頭への有権者の危機感を背景に保守・共和国連合のシラク大統領が大差で再選される ＊中国・瀋陽の日本総領事館事件。北朝鮮からの亡命者問題で日本の対応が国際的に非難をあびる

1917年	＊ロシア革命
	420万人のロシア人と200万人の政治的亡命者（白系ロシア人）が国外移住（図14）
1919～1940年	ヨーロッパ大陸からの大西洋横断移民の第四期。強制移民の増加という特色をもつ（図12）
1924年	「人数制限法」(「緊急割当法」と「移民制限法」）でアメリカは選択的な入国制限をはじめる（図36）
1936年	＊フランコ、スペイン国家主席に就任
1937年以降	日本軍の作戦のため、中国人の膨大な数の非戦闘員移動（図18）
1939年	ドイツ軍のポーランド侵攻。ポーランド人の集団移動あいつぐ（図18）
1939～1945年	第二次世界大戦。戦禍をのがれようとする一般市民の大集団移動と軍需工場への労働者の流入が世界各地で発生（図18）
1945年	国外にいたポーランド人、バルト諸国の国民、アルザス・ロレーヌ地方の住民故国に復帰（図18）
	100万人の日本人、アジアから日本列島に帰国（図18）
1948～1961年	ベネズエラに石油ブームおこり、40万人以上の移民圧力生じる（図30）
1948年	＊イスラエル独立宣言。アラブ連盟諸国とのパレスチナ戦争（第一次中東戦争）勃発
1949年	＊中華人民共和国成立
1956年	＊スエズ動乱
1960年代はじめ	中南米やカリブ、アイルランドからアメリカへの移住者急増（図33）
1960年代半ば以降	＊海外の中国資本の多国籍企業が出現
1967年	＊第三次中東戦争
1968年	アメリカの人数制限法消滅するが、非合法の移民は増加しつづける
1970年	＊フィジー独立
1973年	＊第四次中東戦争
1980年以降	コートジボワール、ナイジェリア、南アフリカなどの国々が近隣諸国からのアフリカ人の非合法移住の目的地となる（図21）
1989年	＊ベルリンの壁崩壊、東ヨーロッパの人口移動の水門が開く。やがてドイツ、フランスは移民統制政策に移行
1990年	アメリカ、ヒスパニック禍と新たなアジア系の波に見舞われる（図33）
	＊ドイツ統一
1991年	2000人以上のボートピープルがアメリカのフロリダ州に流入（図35）
	＊湾岸戦争
	＊ユーゴスラヴィア内戦、ボスニア独立宣言
	＊南アフリカ、アパルトヘイト体制終結
	＊ソヴィエト連邦消滅、独立国家共同体（CIS）創設
1992年	＊ユーゴスラヴィア社会主義連邦共和国解体
1993年	＊イスラエルとパレスチナ解放機構（PLO）、平和条約に調印
	＊欧州連合（EU）条約（マーストリヒト条約）発効
1994年	ルワンダで、政治的紛争によるフツ族とツチ族の集団移動おこる（図21）
1997年	＊香港、中国に復帰、一国二制度開始
	＊ボスニア＝ヘルツェゴビナ共和国発足
1998年～	＊コソボ紛争激化
2001年	＊９月11日、対アメリカ同時多発テロ。アメリカのアフガニスタン攻撃。パレスチナ人とイスラエルの衝突が各地で激化
2002年	＊東ティモール、インドネシアから独立

1835〜41年	6000人のボーア人移住者ナタール、オレンジ、トランスバールに入植し、その後独立した国家を組織する（図21）
1840〜1940年	アルゼンチン、740万人の移民を受け入れる（図30）
1840年代〜19世紀末	阿片戦争（1840〜42）と太平天国の乱（1851〜64）の影響で、中国人の移住激増。この間、約250万人が中国を離れる（図42）
1844年ごろ	アメリカに市民団体「ネイティブ・アメリカン・アソシエーション」ができ、生得論高まる
1850年	オーストラリアでの金の発見が何千人という移民を引き寄せ、1939年にはその数は700万に達する（図44）
19世紀	アフリカのズールー王国の人たちが広大で暴力的な移住をおこなう。スワジ族、ソト族、ガザ族、ンデベレ族、ングニ族が退却
19世紀半ば	インド人、アフリカ出身の奴隷集団との交代の動きおこる。インド洋方面ではモーリシャス島（1834〜）、南アメリカでは英領ギニア（1835〜）、アンティル諸島ではトリニダード（1844〜）とジャマイカ（1845〜）など（図38）
1846〜1880年	ヨーロッパ大陸からの大西洋横断移民の第二期（図12）
1848年	200万人のアイルランド人アメリカに移住（図12）
	＊フランス奴隷制度廃止
1852年〜	ハワイで中国人のクーリーの導入をはじめる（図44）
1858年	＊ムガール帝国消滅。イギリスのインド直接統治始まる
1860〜1912年	モロッコに対するスペインの軍事介入。スペイン人モロッコに移動（図26）
1863年	フランス人のニューカレドニア島への入植はじまる（図44）
1874年	＊フィジーの島々、イギリスへ併合
19世紀後半	インド人の移住、西側の植民地に向かう。南アフリカとナタール（1860）、ボルネオ（1860）、フィジー（1877）、マレーシア（1880年代）、オランダによるスリナムへの移住促進（1873）など（図38）
1863年	＊アメリカ大統領リンカーン、黒人奴隷解放宣言
	＊オランダ奴隷制度廃止
1865年	7400人のスペイン人アルジェに到着（図25）
	＊「クークラックスクラン」が生まれ、アメリカ生まれのアメリカ人の擁護に取り組みはじめる
	＊ポルトガル奴隷制度廃止
1880年代前後	アメリカへの日本人の移民急増。中国人移民に継ぐ「黄禍」第二波とみなされる
1880〜1914年	ヨーロッパ大陸からの大西洋横断移民の第三期。移動人口が急激に上昇する（図12）
1880〜1924年	アメリカで、南イタリア人、ギリシア人、中国人、日本人などの「新しい移民」が「古い移民」を凌駕する（図31）
1882年	アメリカ、中国人移民を10年間禁止（図36）
1890〜1940年代	ロシア人、領土拡張にともない700万人がロシア領アジアに向かう（図14）
20世紀はじめ	アフリカのナマ族とヘトロ族が大陸内部で大型の移住
1904年	＊シベリア鉄道完成
1907年	＊イギリス、ニュージーランドに自治領の地位を与える
1912年	＊清が滅び中華民国成立
1913年	イタリアの移民87万3000人に膨張（図14）
1914〜18年	第一次世界大戦。戦禍をのがれようとする一般市民の大集団移動と軍需工場への労働者の流入が起こる（図17）

1511年	＊ポルトガル帝国スマトラ・ジャワを発見
1513年	＊バルボア、太平洋沿岸を発見
1521年	＊マゼラン、マゼラン海峡を通過してマリアナ諸島、フィリピンに到着 コルテス、メキシコを征服。スペイン人によるアステカ族の滅亡
1532年	＊ピサロ、ペルーを征服
1533年	＊インカ帝国滅びる
1572年	＊レガスピによるフィリピン群島の征服なる
1540年～	大西洋横断のアフリカ人奴隷貿易が絶頂期を迎える（図29）
1578年	＊キャプテン・ドレイクの世界周航
17世紀	ヨーロッパ出身の入植者南アフリカに定着（図21）
1602年	＊オランダ東インド会社設立
1605年	＊ペドロ・フェルナンデス・デ・キロス、ニューギニアを発見
1607～1776年	アメリカの植民地時代。おもにイギリス人と北欧人がやってくる
1620年	メイフラワー号に乗ったイギリス人・ピルグリムファーザーズ、新大陸に上陸しニューイングランドに住みつく
1629年	ロシア人レナ川のほとりに到着（ロシアの領土拡張）
1644年	＊清王朝成立
1645年～	＊南米に鉱山ブームおこる
17世紀半ば	オランダ人とドイツ人を中心とする600人の入植者がケープタウン地方に定住（図21）
1681年	＊イギリス国王、ウィリアム・ペンにアメリカの土地を与え、ペンはその地をペンシルヴェニアと命名する
1685年	ナントの勅令の廃止。この年から89年にかけて20～30万人のユグノーがフランスを脱出（図９）
18世紀	650万人のアフリカ人が大西洋を渡り、アメリカに移送される（図29）
18世紀以降	イギリス人とニュージーランドの先住民マオリ族との間に交易はじまる（図43）
1776年～	オセアニア、捕鯨船の好みの漁場として1850～60年にかけて最盛期を迎え、イギリス人、ロシア人、アメリカ人に荒らされる（図43）
1788年	イギリス人の受刑者の最初の輸送船がオーストラリアのボタニー湾に上陸
1796年	ロシア帝国の人口、領土拡張運動の結果3600万にふくれあがる
1798年	「外国人暴動法」で、アメリカは新来者の政治的権限を規制する（図36）
1799年	イギリスのプロテスタント教会宣教師協会がオーストラリアのニューサウスウェールスに配置され、イギリス人宣教師が派遣（図43）
18世紀末	オランダ出身のボーア人フィッシュリバーに到達（図21） 西洋における生産の植民地化に伴い、ラテンアメリカへの中国人クーリーの輸出が始まる（図42）
1807年	＊イギリス奴隷制度廃止
1808年	＊スペイン戦争おこる
1815～1846年ごろ	ヨーロッパ大陸からの大西洋横断移民の第一期。多くのイギリス人、スコットランド人がアメリカ大陸、オーストラリアなどのヨーロッパの植民地をめざす（図12）
1820～1930年	ドイツの移民650万人を数える（図13）
1825～1940年	イギリス諸島の移民2100万人を数える（図13）
1830年～	キューバに砂糖ブームおこり、アメリカ、ヨーロッパ、アジアからの移住者の波

711年	西ゴート族最後の王ロドリーゴ、権力を奪取。アラブ人の介入によって西ゴート王国は滅び、イスラム教徒の侵略がはじまる
732年	フランク族、アラブ人の侵入を粉砕
793年ごろ	ノルマン人イギリスに攻撃をはじめる（図５）
800年	＊カール一世、西ローマ帝国復興
827年	フランク族のカロリング王家、アヴァール族を粉砕
836年	ノルマン人によるロンドンの略奪行為（図５）
850〜860年ごろ	東方のスラブ族ロシアの国家を建設
10世紀〜	アラブ人（イスラム商人）インド洋を牛耳る
911年	フランク王国とノルマン人ヴァイキングの間にサン・クレール・シュール・エプト条約が調印される（図５）
960年	＊宋朝おこり、東南アジアへ向かう海路が重要視される
10世紀後半	＊レコンキスタ盛んとなる
1000年ごろ	ポリネシア人タヒチ、ニュージーランドに移住
11世紀はじめ	＊セルジュク・トルコ王朝出現
	ヴァイキング、アメリカ大陸に到達（図６）
11世紀	マジャール人、中欧と東欧を荒廃させ、ハンガリー人としてパンノニアに定住
13世紀	イスラム化したトルコ人の圧力、北インドのヒンドゥー文明を消滅させる
1223年	モンゴル軍、カルカ川の戦でロシアを破る（図５）
1243年	モンゴル人、セルジュク・トルコ帝国を一掃
1250年ごろ	ポリネシア人ハワイ諸島に移住
1271年	蒙古帝国（元朝）始まる。中国商人、中国南部や海路網を活用した世界貿易を再開し、大交易の最初の発展をみる（図41）
12世紀と14世紀のあいだ	ポリネシア人イースター島に移住
14〜15世紀	＊東南アジアの群島、イスラム化
1325年	アステカ族、長い放浪のあと現在のメキシコ市に首都テノチティトランを創設
1336年	＊インド南部でヒンドゥー教の大権力が復興し、ヴィジャヤナガル王国がおこる
1368年	＊明王朝成立
1405〜1433年	＊明の鄭和、７度の南海遠征
1410年	ポーランド人、ドイツ人を打ち負かし、スラブ精神の防塞となる
	＊東ローマ帝国崩壊
	オスマン・トルコ族、南欧と西欧の全域、ギリシア、ルーマニア、バルカン半島を侵略
1483年	ロシア人オビ川の川岸にたどりつく（ロシアの領土拡張）
1487年	ヨーロッパ人喜望峰にたどりつく
1492年	コロンブス、アメリカを「発見」。以後スペイン、ポルトガル、オランダをはじめとするヨーロッパ人の大西洋横断という移住が始まる
	＊グラナダ王国、カトリックの王たちに占拠されレコンキスタ終結し、イスパニアの統一なる
1494年	＊トルデシーリャス条約によってスペインとポルトガルの海外領土分割
1498年	＊ヴァスコ・ダ・ガマ、ケープタウンを越えてインドに到着
15世紀	ポルトガル人、アフリカ人奴隷をヨーロッパに輸入
15世紀末	ポルトガル人、アンゴラ、西アフリカ、アフリカ東海岸の全域に根を下ろす
1500年	＊カブラル、ブラジル海岸発見
16世紀以降	スペインのカトリックの宣教師が探検家を伴ってオセアニアに入る
1510年以降	フランス人とポルトガル人の犯罪者、アメリカ大陸の北部に上陸

前1000年ごろ	ナイジェリアとカルメーンの高地から、東方と南方に向かってバントゥー語族の移動はじまる。この移動は比較的最近（アフリカ南部では16世紀）までかけておこなわれる
前1000年はじめ	インド‐アーリア人ガンジス川流域に侵入
前1000年代半ば	スラブ族の初期の部族がカルパチア山脈の北東地帯でたちあがる
前814年	＊フェニキアによるカルタゴの植民市創設
前８世紀	ポリネシア人ソロモン諸島に移住
前8～前5世紀のあいだ	ケルト人、イギリスに最初の侵入者を送り、同時にガリア、スペインに押し寄せる（図４）
前７世紀	フェニキアがアッシリアに屈服し、イオニアのギリシア人全地中海に移住するチャンスをつかむ
前650年ごろ	北インドで第二の都市化始まり、アーリア人南インドに向かう
前588年	エルサレム破壊、イスラエル人のバビロニア幽閉（図３）
前５～前２世紀	ポリネシア人サモア諸島とマルキーズ諸島に移住
前390年	ローマ、ケルトの部族に服従する（図４）
前３世紀ごろ	＊マウリヤ王朝のアショカ王、仏教の力を借りてインドの統一を計画する
前221年	＊秦が中国中央平野を統一
前218年	＊ハンニバル、アルプスを越えてイタリアに侵入
前202年	＊秦滅び、前漢おこる（都長安）
前58～前51年	＊ユリウス・カエサル、ガリア全土を征服
前27年	＊ローマ共和国、帝政に移行
キリスト紀元～	インド人海に乗り出し、まずインド洋、ついで世界を横断して広がる（図37）
25年	＊後漢（都洛陽）おこる
70年ごろ～	ディアスポラはじまる。ユダヤ人は地中海周辺、メソポタミア、ヴォルガ川下流域、エチオピアに分散・離散（図10）
1～2世紀のあいだ	約600万人のローマ人がスペイン南部の沿岸地方に定住（図22）
３～５世紀	＊西欧、ローマ帝国の入り口でひしめきあう部族間の侵入や戦争の劇場となる
212年	カラカラ、イタリアのすべての自由民にローマの市民権をあたえ、ローマ人、ラテン人、地方人が同一視される
242年	インド、クシャン朝、ササン朝イランのために世界貿易の極点という位置を手放し、インド人の東南アジアへの移住加速される
370年ごろ	ゲルマン民族の大移動（３～６世紀）の胎動
382～395年	西ゴート族、ドナウ川を渡りモエシアに居住
406年	フン族に追われたゲルマン民族がライン川を渡河、野蛮な侵入をはじめる（図５）
443年～	ブルグンド族、ガリアに幽閉
470年	西ゴート族、イスパニアの大半を征服
476年	＊西ローマ帝国滅亡
６世紀以後	アラブ人の進展とともに、ペルシア湾とインド洋沿岸地帯でアフリカ人奴隷市場が確立
507年	クローヴィスのフランク族、西ゴート族を征服。西ゴート族はイベリア半島の全土を横断したあと、最終的にスペインに落ち着く（図22）
581年	＊隋おこる
６～７世紀	トルコ人の小部隊ヨーロッパに侵入（図11）
618年	＊唐王朝おこり、西方、国境沿い地帯、シルクロードへの関心高まる
639年	イスラム教に改宗したアラブ人エジプトで地歩を固め、北アフリカに至る

関 連 年 表

◆事項の詳細は、（　）内に示した本文中の図表を参照。

年	事　項
5万～3万年まえ？	アジア起源のネイティブアメリカンのアメリカ大陸への侵入
35000～25000年まえ	オーストラリアとアジア大陸のあいだの島々に小部族が移住
前13000年ごろ	中国北東部からアジア人の第一波アメリカに到着（図６）
前１万年ごろ	サハラ砂漠の乾燥はじまり、北アフリカの住民を南に追いやる
前12000～前8000年	ヨーロッパ北方地域の西欧の旧石器最終期のいくつかの集団が北東ヨーロッパに入り込み、最初のインド－ヨーロッパ語族を形成（図37）
前8000～前4000年	「最初のインド－ヨーロッパ語族」のあるものたちがウクライナのステップに到達し、クルガン人として組織される（図37）
前7000年ごろ	中国北東部からアジア人の第二波アメリカに到着（図６）
前4000年末以降	セム系諸族、しだいに肥沃な三日月地帯に侵入
前4000～キリスト紀元	アーリア人に変わったクルガン人がインドに到着し、ひとつにまとまる（図37）
前3000年ごろ	アフリカのアトラス山脈をこえてきた人たちがイベリア半島に住みつく（イベリア人）
前3000～前2500年ごろ	キクラデス諸島、クレタ島に原住地不明の人たちが定住しはじめる
前2500年ごろ	インド－ヨーロッパ語系の最初の侵入者がトロイアの初期の町を破壊（図４）
前2000年はじめ	ヒッタイト族小アジアを占拠
	中央アジアのインド－イラン族の圧力が大きく高まる
	インド－ヨーロッパ語系の種族、ふたつの移住の流れに分かれる。ひとつは西欧社会に分散、もうひとつは南下してイラン高原に至り、メディア人とペルシア人になる（図２）
	イタリア、インド－ヨーロッパ語系の民族に定期的に侵略される
	中国北東部からアジア人の第三波アメリカに到着（図６）
前2000年	ケルト人、ギリシア人、イタリオットが旧大陸に向かって移動をはじめる（図４）
前2000年半ば	アーリア人、インダス川流域にたどりつく
前2000年後半	黄河下流域に中国民族形成
前2000年～前14世紀	ポリネシア人フィジーに移住
前19世紀ごろ	セム系諸族のいくつかの部族カナンに侵入して、ヘブライ人と総称される（図３）
前1800～前1600年ごろ	インド－ヨーロッパ語系の侵入者の波（アカイア人）がテッサリアからクレタ島あたりに氾濫（図４）
前1700年ごろ	イスラエル人と呼ばれるいくつかの集団、エジプトに侵入（図３）
前1600年	＊中国に最初の歴史的王朝、殷が出現
前1230年	＊モーセの出エジプト
前12～前8世紀のあいだ	フェニキア人数多くの植民地を設立
前1025年	＊周王朝の基礎できる
前1000年直前	インドの「インド化」とアーリア人の「土着化」によってインド－アーリア語が使われるようになる
	ケルト人、イベリア半島に移住（ケルト－イベリア人）

訳者あとがき

周知のように人類は、六五〇万年前に東アフリカで発生したと考えられている。このような発生年代はともかくとして、発生地が東アフリカに限定されるとすれば、比較的はやい時期に地球規模の広がりをみせた人類の足跡は、東アフリカの祖先の子孫たちの移動の結果だと考えざるをえない。約一万三〇〇〇年前に誕生した現生人類も移動を重ね、定住に結びつく農耕文化の成立以後もなお、さまざまな集団や定住人口の一部が移動しつづけた。そして、かれらの移動は地球上の人口構成の変動と、文化的な変異にかかわる最大の要因になった。人類はどうして、このように移動しつづけたのだろうか。

人類にかぎらず、動物はすべて長距離の季節的な移動もふくめて、大なり小なり移動する。もちろん自然界では、どの種にとっても最適の生活環境という概念は成立しないにしても、動物は生存と繁殖に最適の条件さえあれば、一定の地点に定住する生活形態を選ぶのだろうか。動物は強烈な好奇心と同時に、強固に保守的な一面をもっている。その例外でない人間も、満足すべき生活環境さえあれば、一定の領域から移動しようとしないのだろうか。

本書の監修者であり執筆者の一人であるギ・リシャールは、人間の移住の理由として、(1)好戦的な侵略から逃れること、(2)気候上の変動と自然界の変動に関連した飢えから逃れること、(3)理想の土地（エルドラド）を夢みること、の三つをあげている。最初のふたつはだれにでも考えやすい理由だろうが、そもそもおなじ日常が連続することに耐え切れない人間は、一六世紀以後と、とくに植民地化の時代が証明するように、現実にたいする不満からか抑えがたい欲求からか、住み慣れた土地を離れつづけてきたのである。

本書は現生人類の誕生以後のほぼ一万年にわたる「移民史」を、概観しようとする目的で構成された。ギ・リシャール（1章の一部はジャン・ラベスも執筆）は最初の5章を、古代文明の人口移動、ゲルマン民族の大移動、ヨーロッパをめぐる移民の動向、一九世紀の白人の人口爆発、現代世界の人口移動にあてており、いわば地球規模の人口移動を概説しようとする。また中東やアジアの動きも、必要に応じて言及される。

6章から12章では、監修者もふくむ七人の執筆者によって、アフリカ、スペイン、ラテンアメリカ、アメリカ、インド、中国、オセアニアという七つのブロックの個別史が説明される。本書の第一の特色は、以上のような構成により、地球規模の移民の軌跡を全体的に把握すると同時に、各ブロックを個別的・具体的に理解できるように構想されていることにある。わが国の一般の読者が利用できるこの分野の著作はそんなに多くなく、ほとんどが欧米中心だったことを考えると、本書の第二の特色は、アジア圏が論及されていることにあり、日本人の移民についても随所で触れられている。

なお、以上の七つのブロックが選ばれた理由は明らかにされていないし、インド圏を一括することが有効だったかどうかについては、異論の余地があるかもしれない。しかし、ジャック・ヌポトはインドの章の担当者として、「インド的なもの」をまとめて考えることは可能だとのべている。

現代の世界もなお、この切実な問題に直面しつづけている。しかも、移民の一方的な輸出側だった開発途上国でも、高齢者と若年層の人口構成が逆転するという、いわば逆ピラミッド状態を呈している今日、本書はさらに複雑化したこの緊急な問題を考えるための一資料となるだろう。

本書は *AILLEURS, L'HERBE EST PLUS VERTE : Histoire des migrations dans le monde*, Panoramiques-Corlet, 1996 の全訳である。監修者で執筆者でもあるギ・リシャールは、ノルマンディー地方にあるカーン大学の歴史学の名誉教授で、本書のほかに八冊の主として近現代史の著作を発表している。原書の版元になんども問いあわせてわかったのは、せいぜいこの程度のことでしかなく、あとの著者たちについての詳細な経歴はまったくわからなかった。

訳者は歴史学についても、移民という問題についてもまったくの素人であり、しかも本書のような時間的・空間的にもっとも幅広い著作を訳するには、まことに無力な人間だといわざるをえない。さまざまな問題にお気づきの方は、ご教示いただければ幸甚である。なお、訳出にあたっては、桑畑由紀子さんのご協力をいただき、年表の作成では、片山布自伎さんのお力ぞえをいただいた。ともに深く感謝したい。また、新評論の山田洋さんと吉住亜矢さんには、一方ならぬお手数をおかけした。とくに訳稿を丹念にチェックし、的確な指摘をされた吉住さんには、心からお礼申しあげたい。彼女はさらに、一般の日本人には説明不足気味な、いりくんだ文脈の理解を助けるために、原文にない図表まで作成してくれた。このような労を惜しまない作業に深謝したい。

二〇〇二年六月

藤野　邦夫

邦訳文献一覧

①ピエール・クルセル／尚樹啓太郎訳『文学にあらわれたゲルマン大侵入』（東海大学出版会、1974年）
②ピエール・リシェ／久野浩訳『蛮族の侵入—ゲルマン大移動時代』（白水社、1974年、文庫クセジュ567）
③バジル・デビッドソン／貫名美隆・宮本正興訳『アフリカ文明史—西アフリカの歴史1000年—1800年』（理論社、1987年）
④ピエール・ヴィラール／藤田一成訳『スペイン史』（白水社、1992年、文庫クセジュ731）
⑤G・セデス／山本智教訳『東南アジア文化史』（大蔵出版、1989年）
⑥リン・パン／片柳和子訳『華人の歴史』（みすず書房、1995年）
⑦ウィリアム・スキナー／山本一訳『東南アジアの華僑社会—タイにおける進出・適応の歴史』（東洋書店、1981年）

WANG Gungwu, *China and the Chinese overseas,* Singapore, Times Academic Press, 1993, 312 p.

BOUTEILLER Eric, *Les Chinois de la diaspora : moteurs du miracle asiatique,* HEC Eurasia Institute, Inside, hiver 1991–1992, 103 p.

CHAN Kwok Bun et CHIANG Claire, *Stepping out : the making of Chinese entrepreneurs,* Singapore, Centre for Advanced Studies, 1994, 405 p.

CARINO Theresa, *Chinese in the Philippines,* Manille, De La Salle University, China Study Program, 1985.

CUSHMAN Jennifer et WANG Gungwu, éds., *Changing identities of the Southeast Asian Chinese since World War II,* Hong–Kong University Press, 1990, 344 p.

FITZGERALD C. P, *The southern expansion of the Chinese People,* réédition, Bangkok, White Lotus, 1993, 224 p.

GOMEZ Edmund Terence, *Political business : corporate involvement of Malaysian political parties,* Townsville, James Cook University of Northern, Queensland, 1994, 329 p.

PURCELL Victor, *The Chinese in Southeast Asia,* Oxford University Press, Londres 1951 (réédité en 1 966), 802 p.

SALMON Claudine, 《Les marchands chinois en Asie du Sud–Est》, in *Marchands et hommes d' affaires asiatiques dans l' océan indien et la mer de Chine, XIIIe–XXe siècles,* LOMBARD Denys et AUBIN Jean, éds, Paris, Edition de l' EHESS, 1987, p ; 331–351.

SURYADINATA Leo, *The Chinese minority in Indonesia : 7 papers,* Singapore, Chopmen Enterprises, 1978, 175 p.

⑦SKINNER Georges W, *Chinese society in Thailand : an analytical history,* Ithaca, Cornell University Press, 1957, 459 p.

TSAK Maw Kuey, *Les Chinois au Sud–ViêtNam,* Paris, Bibliothèque Nationale, ministère de l' Economie Nationale, Comité des Travaux Historiques et Scientifiques, Mémoires de la Section de Géographie, 1968, 293 p.

COPPENRATH Gérald, *Les Chinois de Tahiti, de l' aversion à l'assimilation, 1865–1966,* Paris, Musée de l' Homme, 1967, 144 p.

The Cuba commission, *Report of the commission sent by China to ascertain the conditions of Chinese coolies in Cuba,* Taipei, Ch' en Wen Publishing Co., 1970, 236 p.

BICKLEEN FONG Ng, *The Chinese in New Zealand : A study in assimilation,* Hong–Kong, Hong kong University Press, 1959, 145 p.

PASTOR Humberto Rodriguez, *Hijos del celeste imperio en el Perú 1850–1900 : migracion, agricultura, mentalidad y explotacion,* Lima, Instituto de Apoyo Agrario, 1989, 318 p.

SIH Paul K.T. et ALLEN Leonard B, *The Chinese in America,* New York, St. John University, 1976, 177 p.

WANG Sing–wu, *The Organization of Chinese emigration, 1848–1888 : with special reference to Chinese emigration to Australia,* San Francisco, Chinese Material Center, 1978, 436 p.

オセアニア

オセアニアの移住に関する網羅的文献は、1992年に出版されたギ・リシャールの『非人間的な歴史』(アルマン・コラン社）の474〜475ページにある。

Alianza Editorial, 1985.
VAILLANT George C, *La civilización azteca,* México, Fondo de Cultura Económica, 1944.

論文集

Historia general de la emigración española a Iberoamérica (tomes I et II), Madrid, Historia 16, 1992.

Historia general de México (tome I), El Colegio de México, 1996.

Compilation de Clara E. LIDA, *Una inmigración privilegiada – Comerciantes, empresarios y profesionales españoles en México en los siglos XIX y XX,* Madrid, Alianza Editorial, 1994.

Compilation de Nicolás SANCHEZ–ALBORNOZ,– *Españoles hacia América – La emigración en masa (1880–1930),* Madrid, Alianza Editorial, 1988,– *Población y mano de obra en América latina,* Madrid, Alianza Editorial, 1985.

アメリカ

ARMAND Laura et al., *Les Etats–Unis et leurs populations,* Bruxelles, Complexe, 1980.

BODY–GENDROT Sophie, *Les Etats–Unis et leurs immigrants,* Paris, La Documentation Française, 1991.

BRUN Jeannine, *America! America! Trois siècles d'émigration aux Etats–Unis (1620–1920),* Paris, Gallimard, 1980.

CAZEMAJOU Jean et MARTIN Jean–Pierre, *La crise du melting–pot : ethnicité et identité aux Etats–Unis de Kennedy à Reagan,* Paris, Aubier–Montaigne, 1983.

FABRE Geneviève et MARIENSTRAS Elise, *En marge : Les minorités aux Etats–Unis,* Paris, Maspero, 1971.

JONES Maldwyn, *American immigration,* Chicago, The University of Chicago Press, 1960.

ULLMO Sylvia, *L'immigration américaine : Exemple ou contre–exemple pour la France?,* Paris, L'Harmattan, 1994.

インド

CHALIAND Gérard, JAN Michel, RAGEAU Jean–Pierre, *Atlas historique des migrations,* Paris, Seuil, 1994, 139 p.

⑤COEDES George, *Les Etats hindouisés d' Indochine et d' Indonésie,* Paris, de Boccard, 1964, 394 p.

SANDHU K.S. et MANI A, *Indian communities in Southeast Asia,* Singapore, Institute of Southeast Asian Studies, 1993, 983 p.

SCHWARTZBERG Joseph E. (éd.), *A historical atlas of South Asia,* Chicago, The University of Chicago Press, 1978, in–f°, 306 p.

SERGENT Bernard, *Les Indo–Européens : Histoire, langues, mythes,* Paris, Payot (Bibliothèque historique), 1995, 536 p.

中国

⑥PAN Lynn, *Sons of the yellow emperor : the story of the overseas Chinese,* Londres, Secker et Warburg, 1990, 408 p.

TROLLIET Pierre, *La diaspora chinoise,* Paris, PUF, Que sais–je?, 1994, 128 p.

DIOP Cheik Anta, *Antériorité des civilisations nègres–Mythe ou vérité historique?,* Paris, Présence Africaine, 1967.

KAKE Ibrahima et M' BOKOLO Elikia, *Histoire générale de l' Afrique,* 11 volumes, Zurich, éditions ABC, 1975.

KI–ZERBO Joseph, *Histoire de l'Afrique noire,* Paris, Hatier, 1978 (2e édition).

M' BOKOLO Elikia, *L' Afrique au XX e siècle : le continent convoité,* Paris, Seuil, Point Histoire, 1985.

M' BOKOLO Elikia et LE CALLENNEC Sophie, *L'Afrique noire : Histoire et civilization,* Hatier et AUPELS–UREF, 2 tomes, 1992 et 1 995.

ヒスパニック世界

BENNASSAR Bartolomé, *Histoire des Espagnols* (Ⅰ), Paris, Armand Colin, 1985.（『スペイン史』未邦訳、本書 p. 145）

BONMATI José Fermín, *Los Españoles en el Magreb,* Madrid, Editorial Mapfre, 1992.（本書 p. 155）

CARO BAROJA Julio,– *Los Judíos en la España moderna y comtemporánea,* Madrid, Ediciones Istmo, 1986, *–Les Juifs d' Espagne : histoire d' une diaspora (1492–1992),* Liana Levi, Librairie Européenne des Idées, 1992.（本書 p. 146–147）

CHAUNU Pierre, *La Civilisation de l'Europe classique,* Paris, Arthaud, 1966.（『古典主義時代のヨーロッパ文明』未邦訳、本書 p. 152）

COLOMER J. et G, *Los emigrantes de hoy,* Paris, Masson, 1972.

DESCOLA Jean, *Histoire d' Espagne,* Paris, Fayard, 1960.

LAPEYRE Henri, *Géographie de l' Espagne morisque,* Paris, SEVPEN, 1959.（本書 p. 150）

*MECHOULAN Henry (sous la direction de), MORIN Edgar (prologue), *Los judios de España : historia de una diaspora, 1492–1992,* Madrid, Editorial Trotta, 1993.（本書 p. 143–144, 147）

NADAL Jordi, *La población española (siglos XVI a XX),* Barcelona, Ariel, 1991.（本書 p. 153–154）

PANTALONI–ENSEGNAT O, *Segunda República y Guerra civil,* Paris, Masson, 1970.

④VILAR Pierre, *Histoire de l' Espagne,* Paris, PUF, 1965.

VILA VALENTI Juan, *La péninsule lbérique,* Paris, PUF, 1968.

ZAYAS (de) Rodrigo, *Les Morisques et le racisme d' Etat,* Paris, La Différence, 1992.

ラテンアメリカ

ALDEN MASON J, *Las antiguas culturas del Perú,* México, Fondo de Cultura Económica, 1961.

BAUDOT Georges, *La vie quotidienne dans l' Amérique espagnole de Philippe II–XVI e siècle,* Paris, Hachette, 1981.

BALLESTEROS GAIBROIS Manuel, *Canoeros, flecheros y caníbales del Caribe,* Madrid, Akal, 1992.

BERNAND Carmen et GRUZINSKI Serge, *Histoire du Nouveau Monde,* Tome I : De la découverte à la conquête, Tome Ⅱ : Les métissages, Paris, Fayard, 1991 et 1993.

CHAUNU Pierre, *L' Amérique et les Amériques,* Paris, Armand Colin, 1964.

DUVERCER Christian, *L' origine des Aztèques,* Paris, Seuil, 1983.

MALUQUER DE MOTES Jordi, *Nación e inmigración : los Españoles en Cuba (siglos XIX y XX),* Barcelone, Júcar, 1992.

MORLEY Sylvanus G, *La civilización maya,* México, Fondo de Cultura Económica, 1947.

MOYA PONS Frank, *Después de Colón – Trabajo, sociedad y política en la economía del oro,* Madrid, *mondiale,* Paris, PUF, 1968.

RICHARD Guy, *L' histoire inhumaine,* Paris, Armand Colin, 1992.（『非人間的な歴史』未邦訳、本書 p. 38）

②RICHE Pierre, *Les invasions barbares,* Paris, PUF, 1953.

SIMON Gildas (sous la direction), *Les effets des migrations internationales sur les pays d' origine : le cas du Maghreb,* Paris, Sedes, 1992.

VIDAL–NAQUET Pierre et BERTIN Jacques, *Atlas historique–Histoire de l' Humanité,* Paris, Hachette, 1992.

Encyclopaedia Universalis (édition de 1985), Paris, Encyclopaedia Universalis, 1985.

定期刊行物

De l ' Oural vers l' Atlantique–La nouvelle donne migratoire, Strasbourg, Conseil de l'Europe, 1992.

Population n° 1 de chaque année, Paris, Institut national d'etudes demographiques.

Hommes & migrations, bimensuel, Hommes et migrations.

International migration review, 26e année (1992), New York, Center for Migration Studies of New York.

Revue européenne des migrations internationales (1984 à 1992), Poitiers, Université de Poitiers.

Migrants : Nouvelles, CNDP.

Panoramiques

N° 5(3e trimestre 1992)《Le tribalisme planétaire, tour du monde des situations ethniques dans 160 pays》(Guy Hennebelle, préface d' Albert Memmi).

N° 14 (2e trimestre 1994)《Ces immigrés qui viendraient du froid...》(Anne de Tinguy et Catherine Wihtol de Wenden).

L' état du monde (publication annuelle), Paris, La Découverte (l'édition de 1993 donne l' état de tous les réfugiés).

L' économie mondiale, Paris, La Découverte, collection《Repères》.

Bilan économique et social (parution annuelle), Paris, Le Monde Editions.

アフリカ

Le Sol, la Parole et l' Ecrit (tome I), Mélanges en hommage à Raymond MAUNY, Paris, Société Française d' Histoire d'Outre–Mer, 1981.

Histoire générale de l'Afrique, Collectif, UNESCO–EDICEF, à partir de 1987.

ALEXANDRE Pierre, *Les Africains. Initiation à une longue histoire et à de vieilles civilisations, de l' aube de l' humanité à nos jours,* Paris, LIDIS, 1981.

CHRETIEN Jean–Pierre et PRUNIER Gérard, *Les ethnies ont une histoire,* Paris, Kharthala–ACCT, 1989.

COPPENS Yves,– *Le Singe, l' Afrique et l'Homme,* Paris, Fayard, 1983,– *Préambules, les premiers pas de l'Homme,* Paris, O. Jacob, 1988,– *Le rêve de Lucy,* Paris, Seuil, 1990.

COQUERY–VIDROVITCH Catherine et MONIOT Henri, *L' Afrique noire de 1800 à nos jours,* 3e édition, Paris, PUF, Nouvelle Clio, 1992.

③DAVIDSON Basil, *The Growth of African Civilisation–A History of West Africa (1000–1800),* Londres, Longmans, 1967.

参考文献一覧

・本文で引用・紹介されている文献の末尾には本文の頁数を記した。
・原文の文献一覧にはないが本文で言及されている資料を＊印で補足した。
・邦訳のある文献には丸数字を付し、p.334の「邦訳文献一覧」にまとめた。

全般的な文献

ANCELIN Alain, *L' immigration antillaise en France–La troisième île,* Paris, Karthala, 1990.

BARNAVIE Eli, *Histoire universelle des Juifs de la Genèse à la fin du XXᵉ siècle,* Paris, Hachette, 1992.

CARATINI Roger, *Dictionnaire des nationalités et des minorités en URSS,* Paris, PUF, 1990.

CHESNAIS Jean–Claude, *Histoire de la population mondiale,* Paris, Bordas.

CORDEIRO Albano, *–L' immigration,* Paris, La Découverte/Maspero, 1983,*–Si les immigrés m'étaient comptés,* Syros–Alternatives, 1990.

①COURCELLE Pierre, *Histoire littéraire des grandes invasions germaniques,* Paris, 1964 (3e édition).

COURTOIS Christian, *Les Vandales d'Afrique,* Paris, Scientia Verlag, 1964.

DUPAQUIER Jacques (sous la direction de), *Histoire de la population française* (4 volumes), Paris, PUF, 1988.

GEORGES Pierre, *L' immigration en France–Faits et problèmes,* Paris, Armand Colin Actualités, 1986.

JACQUES André, *Les déracinés–Réfugiés et migrants dans le monde,* Cahiers Libres–La Découverte, 1985.

JORRE M, *Les migrations des peuples–Essai sur la mobilité géographique,* Paris, Flammarion, 1955.

LATOUCHE Robert, *Les grandes invasions et la crise de l' Occident au Ve siècle,* Paris, 1946.

LE GOFF Jacques, *La civilisation de l' Occident médiéval,* Paris, Arthaud, 1964.

LEQUIN Yves (sous la direction de), *La mosaïque France–Histoire des étrangers et de l' immigration en France,* Paris, Larousse, 1988.

LOT Ferdinand,*–Les invasions barbares* (2 volumes), Paris, Payot, 1937, *–Les invasions germaniques–La pénétration mutuelle du monde barbare et du monde romain,* Paris, Payot, 1945 (2e édition).

LOUVIOT Isabelle, *Migrations Est–Ouest, Sud–Nord,* Paris, Hatier, 1991.

MOURRE Michel, *Dictionnaire d' Histoire Universelle,* Paris, Editions Universitaires, 1968.

MUSSET Lucien, *Les invasions.* Tome I : *Les vagues germaniques,* Paris, PUF, 1969 (2e édition).

NOIN Daniel, *Atlas de la population mondiale,* Montpellier, RECLUS, 1991.

＊LÉON Pierre, *Histoire économique et sociale du monde,* Armand Colin, 1978, tome IV.（『世界経済社会史』未邦訳、本書 p. 70）

QUIMINAL Catherine, *Gens d'ici, gens d'ailleurs–Migrations Soninké et transformations villageoises,* Christian Bourgois, collection《Cibles》, XXI, 1991.

REINHARD Marcel, ARMENGAUD André et DUPAQUIER Jacques, *Histoire générale de la population*

図表一覧

（末尾の数字は本文の頁数を表す）

図１　侵略史としてのヨーロッパ移民史　7
図２　古代オリエントへの移民と民族の形成　26
図３　ヘブライ人の移住　30
図４　古代ヨーロッパの移住　34
図５　西欧での未開人の侵入・定着　43
図６　アメリカ大陸への移住　55
図７　アメリカ発見以後のヨーロッパ人の移住（16～19世紀）　56
図８　アフリカ人奴隷のアメリカ大陸への強制移送（17～19世紀）　58
図９　フランスのプロテスタントの宗教的亡命　60
図10　ユダヤ人のディアスポラ　62
図11　トルコ人とモンゴル人のヨーロッパ侵入　66
図12　大西洋を横断した移民（19～20世紀間に7000万人）　71
図13　西欧の移民（19～20世紀）　76
図14　地中海と東欧の移民　78
図15　植民地主義・帝国主義下の人口移動（1930年）　84
図16　フランス植民地アルジェリアの外国人　84
図17　第一次大戦（1914～18）の集団移動　86
図18　第二次大戦（1939～45）の集団移動　89
図19　パレスチナにもどってきたユダヤ人　92
図20　パレスチナ人の離散　92
図21　アフリカの移住（15世紀～現代）　122
図22　古代のイベリア半島への移住　140
図23　レコンキスタがひきおこした移動の例　144
図24　スペインの外国人追放　149
図25　フランスにかかわるスペインの移住　154
図26　フランスのスペイン人　157
図27　20世紀のスペイン人の国外移住（1969年）　159
図28　先史時代のアメリカ大陸への移動　166
図29　コロンブス以後のラテンアメリカへの移住　196
図30　19～20世紀のラテンアメリカへの移民　202
図31　アメリカの新旧の移民　212
図32　新旧の移民の変動　214
図33　現代アメリカの移民（1990年）　219
図34　アメリカの事件と移民の推移　226
図35　多民族国家アメリカの「奇異な存在」　234
図36　アメリカの反移民法　242
図37　インド‐アーリア人の形成と移動　258
図38　インド人の世界への拡散　277
図39　中国的空間の形成　285
図40　交易ルート沿いの移住　291
図41　中国人のディアスポラ　302
図42　オセアニアへの西洋人の到来　315
図43　オセアニアへの移住と先住民　321

族の王］　140,144
レーガン［1911〜、アメリカの40代大統領］　229,243
レバノン人　129,199,200

ロサス大統領［1793〜1877、アルゼンチンの政治家］　199
ロシア系ユダヤ人　4,72
ロシア人　50–51,73–75,78–79,86,314
ロジェール二世［1093〜1154、シチリア王でロベール・ギスカールの甥］　45
ローズ、セシル［1853〜1902、イギリスの植民地政治家］　3,128
ローズヴェルト、シーオドア［1858〜1919、アメリカの政治家、26代大統領］　216
ロドリーゴ王［？〜711頃、スペインの西ゴート族最後の王］　141,145
ローマ人　4,8,33,36–37,41,135,137–138,139,144
ロマ民族［ジプシー］　90,183

ワ行

ワシントン、ジョージ［1732〜99、アメリカの初代大統領］　232
ワステカ族　177
ワスプ　213,214,246
ワリー島人　321,323

ングニ族　125
ンデベレ族　125

マハーヴィーラ［前540～前468、ジャイナ教の開祖］ 267
マヤ人 167,177
マルテル、カール［668頃～741、フランク王国の宮宰］ 33
マレー人 300
満州族 290

ミエシュコ一世［922頃～992、ポーランド最初の王朝ピアスト王朝の創設者］ 48
ミラボー［1749～91、フランスの革命家］ 63

ムーア人［イベリア半島を征服したイスラム教徒の名称。本来はアフリカのベルベル人のこと］ 135,142,143,149-153,160,183,271
ムガール人 271
ムッソリーニ［1885～1945、イタリアの政治家］ 158
ムラート［白人とアフリカ系の混血者］ 185,191
ムワヒド、アル［モロッコのイスラムの改革者イブン・トゥーマルトを信ずる人たち］ 61

メキシコ人 160,198,218-219,222,227,229,233,249
メスティソ［インディオと白人の混血者］ 180,181,185,191-192,193,198
メディア人 26
メトセラ［969年生きたといわれるイスラエル人の族長］ 144
メラネシア人 6,167,320-321
メラネソイド 309

毛沢東［1893～1976、中国の政治家］ 88
モトリニア神父［1482？～1569？スペインのフランシスコ会士］ 185
モラン、エドガール［1921～、フランスの社会学者］ 144
モンゴル人 50-51,64-67,289
モンゴル人種（モンゴロイド）［アジアと、アメリカの両大陸と東南アジアの島々に広く分布する黄色人種］ 42,48,166
モンテーニュ［1533～92、フランスのエッセイスト］ 173

ヤ行

ヤン三世ソビェスキ［1624～96、ポーランド国王］ 8

ユグノー［16～17世紀のカトリック派がカルヴァン派のプロテスタントをいやしめて呼んだ名称］ 59-60,126
ユダヤ人 61-64,85,90-93,107-108,112,135,143-148,160,183,199,223,226,238,245
ユリアヌス［332～63、ローマ皇帝］ 37
ユーロポイド 310

ヨゼフ二世［1741～90、オーストリア皇帝］ 63

ラ行

ラス・カサス［1484～1566、スペインの聖職者、歴史家］ 56,170-171,186
ラテン人［インド-ヨーロッパ語族系のイタリア人に属するファリスキ語族の一族］ 36,37
ラーナー、マックス［1902～92、アメリカの教育者、著述家］ 232
ラビン、イツハーク［1922～95、イスラエルの政治家］ 93

リヴェット、ポール［1876～1958、フランスの民族学者］ 167
リグリア人［新石器時代からアペニノ山脈に住んだ民族］ 34
リューリク［？～879、ヴァリャーグ人がロシアにたてたノヴゴロド公国の初代君主］ 49
リンカーン［1809～65、アメリカの16代大統領］ 58

ルーマニア人 72,78

レヴィ＝ストロース［1908～、フランスの社会人類学者］ 172
レオン、ポンセ・デ［1460頃～1521、スペインの探検家］ 173,207
レガスピ、ミゲル・ロペス・デ［1510頃～72、スペインの植民地政治家］ 181
レカレド一世［？～601、スペインの西ゴート

者、数学者、軍人］ 314
ブサイディ族　113
フツ族　105,131
プラトン［前427～前347、ギリシアの哲学者］ 310
フラニ族　124-125
フランク族［ゲルマン人の一部族］ 8,33,37,41,139,143
フランコ［1892～1975、スペインの政治家］ 157-158
フランス人　2,55,58-61,70,77,83,84,85,87,90,119,121,143,152-156,183,187,194,199,200,207,211,212,273,278,320,323
フランソワ一世［1494～1547、フランス国王］ 63
フランドル人　183
フリードリッヒ二世［1712～86、プロシア国王］ 63
ブリトン人［イギリス本国のブリテン島の先住民で、ケルト人の一派］ 42
プール（フルフルデ)［西アフリカに広く居住するフルベ族の一族］ 104
ブルガリア人　46,49,50,66,72,86
ブルグンド族［ゲルマン人の一部族］ 8,33,37
プロシア人　48
フン族［中央アジアに住んだ遊牧騎馬民族］ 8,9,33,37,40,42,46,49,64,139,269

ヘイズ［1877～81、アメリカの政治家、19代大統領］ 215,216
ベギン、メナヘム［1913～92、イスラエルの政治家］ 93
ベタンクール、ロムロ［1908～81、ベネズエラの大統領］ 202
ペチェネグ人［トルコ系の民族］ 50,64
ベトナム人　130,323
ペドロ一世［1798～1834、ブラジルの皇帝］ 197
ヘトロ族　129-130
ベナルカサル［1480～1551、スペインの新世界征服者］ 178
ヘブライ人［セム語族の一派。狭義ではイスラエル人をさす］ 1,25,27-32,107,144
ベーリング、ヴィトゥス［1681～1741、ロシアの探検家］ 164
ベルギー人　87
ペルシア人　26,64,113
ペルー人　198
ヘルツル、テオドール［1860～1904、ハンガリーのシオニスト指導者］ 91
ベルベル人［北アフリカ山地のコーカソイドの人種］ 71,41,142
ペレス、シモン［1922～、イスラエルの政治家］ 93
ペン、ウイリアム［1644～1718、イギリスの植民地開拓者］ 209

ボーア人［現在のアフリカーナー。アフリカーンス語を話すオランダ系白人］ 3,126-127
ボスニア人　78
ホセア［在位前731～前722、イスラエル王］ 164
ボートピープル　220,236,301
ボードリヤール、ジャン［1929～、フランスの哲学者］ 162
ボナパルト、ジョセフ［1768～1844、ナポレオン一世の兄］ 194
ホノリウス［384～423、ローマ帝国最初の皇帝］ 37
ポーランド人　4,5,47,48-49,72,78,87,213,224,233
ポリネシア人　6,167,310,311,317-318,320,322
ポルトガル人　1,2,4,54-57,118-119,164,174,179-180,183,186,187,197,202,207,242,272,312,322
ポーロ、マルコ［1254～1324、イタリアの商人、旅行家］ 109,163

マ行

マオリ族［ニュージーランドの先住民］ 2,83,316,319
マグレブ人　5,135,159-160
マジャール人［ウラル語族に属し、ウラル山脈西南方を原住地とする現在のハンガリーの基幹民族］ 8,41,86-87
マズルイ族　113
マゼラン［1480～1521、最初の世界周航者］ 164,312
マッキンリー大統領［1843～1901、アメリカの政治家、25代大統領］ 241
マドレーヌ人　260-261

ハ行

ハイチ人　219,236
バイロン［1723〜86、イギリスの提督。詩人バイロンは孫］　314
パウダリー、テレンス［1849〜1924、「アメリカ労働連盟」の責任者］　238
パウルス四世［1476〜1559、ローマ教皇］　62
バウレ族　100
ハザル族［6〜9世紀を中心に南ロシアの草原地帯で活動したアルタイ語系の遊牧民］　47,49,50,61,64
ハジ・ウマル［1797？〜1864、トゥクロール族のイスラム改革の指導者］　124
バシリウス二世［957〜1025、東ローマ帝国皇帝］　50
バジンバ族　110
パス、オクタビオ［1914〜、メキシコの詩人］　170
バスク人　34,142,183,198
ハスドルバル［？〜前221、カルタゴの将軍］　137
パタゴニア人　167
客家　28,62,89,292
白系ロシア人［1917年のロシア革命後、ソヴィエト政権に反対して国外に亡命したロシア人］　5,79
ハッジ、メッサリ［1898〜1927、アルジェリアの革命家］　85
バトゥ・ハーン［チンギス・ハーンの孫］　50,66
ハードリチカ［1869〜1943、アメリカの形質人類学者］　165,167
パーニニ［前5世紀後半のサンスクリット文典家］　267
バーバリ人［アフリカ北西部の海岸地方の住民］　151
バビロニア人　26
ハム語族　104-105
バルト人　46,47
バルバロイ［異民族にたいしてギリシア人が用いた呼称。古代ローマ人もとくにゲルマン民族にたいして、この呼称を使用した］　36
バルボア、ヴァスコ・ヌメス・デ［1475？〜1519、スペインの新大陸征服者］　177,312
パレスチナ人　92-94
ハワイ人　314
ハンガリー人　8,47,78,214
バントゥー諸族　101-103,114,126
ハンニバル［前247〜前183、カルタゴの将軍］　137
ハンムラビ［在位前1792〜前1750、バビロニア第一王朝の第六代の王］　28

ヒクソス［古代オリエントの遊牧民族］　28
ピグミー　101-102,309
ピサロ、フランシスコ［1475頃〜1541、スペインの探検家］　173,177-178
ヒスパニック系アメリカ人　207,218-219,233,234,235,245-246,249
ビスマルク［1815〜98、ドイツの政治家］　212
ヒッタイト民族［古代オリエントで活躍した民族］　26,264
ヒトラー［1889〜1945、ドイツの政治家］　87,90,91,158
ヒューストン、サム［1793〜1863、アメリカの政治家、軍人］　249
ピルグリムファーザーズ　209
ビンビサーラ［前544〜前493、インド・マガダの王］　266

ファラシャ族　107-108
ファン族　104
フィリッポス二世［前382〜前336、マケドニアの王］　35
フィリピン人　292,318,321,322
フィン人［ヴォルガ中流地方を原住地とし、フィン-ウゴル語族のフィン系の言語を使用する民族の総称］　49
フェニキア人［古代セム語族系の通商航海民族］　1,24-25,26-27,35,108,136-137,141,144
フェリペ三世［1576〜1621、スペイン王］　151
フェリペ二世［1527〜98、スペイン王］　151,153,160,174,180,191,313
プエルトリコ人217-218
フェルナンド王［1452〜1516、カスティーリャ王。イザベル一世の夫］　150,185-186
フェルナンド七世［1784〜1833、スペイン王］　194
ブーガンヴィル［1729〜1811、フランスの航海

ソヴィエト人　87,90
ソト族　125
ソマリ族　107

タ行

タイノー族　172
タキトゥス［55頃～120頃、古代ローマの歴史家］　61
タスマニア人　309,319
タスマン［1603～59頃、オランダの航海士］　319
タタール族［中央アジアからシベリアにかけて住んだ蒙古系、トルコ系などの人種の総称］　48
タヒチ人　323
タラスコ族　168
ターリク・イブン・ズィヤード［8世紀のアラビアの武将］　141
ダントルカストー［1737～93、フランスの航海者］　320

チェコ人　4,72,78
チカーノ［メキシコ系アメリカ人のこと］　72,33
チャンドラグプタ［在位前316～293頃、インド最初の統一者］　267
中国人　4,64,72,88,130,196,208,212,213,215-216,220,222,225,234,235,237,240,241,242,246,248,249,279,282-305,318,321,322
朝鮮人　321
チリグアノ族　181
チンギス・ハーン［1162～1227、モンゴル帝国の始祖］　50,51,65

ツチ族　105,131

ディオラ族　106-107
鄭成功［1624～62、明末清初に台湾と大陸沿岸で活動した海上勢力の支配者］　291
ティムール［1336～1405、ティムール朝の創始者］　65,66,67
テオドシウス一世［346～95、ローマ皇帝］　37
テペスパン人　165
デュルヴィル、デュモン［1790～1842、フランスの海軍司令官、探検家］　320
デーン人［ノルマン人のうちイングランドを襲った一派］　45

ドイツ系ユダヤ人　5,72
ドイツ人　4,47,55,72,74,76,87,88,90,126,129,183,197,200,211,212,213,223-224,233,235,238,245,318
トゥクロール族　124-125
トゥシガン族　270
トゥピ族　170,171,179
ドラヴィダ語族　254,256,269
トラキア人　33
ドーリア人［古代ギリシア人のうちで最後にギリシアにきた種族］　1,35
トルコ人　5,64-66,72,200,270,312
トルテカ族　168
トルヒーヨ、ラファエル・レオニダス［1891～1961、ドミニカ共和国の政治家］　201
ドンスコイ、ドミトリー［1350～89、モスクワ大公］　67

ナ行

ナイル語族　104
ナポレオン［1769～1821、フランスの皇帝］　154
ナマ族　129-130
ナワトル族　168

西ゴート族　8,37,41,135,139-141,144-145,148
日本人　4,72,88,198,212,213,216-217,222,223,234,242,246,318,321,322

ネイティブアメリカン　2,54,119-120,168,251
ネグリト［東南アジアとオセアニアの身長の低い準黒人種］　309
ネパール人　277
ネブカドネザル二世［在位前605～前562、バビロニア王］　30-32,144

ノブレガ神父［1517～70、ポルトガル生まれのブラジル初代のイエズス会管区長］　179
ノルウェー人　54
ノルマン人［スカンジナビア半島とデンマークを原住地とするゲルマン人の一派］　7,44-46

コイ（ホッテントット） 126,127
コーサ族 126
ゴート族［南ロシアのドナウ川一帯を原住地とするゲルマン人の一派］ 8,33,40,46,49
コルテス、エルナン［1485？～1547、スペインのメキシコ征服者］ 173,177
コロンビア人 202
コロンブス、クリストファー［1451～1506、イタリアの航海者］ 2,6,9,54,162-164,175,185
ゴンパーズ、サミュエル［1850～1924、ユダヤ人でアメリカ労働組合の指導者］ 237

サ行

サアグン［1499～1590、スペイン出身のフランシスコ会士］ 169
サクソン族［ゲルマン民族の一派］ 41,42,45
サト、フェルナンド・デ［1496頃～1542、スペインの探検家］ 173
サムニウム人［アペニノ山脈の中南部に居住した種族］ 36
サルマティア人［前6～前4世紀にカフカスとヴォルガ川の流域に住んだ遊牧民族］ 8,41,49
サン（ボッシマン、ブッシュメン） 101-102,126
サンタ・アナ［1797～1876、メキシコの軍人、大統領］ 249

シェイク・アンタ・ディオプ［1923～86、セネガルの歴史家・政治家］ 104
ジェノヴァ人 143,183
シスネロス［1436～1517、スペインの高位聖職者］ 186
シチリア人 36
シボネイ族 172
シャカ［1785頃～1828、南アフリカ東海岸のズールー王国の王］ 125
釈迦［前563～前483］ 267
ジャクソン、ジェシー［1941～、アメリカの聖職者、政治家］ 247
シャルマナサル王［アッシリア王、在位前727～前722］ 164
シャルル五世［1338～80、フランス国王］ 65
ジュート族［5世紀ごろ、ユトランド半島からイングランド東南部のケント州に移住したゲルマン民族の一部族］ 42
シュメール人［世界最古の文明を形成し、のちにセム人に吸収された民族］ 25
シュルシェル、ヴィクトール［1804～93、フランスの政治家］ 58
ジョアン六世［1767～1826、ポルトガル王］ 194,197
ジョンソン［1908～73、アメリカの36代大統領］ 243
シリア人 93,129,200

スイス人 197,224,318
スウェーヴィー人［中部ヨーロッパの広域に居住したゲルマン民族］ 37,139
スウェーデン人 55,78
スカンジナビア人 4,7,44-46,49-50,51,70,72,77,212,224,245
スカンダグプタ［4～5世紀のグプタ朝の王］ 269
スキタイ人［カルパチア山脈とドン川の中間に住んだ遊牧民族］ 8,33,41,46,49
スキピオ［前185～前192、ローマの将軍］ 138
スコットランド人 4,70,72,211
スティリコ［359～408、ローマの軍人］ 37
ストルイピン［1862～1911、ロシアの政治家］ 73
スペイン人 2,4,9,54-57,84,88,135,137,142,154-159,170-171,173,176-187,191,193,194-198,200,202,312-313,316
スミス、ジョン［1580～1631、イギリスの冒険家］ 208-209
スラブ族（人）［ロシア・ポーランドとバルカン半島に居住するインド-ヨーロッパ語族に属する民族］ 1,7,8,41-42,200
スロベニア人 78
スワジ族 125

セネガル人 128,130
セファラド［地中海沿岸諸国のユダヤ人のこと］ 108
セム系諸族 25-32,107
セルビア人 66
鮮卑［古代蒙古の遊牧民］ 64
鮮卑拓跋族［シラ-ムレン川流域に定住していた鮮卑族の一部族］ 64

相］ 219
カタルニア人 153
カータレット［？～1796、イギリスの航海士］ 314
カナカ族［ニューカレドニアのメラネシア人］ 83
カナク人［メラネシア系の先住民］ 2,320-321,323
カナダ人 212,222,242
カビリー人 320
カブラル、ペドロ・アルヴァレス［1467頃～1520、ポルトガルの航海者］ 179
ガマ、ヴァスコ・ダ［1469頃～1524、ポルトガルのインド航路の発見者］ 179
カラカラ［188～217、ローマ皇帝。カラカラはかれが愛用したガリア地方の長上着の名に由来する］ 36
ガラ族 107
ガラチア人 33
ガリア人 137
カリブ人 171
カール一世［742～814、フランク国王、西ローマ皇帝。シャルルマーニュのこと］ 33,41,45
カルタゴ人 1,117,136,138,141
カルティエ、ジャック［1491～1557、フランスの航海士］ 207
カルデナス大統領［1895～1970、メキシコの政治家］ 201
カール二世［823～77、西フランク王］ 45
ガロ‐ロマン人 33,37-38
韓国人 245
カンタブリア人 142
ガンディー［1869～1948、インドの精神的指導者］ 127-128
漢民族 282,284,287

ギスカール、ロベール［1015頃～85、ノルマン人の進攻を指揮した］ 45
キムメリオス人［クリミアを原住地として前7世紀に小アジアに侵入した遊牧民］ 49
キャプテン・ドレイク［1540頃～96、イギリスの軍人、航海者］ 314
キューバ人 218,219
キュロス二世［前600頃～前529、ペルシアのカイメネス王朝の王で新バビロニアを破った］ 32
匈奴［蒙古高原の遊牧騎馬民族］ 64
ギョーム［1027～87、ノルマンディー公。征服王といわれたイングランド王ウィリアム一世のこと］ 45
ギリシア人 1,4,7,32,33,34-35,41,72,86,136-137,213,245

グアラニー族 170,172,180
クック［1728～79、イギリスの海洋探検家］ 314,319,321
クヌード大王［995～1035、デンマークの王］ 45
クーリー［インド・中国などの日雇い人夫。苦力］ 3,130,196,215,273,278,293,295,297,303,322
グリオン、ベン［1886～1973、イスラエルの政治家］ 92
グルカ族 277
クルガン人 262-263
クル族［前1000～前600年ごろの古代インドの部族］ 266
クレオル［西インド諸島などの植民地生まれの白人］ 82,192,193
グレゴアール司教［1750～1831、フランスのカトリック神学者］ 63-64
クレタ島住民 25,35
クレミュー［アドルフ―、1796～1880、フランスの政治家・ユダヤ人指導者］ 85
クロアチア人 78
クローヴィス［465頃～511、初代フランク国王、フランスのメロヴィング朝の祖］ 33,41,139

ケネディ［1917～63、アメリカの35代大統領］ 243
ケルト‐イベリア人［前5世紀頃からスペイン北部に居住した諸部族］ 13,51,52
ケルト人［古代の西ヨーロッパを支配したインド‐ヨーロッパ語系の民族］ 1,7,32-33,41,46,135,152
ゲルマノ‐アメリカン 233
ゲルマン民族［スカンジナビア半島とバルト海沿岸を原住地とするインド‐ヨーロッパ語系の民族］ 1,7,8,9,32,33,37,40-51

イザベル一世［1451～1504、カスティーリャの女王］ 149-150,185
イシドルス［560（70）～636、スペインの聖職者］ 140
イシュトヴァーン一世［966頃～1038、ハンガリー王］ 8
イスラエル人 25,28-32,61,62
イタリア-アルゼンチン型 200-201
イタリア人 4,7,72,77-78,137,197,198,200,202,213,214,223,224-225,233,235,238,245,246,318
イタリオット［南部イタリアにあった古代ギリシアの植民地の住民］ 32,36
イタロ-アメリカン 233
イベリア人［前5世紀頃にスペイン南東部にいた民族］ 33,34,135,152
イラノ-アーリア族 263-264
イラン人 264
イリュリア人 33,46
インカ族 170,198
インディオ 2,55-56,164,175,178,181,185-186,190,191,192,193,196,198
インド-アーリア人 263-270
インド-イラン族 264
インド人 254-255,263,266,267,271,272-279,318,322-323
インドネシア語派 310
インドネシア人 109-111,116,323
インド-ヨーロッパ語族 7,25-26,32,34,36,40-41,47,135,254,257,259-265

ヴァイキング［8～11世紀にヨーロッパで活動したゲルマン民族の一派。ノルマン人、デーン人の異名］ 44-46,54,167
ヴァリャーグ人［9世紀にバルト海沿岸から侵入し、ロシアに王朝をたてたノルマン人］ 7,44,47,49-50
ヴァンダル族［スカンジナビア半島南部などを原住地とするゲルマン民族の混成部族］ 37,108,139,144
ヴィッテ伯［1849～1915、ロシアの政治家］ 73
ヴィユガニョン［1510～71、フランスの航海者］ 179
ヴィルヘルム二世［1859～1941、ドイツ帝国皇帝］ 76
ヴェスプッチ、アメリゴ［1454～1512、イタリアの探検家］ 16,21,63
ウォリス［1728～95、イギリスの探検家］ 314
ヴォルスキ族［イタリア南部のウンブリ族系の種族］ 36
ウクライナ人 4,72
ウラジーミル一世［955～1015、キエフとロシアの大公］ 50
ウンブリ族［イタリアのウンブリア地方にいた人種］ 36

エカテリーナ［1729～96、ロシアの女帝］ 67,73
エジプト人 4,25,29,117
エトルリア人［古代イタリアのもっとも有力な人種］ 34,36
エンリケ王子［1394～1460、ポルトガルの航海を推進した］ 17,53,12

オーストラリア人 2,78,309
オーストリア人 78,214
オーストリア・ハンガリー系ユダヤ人 4,72
オスマン・トルコ族［トルコ族の一分枝。カスピ海当方で半遊牧生活をしていたが、チンギス・ハーンに追われて西に移動した］ 8,48
オットー一世［912～73、神聖ローマ帝国初代皇帝］ 48
オッペンハイマー、シュース［1698頃～1738、ドイツのユダヤ人財政家］ 63
オドアケル［433～93、ローマ帝国のゲルマン傭兵隊長］ 38
オトミ族 168
オランダ人 1,2,54,55,58,62,83,87,119,126,180,187,197,211,224,274,292,313
オルメカ族 168
オレリャーナ［1511～46、スペインの探検家］ 178

カ行

カエサル、ユリウス［前101頃～前44、ローマの政治家、軍人］ 33
ガザ族 125
カジミェシュ一世［1015～58、ポーランド王］ 48
カストロ、フィデル［1927～、キューバの首

人名・民族名索引

ア行

アイマラ族［ボリビアとペルーのインディオ］　192
アイルランド人　4,9,71-72,75-76,211,212,213,214,217,223,225,226,231,233,235,238,240,244,245,249
アヴァール族　8,49,64
アウグストゥルス、ロムルス［461〜？、ローマ帝国最後の皇帝］　38
アウストラロイド［オーストラリアの先住民と、かれらと人種的特徴を共有する周辺の諸族］　309
アウストロアジア語族　256
アエティウス［390頃〜454、ローマ帝国の将軍］　37
アカイア人［ギリシア民族の古称］　1,35
アカン族　100
アコスタ、ホセ・デ［1539〜1600、スペインの宣教師］　164
アジア人　3,54,174,214-217,219-220
アショカ［前272〜前232、マウリヤ王朝のマガダの王］　267,268
アステカ族　169-170,198
アタワルパ［？〜1755頃、ペルーの対スペイン抵抗運動の指導者］　178
アッシリア人　26,35
アッティラ［406頃〜53、フン族の王］　8,37,40
アッバース、フェルハト［1899〜1985、アルジェリアの政治家・民族解放運動指導者］　85
アブドゥル・ラフマン三世［891〜961、コルドバのカリフ］　142
アフリカ系アメリカ人　124,207,216,232,233,245,247-248,249,251
アフリカ人　3,4,55,56-58,70,98-132,137,142,160,174,185-189,193,198,210,247
アボリジニー　309,319
アメリカ人　83,163,166-167,202,207,214,216,230,232,235,236-239,250,314
アモリ人［セム族の一派］　166
アラファト［ヤセル―、1929〜、パレスチナの抵抗指導者］　92-93
アラブ人　4,7,33,45,57,111-114,115,116,118,141-142,207
アラマン人［ゲルマン民族の一派。ライン川・ドナウ川の上流域が原住地］　33,37
アラワク族　171-172
アラン人［北カフカスと小アジアを原住地とするイラン系の遊牧民族］　8,42
アーリア人［インド－ヨーロッパ語族インド－イラン語派に属する言語を用いる人たちの総称］　36,255-259,263-267
アルジェリア人　85
アルゼンチン人　198
アルフレッド大王［848頃〜99、サクソン系のイングランド王］　45
アルマグロ［1480？〜1538、スペインの新世界征服者］　178
アルメニア人　5,72
アレイジャディーニョ［1730〜1814、ブラジルの彫刻家、建築家］　193
アレキサンデル六世ボルジア［1431〜1503、ローマ教皇］　175
アレクサンドル二世［1818〜81、ロシアのロマノフ朝の皇帝］　44,73
アレクサンドロス［前356〜前323、マケドニアの王］　35,267,285
アングル族［ユトランド半島のシュレスヴィヒあたりで、ジュート族とサクソン族にはさまれて住んでいたゲルマン民族の一派］　42
アングロサクソン人［ドイツ西北部とデンマーク地方を原住地とするゲルマン人の一派で、アングル族とサクソン族が混交し形成された］　4,7,9,45,72,213

イギリス人　2,4,55,60,70-72,75,83,84,119,121,126,127,180,183,187,198,208-210,211,212,213,220,224,245,271,272-273,278,293,295,297,314-318,319

メディア［前675年ごろに建国された古代オリエントの一国］　26
メラネシア　167,308,309,311

モエシア［ドナウ川の南にあった古国］　37
モザラブ［イスラム支配下のスペインでキリスト教をまもった人たち］　65-66,140
モラヴィア王国［9世紀、スラブ族の王国］　47

ヤ行

約束の地［神がヘブライ人に約束したカナンの地］　24,27,91

ユダ王国［前926～前586。ヘブライ王国の分裂を契機に、その南半分に建国された］　30
ユダヤ人街　61,62,146,147
ユリア法　36

ラ行

ラクス・マウリアクス［シャンパーニュ地方のトロアの西方周辺か、シャロン近辺と推定される］　37
ラージャスターン［インド北西部のパキスタンと接する州］　270
ラ - テーヌ文化［前500年、ハルシュタット文化につづくヨーロッパの初期鉄器時代の文化］　32
ラビ［ユダヤ教の律法学者や教師］　148
ラーマーヤナ［『マハーバーラタ』と並ぶインドの国民的大叙事詩］　266,268

ルシタニア地方［現在のポルトガル］　179

レコンキスタ［スペインのキリスト教徒がイスラム教徒にたいしておこなった失地回復運動］　55,142-148

ロシア正教　50,51
ロスチャイルド家　63
ローマ帝国　36-38,40,108,137-138
ロマニー語［ロマ民族のインド語系統の言語］　270
ローマ法　41
ロマンス諸語［インド - ヨーロッパ語族の一分派であるイタロ - ケルト語派の系統。イタリア半島中部ラティウム地方の言語だったラテン語を起源として分化した］　41
ロンバルディア［イタリア北部の地方］　41

反移民法　239-244
パンノニア［ヨーロッパ中央部の古代ローマ領。現在のハンガリーと旧ユーゴスラヴィア］ 8

ピアスト王朝［9～14世紀に成立した、農民出身のピアストを伝説上の創始者とするポーランド最初の王朝］ 48
東ローマ帝国→ビザンツ帝国
ヒサルリク［ダーダネルス海峡の入り口の近く］ 34
ビザンツ帝国［今日のトルコ、ギリシア、アルバニア、ブルガリア、ユーゴに広がるキリスト教の帝国。東ローマ帝国のこと］ 8, 38,46,49-50,59,64
ビザンティウム［ビザンツ帝国の首都。コンスタンティノープルやイスタンブールの旧名］ 45,50
ヒスパニオラ［西インド諸島の島で、ハイチとドミニカ共和国にわかれている］ 57

フィニステレ［現在はスペイン北西部の岬の名称］ 134
フィン-ウゴル諸語［フィンランド語やハンガリー語などをふくんでウラル語族を構成する］ 46
フェニキア　24
ブガチョフの反乱［1773～75のブガチョフを指導者としたロシアの農民反乱］ 73
不法（非合法）移民　7,131,157,217,227-230, 232,240,242,243,244
ブラセーロ［メキシコ人の季節農場労働者］ 229
ブランデンブルク侯国［ドイツのエルベ川とオーデル川のあいだの侯国］ 48
ブルグンド法典［6世紀に編纂されたブルグンド族の法典］ 41
プロシア［旧ドイツ帝国の主要な一王国］ 44

ペスト　153
ペルピニャン地方［スペインと国境を接したフランスのルシヨン地方の都市］ 153
ペロポネソス［ギリシア南部の半島］ 37
ベンガル［インド東部とバングラデシュを占めるデルタ地帯］ 269

ボーア戦争［1899～1902年に、イギリスと南アフリカのボーア人の共和国とのあいだにおきた戦争］ 88
ホーエンシュタウフェン家［1138～1254、中世ドイツの王家］ 45-46
北魏［386～534、拓跋族のたてた北朝のひとつ］ 64
ポトシ［ボリビア南部の鉱山都市］ 55,192-193
ポリガミー［複婚制］ 240
ポリネシア　2,167,299,308,310,311,318
ボルシェビキ［1906年のロシア社会民主労働党の分裂のときに、レーニンがひきいた一派。多数派のこと］ 82

マ行

マイソール［インド南部の市。旧マイソール州の州都］ 270
マウリヤ［前3世紀、最初の汎インド帝国］ 267
マグレブ［モロッコ、アルジェリア、チュニジアの総称］ 5,91,155-156
マケドニア［バルカン半島中央部の地方］ 35, 87
マーシャル・プラン［第二次大戦後の1948年から、マーシャルの提案にもとづいて実施されたアメリカのヨーロッパ経済復興援助計画］ 158
マダガスカル島　110-111,127,309
マト・グロッソ［ブラジル南西部の高原］ 180
マハーバーラタ［古代インドの叙事詩で文化と政治の根本聖典のひとつ］ 266

ミクロネシア　308,310,311,318
ミケーネ文明［前1600～前1100年ごろにさかえた、青銅器を特徴とする後期エーゲ文明］ 35
ミナス・ジェライス［ブラジル南東部の内陸州。鉱物資源が豊富］ 180,193

ムガール帝国　271,274

メセタ［スペインの約半分を占める高原台地］ 135
メソポタミア　24,28,61,64
メッカ　112

町］ 27
テッサリア［ギリシアのピオニス川流域の平野部］ 34-35
テルアビブ［建国の1948～50までイスラエル共和国の首都］ 91
デルフォイ［アポロンの神殿があった古代ギリシアの都市］ 33,35
デロス島［キクラデス諸島の小島］ 35

ドイツ騎士団［12世紀に設立された修道会。中世ドイツ東方の一大勢力になった］ 47,48,51
刀剣騎士団［13世紀のはじめにラトヴィアの司教アルベルトによりリガに創設された］ 51
トゥーラ［現メキシコの中部にあったトルテカ王国の首都］ 169
ドブルジア［ドナウ川下流と黒海のあいだの地域］ 87
トラキア［バルカン半島の東南地域］ 33,86,87
トルデシーリャス条約［スペイン・ポルトガル間の海外領土に関する条約］ 175,187,312
奴隷売買 4,56-58,61,114-124,174,180,184-189,196-197,210,247,273,318
トレドの公会議 140,145
ドレフュス事件［1894年にフランスの軍事法廷で、ユダヤ人将校ドレフュスがドイツのスパイ容疑で終身刑を科されたことから賛否をめぐって世論を二分した事件］ 91
トロイア［陸と海の交易の交差点としてさかえた、エーゲ文明のなかでも独特の位置をしめたトロイア文明の中心地］ 34,35

ナ行

ナルボンヌ［フランスのラングドック地方にあるオード県の都市］ 33
ナワトル語［アステカ語をふくむメキシコと中央アメリカに分布する語群］ 169
ナント［フランスのブルターニュ地方の都市］ 57
ナントの勅令［1598にフランス国王アンリ四世が国内のプロテスタントに信仰の自由を認めた勅令］ 58,59,126

西ゴート法典［654年ごろに西ゴート王レッケスビントが編纂した法典］ 41
西ローマ帝国 33,37,40
ニューイングランド 207-208

ヌエバ・エスパーニャ［スペイン統治時代のメキシコの別称］ 179,181,183
ヌエバ・カスティーリャ［スペイン統治時代初期のペルーの別称］ 179,183
ヌエバ・グラナダ［スペイン統治時代のコロンビアを中心にした行政区］ 183
ヌビア［スーダン北部からエジプト南部におよぶアフリカ北東部］ 115
ヌマンシア［カスティーリャ東部のソリア市の近郊］ 138
ヌーメア［ニューカレドニア島の都市］ 321,323

ノヴゴロド［ロシア共和国北西部の都市］ 47,49,50
ノヴゴロド公国 49,51
ノルマンディー公国 45

ハ行

パシャ［オスマン・トルコ帝国の軍司令官、将官、地方長官の称号］ 65
バタビア［ジャカルタの旧称］ 1,290,292
バビロニア［チグリス・ユーフラテス両川の中流域にあった古代帝国］ 26,30-32
ハプスブルク帝国 44,47,65,151
バラモン［インドの最高階級である司祭者層］ 269
ハラン［メソポタミアのシリア地方にあった地］ 28
ハルシュタット文化［前1000～前700年、オーストリアのハルシュタット湖畔の遺跡に代表される先史時代の鉄器文化のひとつ］ 32
パルチザン 88
パレスチナ 90-94,108
————解放機構 92-93
————戦争 92
————難民 94
ハーン［モンゴル帝国の支配者、またその統治する領土］ 66,67
パンアフリカニズム［アフリカ諸国の政治的団結を目的とする運動］ 124

ランダ移民の子孫であるボーア人がおこなったケープ植民地からの移動］ 3,127

ゲシュタポ［ナチスの秘密国家警察］ 90
ケチュア語［アンデス山脈にそったケチュア系言語群の総称］ 170
ゲルマニア［ヨーロッパ中央部にあったゲルマン民族の居住地域］ 41
ゲルマン民族の大移動 40-51

コサック［15世紀後半から16世紀前半に、ロシアやポーランドの辺境に逃亡した農民や下層市民が形成した騎兵の自治体］ 62,73
コルドバ 142
コンキスタドール［16世紀にメキシコ、ペルーを征服したスペイン人の呼称］2,55,82,119,172,173,179,191,193
コンベルソ［イスラム教やユダヤ教からのキリスト教への改宗者］ 183

サ行

サグントゥム［バレンシア市に近い古代都市］138
サヘル［サハラ砂漠南部で砂漠気候からサバンナ気候にかわる地帯］ 103
サリカ法典［ゲルマン系の部族の法典のひとつ］ 41
サルペトリエール［パリの硝石工場跡にたてられた大学病院センター］ 60
サン・バルテルミーの虐殺［1572年8月24日のサン・バルテルミーの祭日におきたプロテスタントの虐殺事件］ 59
サント・ドミンゴ［現ドミニカ共和国の首都。1496年に建設］ 60-61,176,185

シオニスト［失った祖国を回復しようとしたユダヤ人の運動家］ 93
シドン［現在のレバノン南西部の港市サイダ］27
ジハード［聖戦］ 93,111,124
シベリア横断鉄道 3,73,74-75
ジャクリーの乱［中世の北フランスにおきた農民反乱］ 9
宗教改革［16世紀初頭におきた反カトリックの宗教運動］ 62
宗教戦争 59
十字軍 61
植民地主義 82-85
神聖ローマ帝国 48
シンド［インダス川下流のパキスタン南部の州］ 269
人民戦線［1930年代にファッシズムと戦争の脅威に対抗するために組織された共同統一戦線］ 85

スズダリ公国［ウラジーミルを首都として11世紀に独立したロシアの封建国家］ 50
スペイン戦争 154
スペイン内戦 157-159,201
スリビジャヤ［7～13世紀に栄えたマレー半島の海洋帝国］ 269
ズールー王国 125
スルタン［オスマン・トルコの皇帝］ 65,113,270,271,277,292
スワヒリ文明 114
スンダ海峡［ジャワ島とスマトラ島のあいだ］268

絶滅キャンプ［ナチスがユダヤ人を殺戮する目的で収容した］ 90,91
セビーリャ 140,143,146,151,182
セポイの大反乱［インドの兵士と農民の民族的反乱］ 273-274
セルジュク・トルコ王朝［中央アジアの遊牧トルコ民族の一派であるセルジュク族がたてた王朝］ 64-65

タ行

タイラス［レバノン南部の地中海岸の町でフェニキアの海港都市］ 136
ダーダネルス海峡［マルマラ海とエーゲ海を結んでトルコを横切る海峡］ 34
タルテスス［スペイン南西岸にあった古王国］136
タルテソス［前10～前6世紀頃にイベリア南部に栄えた古王国］ 141

ディアスポラ［パレスティナ以外の地に離散したユダヤ人をさす］ 61-64,91,108,114,123,143-148,149,168,257,268,271,272-279,293-305
ティルス［現在はレバノン南西部の小さな港

エクソガミー［外婚制］ 167
エスタンシア［中南米のウシの大放牧場］ 190
ＦＬＮ［アルジェリア民族解放戦線］ 85
エリコ［ヨルダン川西岸地域］ 93
エリス島［ニューヨーク湾の小島。1892〜1954年まで移民局の施設があった］ 245
エルサレム 30,61,91,93,108,144
エンクロージャー［15〜19世紀に地主が開放地や共有地をかこいこんで私有地化した動き］ 71,75
エンコミエンダ［スペイン王室が征服者たちに一定数のインディオを割りあて、教化を義務づけるかわりにあたえた一種の特権］ 55,176,178,190
エンコメンデロ［エンコミエンダの所有者］ 178-179

黄禍 215-216,294
黄金郷（エルドラド） 9,163,178,180,193,195
黄金の軍団［モンゴル人の国家］ 50-51,66-67,289
オスマン帝国［13世紀末から1922年までつづいた、アジア、アフリカ、ヨーロッパにまたがるトルコ系スンニ派の大帝国］ 62,63,115,200
オスマン・トルコ公国 64
オリンピア［ギリシア南部のエリス地方にあったゼウス神の聖所］ 35
オーロプレト［ブラジル東部の市］ 193

カ行

ガザ地区 93
カサ・デ・コントラタシオン［1503年に設立。新大陸との交易を監督し、航海士の養成などにあたった。インディオ通商院］ 182-183
カザン［ヴォルガ川にのぞむタタール自治共和国の首都］ 67
カスティーリャ・デ・オロ［現在のパナマとコロンビアの北岸］ 175-177
カナン［「約束の地」とされるパレスチナの古地名］ 25,28-29
カビリー［アルジェリアの高地地方］ 320
カミザール［ナントの勅令の廃止後に暴動をおこしたセヴェンヌ地方のカルヴァン派］ 60
ガラチア［小アジアの中心部の地名］ 33
カラブリア［南イタリア］ 45
ガリア［現在のフランス、ベルギー、北イタリアをふくむ古代ローマ時代の地域名］ 32,33,37,40,41,45
ガリア - キザルピナ［イタリアのロンバルディア地方とピエモンテ地方］ 33
カルキディア［ギリシア北東部の半島］ 136
カルタゴ［フェニキア人が前９世紀末にアフリカ北岸に建設した都市］ 1,25,27,137,138
カルデア［バビロニアの南部地方］ 28
カルペ山［ジブラルタルの岩の古代名］ 135
ガレー船［18世紀までつかわれた、帆と奴隷や囚人がこぐ櫂で走る軍船と商船］ 60
カロリング王家［メロヴィング家にかわって、751年からフランク王国を支配した王家］ 8
ガロ - ロマン文明［前50〜５世紀、ローマ化したガリアの文明］ 33
カンタブリア［スペイン北部の地区］ 142

キエフ・ルーシ［882〜1169、キエフを首都として東スラブ族を中心にしたロシアの封建国家］ 50,64
キクラデス諸島［エーゲ海にあるギリシア領の島々］ 34
キト［エクアドルの首都］ 178
強制された移動・移住・移民 5,29-31,57,72,86,130,142-143,149-152,176,184-189,210,291,315,318
ギリシア正教 50
キール［ドイツ北部のシュレスウィヒ・ホルシュタイン州の州都］ 46

クークラックスクラン 237
クスコ［インカ帝国の首都］ 170
クネセト［イスラエル国会］ 93
グラーグ［ソヴィエトの強制収容所制度］ 82
クラ地峡［タイ南西部のマレー半島のもっとも狭い部分］ 268
グラナダ 143,149-151
クリミア［黒海とアゾフ海のあいだの半島］ 67
グリーンカード 244-245
グレート・トレック［1836〜45に、イギリス人の支配からのがれるために南アフリカのオ

事項・地名索引

ア行

アヴァール帝国［中央アジアのモンゴル系遊牧民族だったアヴァール族が、ドナウ川流域を中心に築いた広大な帝国］ 8
アウシュヴィッツ 90,91
アストゥリアス［スペイン北西部］ 140
アストラハン［ロシアのヴォルガ河口の都市］ 67
アストラン（ユタ州のソルト・レイクの島？）［一般には、カリフォルニア湾北部にあったというアステカ族の伝説上の故郷］ 169,170
アッシリア［チグリス川とユーフラテス川上流の台地名。現在のイラク］ 1,31,164
アナトリア［小アジア］ 26,64
アパルトヘイト［有色人種隔離政策］ 127-128,129,248
アビジャン［コートジボワールの首都］ 131
アビラ山［現在のセウタ岬］ 135
アマゾニア［アマゾン川流域の総称］ 163,171,174,178
アムハラ語［セム族系の言語でエチオピアの公用語］ 107
アメリカ大陸横断鉄道 3
アラカン［ミャンマーのベンガル湾北東海岸の州ラキンの古名］ 268
アリウス派［三位一体説を排してイエスの人間性を強調するキリスト教の異端派のひとつ。ゲルマン民族のあいだに広がった］ 41,140
アルジェリア戦争［1954～62］ 85,158
アルモアデ朝［1147～1269、イスラム・スペイン王朝のひとつ］ 142-143
アルモリカ［フランス北西部地方の古名。ほぼブルターニュ地方にあたる］ 42
アンシャン・レジーム［ふつうはフランス革命で打破された政治的・社会的諸制度のこと］ 63
アンティル諸島 55,58,60,82,83,170-172,174,175-176,182-184,186,190,273,278
イエズス会士 179
イオニア［古代ギリシア時代の小アジア西海岸地方］ 1
イスラエル 90-94,108,164
異端審問所 147-148,150
イディッシュ［ドイツ語にスラブ語とヘブライ語を交えた欧米のユダヤ人が使うことば］ 223
イビサ島［バレアレス諸島のひとつ］ 136,143
イリュリア［バルカン半島の北西部にあった古王国］ 33
インカ 170,177-178,180
インディアス新法 178-179
インド-アーリア語 265
インド-イラン語［インド語派とイラン語派からなるインド-ヨーロッパ語族のひとつ］ 46

ヴァルドー派［ヴァルドーにはじまるキリスト教の異端］ 59
ヴィシー政府［1940～44に、ペタン元帥を首班としてフランス中部のヴィシーに樹立された親独政権］ 87,90
ヴィンランド［ニューファンドランドかニューイングランドあたりだと推測される北アメリカの海岸］ 54,167
ウェストファリア条約［1648の30年戦争の終結条約］ 58
ウラル-アルタイ語［ハンガリー、フィンランド、ヨーロッパ、ロシア、中央アジア、シベリア、モンゴルにおよぶ一大語族。ウラル以西の森林河川地方を原住地とするウラル語族と、トルコ、モンゴル、ツングースの三語族の総称であるアルタイ語族に大別される］ 64
ウル［ユーフラテス川のデルタ地方にあったバビロニア王国の古都市名］ 28,29

エクストレマドゥーラ［ポルトガルと接するスペイン北西部の地方］ 151,158,159,183

訳者紹介

藤野邦夫（ふじの・くにお）

1935年、石川県に生まれる。早稲田大学フランス文学科卒業。同大学院中退。東京大学講師、女子栄養大学講師などを勤める。訳書に、J. ピアジェ、R. ガルシア『精神発生と科学史——知の形成と科学史の比較研究』(共訳、新評論)、E & F-B. ユイグ『スパイスが変えた世界史——コショウ・アジア・海をめぐる物語』(新評論)、ロワイヨーモン人間科学センター編『基礎人間学』(共訳、平凡社)、同センター編『ことばの理論　学習の理論』(思索社)、P-J. ビュショ『害蟲記』(博品社)、メソド・サバ、ロジェ・サバ『出エジプト記の秘密——モーセと消えたファラオの謎』(原書房)、E. ルディネスコ『ジャック・ラカン伝』(河出書房新社)、C. ブーロー『構図法——名画に秘められた幾何学』(小学館) 他がある。

移民の一万年史
人口移動・遙かなる民族の旅　　（検印廃止）

2002年7月20日　初版第1刷発行

訳　者　藤野邦夫
発行者　武市一幸
発行所　株式会社 新評論

〒169-0051 東京都新宿区西早稲田3-16-28　TEL 03 (3202) 7391
http://www.shinhyoron.co.jp　振替00160-1-113487

定価はカバーに表示してあります
落丁・乱丁本はお取り替えします

装　幀　山田英春
印　刷　新栄堂
製　本　協栄製本

ISBN4-7948-0563-2 C0022

桑田禮彰・福井憲彦・山本哲士編
ミシェル・フーコー
1926〜1984〈新装版〉
A5　304頁
3000円
ISBN4-7948-0343-5
〔84,97〕
【権力・知・歴史】“権力”についてのあくなき追及の途，急逝したフーコーの追悼！　未邦訳論文・インタビュー，フーコー論，書評，年譜，文献などでその全貌を明らかにする。

井上幸治　編集＝監訳
フェルナン・ブローデル
1902－1985
A5　352頁
3200円
ISBN4-7948-0024-X
〔89〕
「新しい歴史学」の指導者の全貌を，「長期持続」「社会史概念」等の主要論文，自伝，インタビュー，第一線の歴史家・知識人達によるブローデル論等で多角的に解読する。

J.ドリュモー／永見文雄・西澤文昭訳
恐怖心の歴史
A5　864頁
8500円
ISBN4-7948-0336-2
〔97〕
海，闇，狼，星，飢餓，租税への非理性的な自然発生的恐怖心。指導的文化と恐れの関係。14－18世紀西洋の壮大な深層の文明史。心性史研究における記念碑的労作！　書評多数。

J.ド・マレッシ／橋本到・片桐祐訳
毒の歴史
A5　504頁
4800円
ISBN4-7948-0315-X
〔96〕
【人類の営みの裏の軌跡】毒獣，矢毒，裁きの毒，暗殺用の毒，戦闘毒物，工業毒。人間の営みの裏側には常に闇の領域が形成される。モラルや哲学の必要性を訴える警告の書！

P.ダルモン／河原誠三郎・鈴木秀治・田川光照訳
癌《ガン》の歴史
A5　630頁
6000円
ISBN4-7948-0369-9
〔97〕
古代から現代までの各時代，ガンはいかなる病として人々に認知され，恐れられてきたか。治療法，特効薬，予防法，社会対策等，ガンをめぐる闘いの軌跡を描いた壮大な文化史。

F．バイルー／幸田礼雅訳
アンリ四世
A5　680頁
7000円
ISBN4-7948-0486-5
〔00〕
【自由を求めた王】16世紀のフランスを駆け抜けたブルボン朝の創始者の政治的人間像に光を当て宗教的原理にもとづいて回転していた時代の対立状況を見事に描き出す。

C.カプレール／幸田礼雅訳
中世の妖怪，悪魔，奇跡
A5　536頁
5600円
ISBN4-7948-0364-8
〔97〕
可能な限り中世に固有のデータを渉猟し，その宇宙の構造，知的風景，神話的ないし神秘的思想などを明らかにし，それによって妖怪とその概念を補足する。図版多数掲載。

G.デュビー／篠田勝英訳
中世の結婚〈新装版〉
四六　484頁
3500円
ISBN4-7948-0216-1
〔84, 94〕
【騎士・女性・司祭】11－12世紀，経済の飛躍的な発展の進む中で，人びとはどのように結婚しどのように結婚生活を生きていたのか？　未知の領域にふみこむ野心作。

M.フェロー／井上幸治監訳／大野一道・山辺雅彦訳
監視下の歴史
A5変型　272頁
2400円
ISBN4-7948-2240-5
〔87〕
【歴史学と歴史意識】教育の大衆化やマス・メディアを通じて歴史意識はどう操作されたか。国家権力のみならず，社会全体が歴史を「監視」する現代，歴史とは何かを問う問題作。

T.ライト／幸田礼雅訳
カリカチュアの歴史
A5　576頁
6500円
ISBN4-7948-0438-5
〔99〕
【文学と芸術に現れたユーモアとグロテスク】古代エジプトの壁画から近代の風刺版画までの歴史を，人間の笑いと風刺をキーワードに縦横無尽に渉猟するもう一つの心性史。

表示の価格はすべて消費税抜きの価格です。

E.&F.-B.ユイグ／藤野邦夫訳

スパイスが変えた世界史

A5　272頁　3000円　ISBN4-7948-0393-1　〔98〕

古代文明から西洋の精神革命まで，世界の歴史は東洋のスパイスをめぐって展開された。スパイスが経済，精神史，情報革命にはたした役割とは？異色の〈権力・資本主義形成史〉

A. パーシー／林　武監訳・東　玲子訳

世界文明における技術の千年史

四六　372頁　3200円　ISBN4-7948-0522-5　〔01〕

【生存の技術」との対話に向けて】生態環境的視点により技術をめぐる人類史を編み直し、再生・循環の思想に根ざす非西洋世界の営みを通して「生存の技術」の重要性を探る。

J. ル・ゴフ／岡崎敦・森本英夫・堀田郷弘訳

聖王ルイ

A5　1228頁　12000円　ISBN4-7948-0530-6　〔01〕

「記憶」はいかに生産されるか？中世フランスの国民的人物の全体史を通して記憶・歴史、言説・現実、権力の関係を解明し、「伝記」のモデルを構築した、歴史学的伝記の金字塔。

E.ル・ロワ・ラデュリ／蔵持不三也訳

南仏ロマンの謝肉祭《カルナヴァル》

四六　704頁　5500円　ISBN4-7948-0542-X　〔02〕

【叛乱の想像力】南仏の小都市の祝祭空間の中でくりひろげられた叛乱・反税闘争の連鎖を解析し、16世紀の「全体的社会事実」の縮図を描き切るアナール民族歴史学の成果。

A. マルタン＝フュジエ／前田祝一監訳

優雅な生活

A5　612頁　6000円　ISBN4-7948-0472-5　〔01〕

【<トゥ＝パリ>、パリ社交集団の成立1815-48】バルザックの世界の、躍動的でエレガントな虚構なき現場報告。ブルジョワ社会への移行期に生成した初期市民の文化空間の全貌。

J.P.クレベール／杉崎泰一郎監訳・金野圭子・北村直昭訳

ミレニアムの歴史

四六　349頁　3200円　ISBN4-7948-0506-3　〔00〕

【ヨーロッパにおける終末のイメージ】千年前の人々が抱いた「世の終わり」の幻影と、新たな千年期（ミレニアム）を生きる現代人の不安を描いた、西洋における終末観の変遷史。

ジャン・ドリュモー／西澤文昭・小野潮訳

地上の楽園
〈楽園の歴史Ⅰ〉

A5　392頁　4200円　ISBN4-7948-0505-5　〔00〕

アダムは何語で話したか？アダムとイブの身長は？先人達は、この地上に存続しているはずだと信じた楽園についてのすべてを知ろうと試みた。教会権力が作ったイメージの歴史。

ルドー・J.R.ミリス／武内信一訳

異教的中世

四六　354頁　3500円　ISBN4-7948-0550-0　〔02〕

中世ヨーロッパはキリスト教だけに支配された世界ではなかった。呪術、薬草、性の禁忌など、豊富な具体的事例をわかりやすく紹介し、多様な宗教が混在した中世を活写する。

ルドー・J.R.ミリス／武内信一訳

天使のような修道士たち

四六　386頁　3500円　ISBN4-7948-0514-4　〔01〕

【修道院と中世社会に対するその意味】エーコ『薔薇の名前』を彷彿とさせる中世ヨーロッパ修道院の世界への旅に誘い、「塀の中の様々な現実」をリアルに描く。図版多数。

国本伊代

メキシコの歴史

A5　424頁　4800円　ISBN4-7948-0214-5　〔02〕

多民族・多文化社会メキシコの複雑な成立と歴史過程をビジュアルに整理した画期的入門書！先史時代～現代の有史2万年にわたる波乱の軌跡を通覧。図版480点、カラー口絵付。